한 손에 잡히는
감정평가이론

한 손에 잡히는
감정평가이론

발행일   2022년 6월 20일

지은이   조훈희
펴낸이   손형국
펴낸곳   (주)북랩
편집인   선일영   편집   정두철, 배진용, 김현아, 박준, 장하영
디자인   이현수, 김민하, 김영주, 안유경   제작   박기성, 황동현, 구성우, 권태련
마케팅   김회란, 박진관
출판등록   2004. 12. 1(제2012-000051호)
주소   서울특별시 금천구 가산디지털 1로 168, 우림라이온스밸리 B동 B113~114호, C동 B101호
홈페이지   www.book.co.kr
전화번호   (02)2026-5777   팩스   (02)2026-5747

ISBN   979-11-6836-359-5 13360 (종이책)   979-11-6836-360-1 15360 (전자책)

(주)북랩 성공출판의 파트너

북랩 홈페이지와 패밀리 사이트에서 다양한 출판 솔루션을 만나 보세요!

홈페이지 book.co.kr   •   **블로그** blog.naver.com/essaybook   •   **출판문의** book@book.co.kr

작가 연락처 문의 ▸ ask.book.co.kr

작가 연락처는 개인정보이므로 북랩에서 알려드릴 수 없습니다.

생각 중심 이해 중심 원리 중심의 **이론 학습서**

한 손에 잡히는
감정평가이론

조훈희 지음

북랩

머리말

감정평가를 통해 찾는 것은 가치일까, 가격일까? 왜 가격은 과거에 거래가 성립한 금액이라고 단정할까? '감정'과 '평가'는 서로 의미가 다른 단어인가? 장래 기대되는 수익을 현재가치화한다는 말은 부동산 가치의 정의일까, 가치 수준의 결정 원리나 측정 방법을 표현한 것일까? 기금의 축적과 그 이자를 고려하는 상환기금법의 논리를 감가수정에 적용하는 것은 적절한가?

20년도 지난 옛날 저자가 감정평가사 시험을 준비하는 과정에서 가졌던 의문 가운데 생각나는 것 몇 가지다. 그런데 놀라운 것은, 위와 같은 의문들이 많은 시간이 흐른 지금도 해결되거나 정리되지 않고 여전히 남아 있다는 점이다. 모두의 무관심 속에, 감정평가이론을 공부하는 이들의 혼란도 계속될 수밖에 없는 것 같아 아쉬움이 크다.

이런 아쉬움을 바탕으로 개념이나 용어에 대한 문제의식을 공유해 보겠다는 생각에서 시작하여, 결국은 이리저리 살을 붙이고 범위를 확장하여 본서를 저술하게 되었다.

이 책은 그동안 학교에서 해 온 저자의 감정평가이론 강의를 글로 써서 정리한 것이다. 암기를 돕거나 단편적인 지식을 제공하는 것보다 감정평가의 기본 원리에 대해 여러 가지 의문을 가지고 고민하면서 이해의 폭을 넓힐 수 있도록 하는 것이 더 중요하다는 생각에서, 주제마다 배경이나 취지 그리고 작동 원리를 되도록 자세히 풀어서 쓰려고 하였다.

의문이 있거나 견해를 달리하는 부분에서는 추가적인 논의를 기대하며 저자의 생각이나 의견을 밝히기도 하였다. 그러나 구체적인 분석과 논증에까지는 이르지 못하고, 다양한 시각으로 접근해 보자는 정도의 문제 제기에 그치고 말았다.

이 책의 또 다른 특징은 그냥 읽어 가면서 이해하도록, 수많은 목차로 구성된 두꺼운 학술 서적의 형식을 탈피하여 서술 중심의 교양서 형태로 만들었다는 점이다. 잠깐 시간을 내어 가볍게 읽어 내려갈 수 있도록 하였다.

본서는 감정평가사 시험을 준비하는 수험생과 감정평가 법인이나 사무소에 입사하여 실무를 담당하려고 하는 직장인, 부동산학을 전공하며 공부하는 학생 등을 위해 만든 감정평가이론에 관한 책이다.

수험 생활을 시작한 이들은 맛보기용 입문서로, 다양한 교재로 공부해 온 수험생들은 그동안 학습한 내용을 자신만의 생각으로 정리해 보는 용도로 사용하였으면 한다. 그러나 교실의 강의를 정리한 본서는 시험 범위 전부를 커버하지 못할 뿐 아니라 수험생의 공부 깊이에 미치지 못할 수 있다. 다른 교재를 중심으로 공부하면서 이 책은 보충적으로 활용하면 좋을 것 같다.

감정평가 회사에서 업무를 시작하는 이들은 본서를 통해 기초지식을 얻을 수 있을 것이다. 모든 실무의 바탕은 이론에 있으므로, 본서가 업무에 대한 자신감과 역량을 높이는 데 도움이 될 것으로 기대한다.

부동산학을 전공하는 학생이나 감정평가에 관심 있는 일반인도 학습을 위해서든 부동산 상식을 쌓기 위해서든 일독을 해 볼 만하다. 두꺼운 이론서가 아니므로 쉽게 읽고 이해할 수 있을 것이다.

본서는 3편으로 구성되었다. PART 1은 감정평가의 개념·필요성·대상·기능과 분류 등 일반적인 개요를 서술하였으며, PART 2는 가치와 가격 관련 내용, 고전적 가치이론과 지대이론 등을 다루고 있다. PART 3는 비교방식, 원가방식, 수익방식 등 감정평가의 3방식을 설명하였다.

본서는 감정평가 이론의 총론 편이라고 할 수 있다. 감정평가의 기법보다는 그 의미와 작동 원리에 중점을 두고 있으며, 목적별·대상별 구체적인 감정평가의 실무 내용은 생략하였다.

에필로그에서는 감정평가사 2차 시험에 관련된 이야기를 하였다. 지금도 많은 강의가 이루어지고 있으며, 최근 합격생의 생생한 수기들도 있어 괜한 오지랖인가 싶기도 하지만, 저자의 이런저런 생각을 수험생들과 나누고자 이 장을 마련하였다.

수험 공부에 정도는 없으며, 각자의 상황은 모두 다르기에 한 가지 방법을 강요하거나 절대시할 수는 없다. 생각과 경험을 공유하였으면 할 뿐이다.

시중의 많은 이론 서적에 하나를 더하여 혼란만 가중할까 하는 우려도 있으나, 오로지 수험생이나 관심 있는 이들에게 작은 도움이라도 되기를 바라는 마음으로 이 책을 만들었다.

누군가 1점의 점수라도 더 올릴 수 있다면, 감정평가 분야에 대한 이해의 정도가 조금이라도 높아지거나 새로 흥미가 생긴 이가 단 한 명이라도 있다면, 그것으로 저자의 기대가 이루어졌다고 생각할 것이다.

학이불사즉망學而不思則罔이라 하였다. 공부는 열심히 하면서도 생각을 하지 않으면 얻음이 없다고 한다. 눈에 보이지 않은 투명한 빛이 프리즘을 통과하면 무지개색으로 드러나듯이, 생각이 바뀌고 시각이 다양해지면 무심히 지나쳤던 행간에서도 새롭게 보이는 부분이 늘어날 것이다.

2022년 5월
조훈희

차 례

감정평가 방식

PART
3

일러두기

1. 저자의 일부 견해는 실무기준 해설 등과 다를 수 있습니다.

2. 참고문헌 인용 표시는 최소한으로 하였으며, 일반적으로 알려진 내용과 감정평가 실무기준 해설
   서에 적시된 것은 인용 표시를 생략하였습니다.

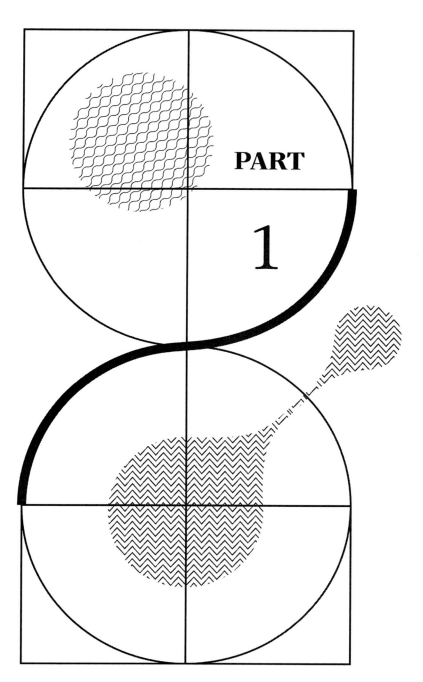

PART

1

감정평가 일반

감정평가란 무엇인가

    감정평가는 '감정'과 '평가'의 합성어이다. 먼저 감정과 평가의 사전적 의미를 살펴보고, 법률에서의 용어 사용 사례와 영어 단어의 용법을 검토하며, 개념을 구성하는 요소별로 나누어 각각 설명하면서 감정평가의 뜻과 본질을 구체적으로 정리하고자 한다.

    일반적인 용어로서 감정은 사물의 특성이나 참과 거짓 또는 좋고 나쁨을 감별하여 결정하는 행위라고 정의된다. 고문서 감정, 보석 감정, 정신 감정, 운명 감정과 같이 일상에서 사용되는 단어다.

    이 같은 일상의 쓰임새와는 조금 다르게, 법원의 재판 업무와 관련하여 감정의 용어가 사용되기도 한다.[1] 전문지식이나 경험에 의한 구체적 사실의 응용·판단의 결과를 진술하거나 보고하

---

[1]   「형사소송법」제169조 이하, 「민사소송법」제333조 이하.

는 것, 또는 법관의 판단에 도움을 주기 위해 재판에 관련된 특정한 사항에 관하여 그 분야의 전문가가 자신의 지식과 의견을 밝히는 의미로 사용된다. 재판 과정에서 활용되는 국립과학수사연구원의 사고나 상해 현장의 감정, 의료인에 의한 신체 감정, 문서 전문가의 필적 감정, 건축사 또는 구조기술사에 의한 건축물의 하자 감정, 감정평가사에 의한 부동산의 시가 감정 등이 있다.

한자 감정鑑定의 감鑑은 '거울 감'이다. '거울, 본보기, 안목과 식견, 보다, 살펴보다, 거울삼다, 식별하다' 등의 의미다. 원래의 글자 감監은 물거울을 본다는 뜻이므로, 금속으로 만든 거울을 나타내기 위하여 금金을 더해 감鑑을 만들었다고 한다. 정定은 '정한다'는 뜻이다. 한자의 뜻으로 보면, 감정은 살펴보고 식별하여 판단을 내린다는 의미인 것 같다.

평가는 다소 추상적인 가치판단에 주로 쓰이고 있는 용어이다. 어떤 현상이나 대상의 가치 또는 질을 측정하고 판단하는 과정을 말한다. 사물의 아름다움 또는 추함을 판단하거나, 어떤 일에 대한 성과를 비판·비평하는 것이다. 성적 평가, 정책 평가, 성과 평가 등의 예와 같이 사용된다.

다른 의미로서는 화폐단위로 물건값을 매기는 것을 뜻한다. 값을 평정한다는 의미로, "그 땅은 1억 원으로 평가된다." "자산가치를 평가한다." 등으로 사용된다.

한자 평가評價의 평評은 '평하다, 품평하다, 헤아리다'의 의미이며, 가價는 '값, 값어치'를 말한다. 한자를 보더라도 평가는 품평을 한다는 전자의 의미와 값을 헤아린다는 후자의 의미를 동시에 갖는다고 할 수 있다.

  감정과 평가를 구분하여 사용한 것은 외국어 번역 과정에서 나타난 현상이기도 하다. 일본에서 영어의 appraisal을 감정으로, valuation을 평가라고 번역하였으며, 이를 우리나라에서 그대로 사용하였다. 외국의 감정평가사를 보면, 미국과 캐나다에서는 appraiser, 오스트레일리아나 뉴질랜드 등 영국계 국가에서는 valuer라는 호칭이 일반적으로 사용된다고 한다.

  appraisal을 평가로, valuation을 가치 추계로 번역하여 오히려 혼란이 커지기도 하였다. 여기에서의 평가는 가격 결정을 뜻하는 가치 추계에 비해 넓은 의미다. 그리고 감정평가나 평가보다는 감정이란 단어가 적절한 표현이라는 주장도 있다.[2]

  감정이나 평가, 가치 추계, appraisal, valuation 등은 유사하면서도 차이가 있다. 그 용어의 뜻에 차이가 있을 뿐 아니라, 사전적 의미의 범위도 명확하게 구별되지는 않을 것이다. 그런데 특정 용어의 사용을 주장하는 자마다 이들 용어가 가지는 다소 유동적이며 경계가 불명확한 사전적 의미의 스펙트럼 속에서 각자가 스스로 생각하는 범위로 미리 한정시켜 의미를 정해 놓고, 그 의미만을 기준으로 용어의 정의를 짜 맞춤으로써 혼란이 계

---

[2]   박창수, 『부동산 감정론』(서울: 범론사, 1997), pp. 62~68.

속되고 있다.

appraisal을 평가라고 하는 이들은, 이 단어에는 컨설팅의 의미가 포함된 것으로 보고 있으므로 좁은 의미의 가격 결정 작업인 가치 추계보다 포괄적인 뜻을 지닌 평가가 적절하다고 한다. 그런데 평가의 의미가 화폐단위로 물건값을 매기는 것을 뜻한다면 평가는 가치 추계valuation와 같은 의미를 지닌 단어가 된다. 반면에 감정이라는 용어가 적절하다고 주장하는 이의 관점에서는 평가라는 단어는 현상이나 대상의 추상적인 가치 또는 질을 측정하고 판단하는 과정으로 보고 있으므로 부동산 가격을 책정하는 업무에 평가라는 단어는 적절하지 않다고 한다.

이러한 혼란은 단어의 뜻과 용법의 차이가 커서라기보다 통일된 용어 사용을 위한 노력의 부재에서 온 결과일 수 있다. 모든 논의의 출발은 이름을 바르게 하는 정명正名에서 시작하여야 한다. 정명은 본질을 찾는 출발점이다. 감정평가 제도가 도입된 지 50년이 되어 가지만, 지금까지도 용어의 통일이 이루어지지 못하고 혼란이 계속되고 있는 것은 안타까운 일이다.

법률은 감정평가와 감정, 평가란 용어를 구분하면서도 혼용하였다. 1973년 12월 31일 제정된 「감정평가에 관한 법률」은 감정평가를 처음으로 법률로써 규정하였다. 이 법률에서 "감정평가라 함은 동산·부동산 기타 재산의 경제적 가치를 판정하여 그 결과를 가액으로 표시하는 것을 말한다."라고 정의하였다.

그런데, 위 법률은 감정평가를 업으로 행하는 것은 감정업으로, 감정평가를 할 수 있는 자격을 가진 자를 공인감정사로, 감정업을 영위하는 공인감사와 법인을 감정업자로, 감정업자가 작성하는 최종 보고서를 감정서로 정의하여 감정평가를 규정하는 법률임에도 '감정'이라는 용어를 주로 사용하였다.

반면에 1972년 12월 30일 제정된 「국토이용관리법」은 기준지가를 조사·평가하여 고시하며, 매수 또는 수용할 토지 기타 권리를 평가한다고 규정하였다. 그리고 기준지가의 고시와 토지의 매수 또는 수용을 위하여 건설교통부 장관의 면허를 받은 토지평가사를 둔다고 하여 이 법률에서는 '평가'란 용어를 사용하였다.

1989년 4월 1일 제정된 「부동산 가격공시 및 감정평가에 관한 법률」은 표준지의 적정가격은 조사·평가하는 것으로, 토지 등의 가액은 감정평가한다고 규정하면서도 평가 대상 토지와 같이 '감정평가'와 '평가'라는 용어를 함께 사용하고 있었다.

위 법률이 폐지되고 새로 제정된 두 개의 법률인 「부동산 가격공시에 관한 법률」과 「감정평가 및 감정평가사에 관한 법률」도 위 법률을 이어 유사하게 각기 다른 용어를 사용하고 있다. 「부동산 가격공시에 관한 법률」에서는 표준지의 적정가격은 조사·평가하는 것으로 규정하고 있다. 그러나 「감정평가 및 감정평가사에 관한 법률」(이하 '감정평가법'이라 한다)은 모두 '감정평가'로 통일하여 사용하면서 감정 또는 평가라는 용어는 사용하지 않는다.

감정평가를 규정하는 다른 법률인 「공익사업을 위한 토지 등의 취득 및 보상에 관한 법률」은 감정평가법인 등 용어 이외에는 '감정'이나 '감정평가'는 사용하지 않고 평가하다, 평가 방법, 평가 대상과 같이 '평가'라는 용어를 주로 사용하고 있다.

법률 제정과 개정의 과정을 찾아가 보면 「감정평가에 관한 법률」과 같은 구) 재무부 관장 법률은 '감정'이란 용어를, 「국토이용관리법」과 같이 구) 건설부에서 관장하였던 법률은 '평가'란 용어를 사용하였다. 그 후 중앙행정기관의 업무 조정을 통해 현재의 국토교통부에서 감정평가 관련 업무를 모두 이어받은 이후에는 '감정'이란 용어는 사용되지 아니하고 '감정평가'와 '평가'를 혼용하면서도 주로 '평가'라는 용어를 사용하고 있음을 알 수 있다.

일부에서는 1원설과 2원설로 설명하기도 한다. 이러한 견해의 차이는, 구별의 실익은 없으나 감정평가의 개념을 이해하는 데 도움이 되는 논의이다.

먼저, 2원설은 감정평가의 과정을 감정의 단계와 평가의 단계로 구분한다. 감정과 평가의 의미는 다르다고 전제하면서 감정은 대상 부동산 등에 대한 사실관계를 조사·확인하여 대상의 진위, 양부 등의 여부와 대상의 내용을 판단하는 과정이며, 평가는 위의 감정 기능의 토대 위에서 대상 부동산 등의 경제적 가치를 화폐단위로 설정하는 것으로 본다. 감정평가는 가치판단의 내면적 정신작용인 '감정'과 값의 평정인 표시작용으로서 '평가'라는 두 단계가 결합한 개념으로 설명한다.

반면에 1원설은 설령 감정과 평가가 개념상 차이가 있다 하더라도 평가를 위해서는 감정이 선행 또는 전제되어야 하기에, 이를 포괄적으로 보아 감정 기능과 평가 기능을 동일 개념 속에서 파악하려는 것이다. 감정과 평가는 하나의 행위로서 업무 면에서 동일 용역으로 귀속되는 것이므로, 감정이라는 개념과 평가라는 개념은 결국 동질적 서비스 기능에 내포된 일련의 과정일 뿐이라고 한다.

　이같이 1원설과 2원설은 감정과 평가를 선과 후의 서로 구분되는 감정평가의 단계인가, 아니면 용역 결과를 위한 하나의 행위인가로 의견을 달리하지만, 공통적으로 감정과 평가가 감정평가에 포섭되는 보다 좁은 개념이라는 점을 전제하고 있다.

　1원설과 2원설에 더하여 3원설을 주장하는 견해도 있다. 감정과 평가 외에 일종의 컨설팅 기능을 추가하여 감정평가는 감정, 평가, 컨설팅으로 구성되기 때문에 이를 3원설이라고 하기도 한다. 그런데 이는 감정평가 개념을 행위단계별로 구분하는 주장이라기보다 감정평가의 개념 또는 업무 범위를 협의로 보느냐 광의로 보느냐의 차이라고 생각한다.

　협의의 감정평가는 대상 물건의 가치를 화폐 액으로 표시하는 이른바 가치 추계 행위만을 의미하지만, 광의의 감정평가는 협의의 감정평가 개념에 더하여 고객을 상대로 부동산의 이용과 거래에 관한 조언을 하는 의미의 컨설팅을 포함한다고 한다. 따라서 3원설을 주장하는 이들이 말하는 1원설과 2원설은 협의의 감정평가이며, 3원설은 광의의 감정평가라고 할 수 있다. 3원설은 1원설과 2원설에 대비되는 의견이라기보다 감정평가의 개념 또는 업무의 범위에 대한 견해라고 봄이 타당하다.

그런데 감정평가의 의미를 넓게 보아 컨설팅을 포함하는 개념으로 정의한다면, 일반적으로 일정한 자격과 요건 및 형식을 요구하지 않는 부동산의 이용 및 거래에 관한 컨설팅이 모두 감정평가가 될 수 있는 문제점이 있다. 따라서 컨설팅이 넓은 의미의 감정평가에 포함된다는 것은 적절하지 않으며, 감정평가는 위에서 말한 이른바 협의의 감정평가에 한정하여야 한다.

3원설을 주장하는 이들의 견해는 감정평가의 개념 정의에 관한 논의가 아니라 감정평가사 또는 감정평가회사의 업무 범위가 가치의 추계나 가격의 결정에 한정되지 않고 더 나아가 컨설팅에까지 해당한다는 주장으로 이해해야 할 것이다.

미국에서는 appraisal과 valuation이 감정평가 의미의 단어다. appraisal은 대상 부동산에 결부된 특정 권익의 성격, 질, 가치 또는 효용에 관한 분석과 의견, 결론을 의미한다. 사전에서는 'to determine or estimate the worth or value'라고 한다. 과거에는 보통 이를 감정으로 번역하였다. 그런데 이를 평가라고 번역하며, 가치 추계뿐 아니라 타당성 평가, 환경영향 평가와 같이 가치를 추계하는 일보다 넓은 의미를 지닌다고 보는 견해가 있다.

valuation의 사전적 의미는 'the act or process of assessing value or price'이며, 여기에서 사용된 assess는 'to estimate the value of property'라고 한다. 이는 value의 명사형으로서, 부동산에 결부된 여러 가지 권익의 가치를 추계하는 과정이다.

미국의 통일전문평가실무기준USPAP은 appraisal을 가치 의견을 개진하는 행위나 과정으로 정의하고 있다.[3] 결국은 두 단어의 의미에 큰 차이가 있는 것이 아니며, 실무상 동의어로 사용하고 있다.

정리하면, 각 단어의 사전적 의미나 뉘앙스에는 차이가 있더라도 감정평가, 감정, 평가는 동의어 또는 약어로 사용되며 그 의미는 유사하다고 본다. 감정평가 또는 감정, 평가는 법률에서 규정한 바와 같이 토지 등의 경제적 가치를 판정하여 이를 가액으로 표시하는 것이며, 일상의 문장으로는 부동산시장에서 객관적으로 인정될 수 있는 가격을 찾는 작업 또는 인위적인 가격 도출 행위, 부동산을 조사하고 분석하여 가격을 결정하는 업무이다.

이것을 각 개념 요소로 나누어 구체적으로 살펴볼 필요가 있다. 모든 부동산의 가치 추계나 인위적인 가격 도출 작업, 가격 결정 업무를 감정평가라고 말하기는 곤란하기 때문이다.

감정평가의 주체는 감정평가사이다. 주체는 법적 지위와 형식·요건을 갖추어야 한다. 감정평가사의 자격을 갖는 자도 먼저 국토교통부에 등록하고 감정평가업을 영위하여야 한다. 부동산의

---

3) 안정근, 『부동산평가이론』(서울: 양현사, 2009), p. 4.

소유자나 임차인 등 누구나 적정한 가격을 도출할 수 있으며, 이들의 부동산 가격 결론이 감정평가사보다 더 타당할 수 있다. 그렇다 하더라도 법적 지위를 갖지 않은 이들에 의한 가격 책정 행위를 감정평가라고 하지는 않는다.

감정평가의 대상은 재산권의 객체로서, 토지와 토지 위에 정착한 물건, 동산, 기타 유형·무형의 재산이다. 사람의 가치 또는 아름다움이나 고귀함과 같은 재산권의 객체가 아닌 것은 감정평가의 대상이 아니다.

감정평가를 통해 구하고자 하는 것은 재산권의 경제적 가치의 화폐적 표현이다. 경제적 가치는 객관적 교환가치를 의미하며, 교환가치는 시장에서 다른 재화나 화폐와 교환되는 능력을 말한다. 소유자가 갖는 주관적 가치 또는 사용자의 효용을 반영하는 사용가치를 감정평가하는 것이 아니다. 그리고 그 결과는 구체적인 화폐단위, 이른바 가액으로 표현되어야 한다.

감정평가는 일정 요건을 갖추어야 한다. 그 행위는 일정한 기준과 방법, 절차에 의하며, 과정과 결론은 적절한 형식을 갖추어야 한다. 감정평가사의 자격을 가진 자가 지인에게 부동산 가격을 포함한 거래 관련 조언을 하고, 근거 자료를 제공하여 가격수준을 설명하였다 하여도 이를 감정평가라고 하지 않는다.

감정평가는 감정평가 의뢰와 수임의 계약이 이루어지고 나서 현장 실지조사 및 감정평가서 작성, 감정평가서에 대한 서명과 날인·교부의 절차로 이루어진다. 감정평가서 작성과 가격 결정 방법은 근거 법령이 존재하기 때문에 이의 규정에 따라야 한다. 결과물인 감정평가서도 관련 규정에서 정한 형식을 갖추고 일정한 내용을 포함하여야 한다.

결론적으로, 용어의 사용에 혼란이 있으나 감정평가, 감정, 평가는 그 의미는 유사하거나 같다. 따라서 법정 용어인 '감정평가'로 통일하여 사용하는 것이 타당하다.

단어의 사전적 의미는 일반적으로 여러 가지 뜻을 포함할 것인데 그 중 특정 용례에 한정하여 그것을 기준으로 제각각 용어를 정의하는 것은 적절하지 않을 것이다. 그리고 가치판단의 내면적 정신작용과 값의 평정인 표시작용으로 이루어진다고 하여도 이를 감정과 평가로 각각 달리하여 부를 필요는 없다고 본다. 감정이나 평가는 감정평가에 포섭되는 좁은 의미이거나 반드시 구별하여 사용되어야 할 별개의 용어라기보다는 감정평가의 약어略語로 사용된다고 하는 것이 적절할 듯하다.

그리고 인위적으로 가격을 추계하고 표현하였다 하여 모두 감정평가가 될 수 없다. 그 과정의 적절성이나 가격 결론의 타당성을 떠나, 감정평가라고 하기 위해서는 법적인 지위를 가진 주체와 공식적인 절차, 그리고 일정한 요건과 형식을 갖춘 보고서 등이 전제되어야 한다.

즉, 감정평가는 감정평가업을 영위하기 위해 국가에 등록한 감정평가사 자격을 가진 자가, 토지 등의 경제적 가치인 객관적 교환가치를 대상으로, 절차와 요건을 갖추어 가치를 추계하고 가격을 결정하여, 그 결과를 일정한 형식을 갖춘 보고서로써 공식화하는 과정과 작업이라고 정의할 수 있다.

시장의 형성과
시장에서의 가격 결정

　재화의 가격은 어떻게 결정될까? 재화의 가격은 시장에서 수요와 공급의 상호작용으로 결정되는 것이 일반적이다. 먼저 시장이 형성되는 이유와 과정을 살펴보고, 시장의 수요와 공급의 상호작용에 의한 가격 결정 메커니즘을 알아본다. 감정평가는 시장에서 형성될 수 있는 가격[4]을 인위적으로 구하는 작업이다. 따라서 시장에서의 가격 결정 과정을 먼저 이해할 필요가 있다.

　시장은 교환을 위한 어떤 장치다. 남대문시장이나 광장시장과 같은 특정의 장소를 의미하기도 하지만 이보다는 더 넓은 의미로서 상품의 교환이나 매매가 이루어지는 메커니즘을 뜻한다. 시장은 재화가 교환될 수 있도록 구매자와 판매자를 맺어 주고 가격을 결정한다.

---

[4]　가격과 가치의 논란이 있으나, 우선 가격으로 표기한다. 가격과 가치는 Part 2에서 다룰 예정이다.

시장의 발생은 교환에서 시작한다. 교환은 자신이 필요한 것 이상으로 소유하고 있는 재물을 다른 사람이 소유하고 있는 재물과 바꾸는 행위다. 원시 채집사회에서는 교환이 쉽게 나타나기가 어려웠을 것이다. 하루 동안 채집과 수렵 활동을 하여 얻은 것은 그날 소비하기에도 충분하지 않았을 것이지만 운이 좋아 큰 동물을 수렵하였다면 그 일부를 이웃 가족이나 집단에서 채집한 다른 과실과 교환을 했을 수도 있을 것 같다.

생산물의 잉여가 발생한 것은 신석기시대의 농업혁명을 통해서이다. 인위적인 시설과 축적된 기술이 바탕이 된 정착지에서의 경작으로 생산력이 비약적으로 증가하면서 본인이나 가족이 필요로 하는 것 이상을 생산할 수 있게 되었다. 많이 생산된 것은 다른 사람에게 제공하고, 필요는 하지만 본인이 생산하지 못한 것은 다른 사람으로부터 취득할 수 있게 되어 자연스럽게 교환이 이루어지고 시장이 형성되었다. 농업 생산물의 잉여는 모든 사람이 식량 생산에 종사하지 않아도 생존할 수 있는 환경을 만들었으며, 이로써 농업 이외의 다른 직무와 직업의 발생이 가능하게 되었다.

이후 농업을 포함한 각 부문의 생산력 증대, 거래의 안전과 소유권을 보장하는 제도적 장치, 그리고 화폐의 사용에 따라 시장은 크게 확장되었다. 사회의 전 부문에서 자급자족은 불가능하게 되었고, 시장경제 체제가 확립되었다.

시장경제에서는 어떤 재화는 내가 필요한 것 이상으로 생산하여 그것을 필요로 하는 사람에게 공급하며, 어떤 것은 나에게 꼭 필요한 물건이지만 이것을 직접 생산하지 아니하고 시장에서 구매한다. 왜 이러한 현상이 발생할까? 공급자와 수요자가 분리되어 시장에서 자연스럽게 그리고 필연적으로 교환이 이루어지는 현상은 분업의 이익과 비교우위, 그리고 생산자잉여와 소비자잉여를 통해 설명된다.

분업의 이익은 직무를 나누어서 작업할 때 효율이 높아지는 것이다. 쌀농사를 지으면서 동시에 물고기를 잡아 생활하는 것이 불가능한 것은 아니다. 그런데 한 사람은 농사만 지으면서 농사 기술을 축적하여 생산성을 높이고, 다른 사람은 어로 활동에 집중하여 어획량을 높일 수도 있다. 축적된 경험과 기술을 통해 생산력이 상승한다면 본인이 필요로 하는 것 이상으로 생산이 가능해지며, 그렇게 생산된 농산물이나 잡은 물고기는 이를 필요로 하는 다른 사람에게 파는 것이 본인에게는 물론 사회 전체적으로 이익이다.

스미스A. Smith는 분업의 효과를 극적으로 설명한다. 10여 명이 각각 핀을 제조한다면 한 명이 하루에 한두 개의 핀을 만들 수 있지만, 핀 제조 공정을 열여덟 개 정도로 나누어 그들이 각각 맡은 공정만을 처리한다면, 즉 분업이 이루어진다면 한 명이 하루에 4,800여 개의 핀을 제조한다는 사례를 들었다.[5] 분업의 이익은 작게는 작업 공정의 분화로, 크게는 직업의 발생을 가져온다.

---

5) 토트 부크홀츠, 『죽은 경제학자의 살아있는 아이디어』, 이승환(역)(파주: 김영사, 2004), pp. 52~53.

작업 공정이 분화되고 여러 직업이 생겨났을 때 다수가 원하는 곳, 쉽고 이익이 큰 업무를 모두가 맡을 수는 없다. 여기에서 치열한 경쟁이 발생하며, 경쟁에서 승리한 자가 원하는 직무를 가질 수 있다.

경쟁에서 승리하는 가장 근본적인 원천은 개인의 자질일 것이다. 지능, 체력, 정신력, 소통 능력, 공감 능력, 통솔력 등등 개인의 타고난 능력이 뛰어난 자가 승리할 가능성이 크다. 또한, 재력이나 인맥 등 가족의 능력도 중요한 바탕이 된다.

그런데 한 개인에게는 뛰어난 능력이 하나만 있는 것이 아니다. 지능이 높으면서 체력이 좋을 수도 있다. 손흥민 선수는 축구를 잘하지만, 야구나 농구에서도 월등한 기량을 지닐 수 있다. 그렇다면 손 선수는 축구는 물론 야구나 농구도 보통의 선수와 비교해서 절대적으로 우위에 있다.

문제는 손 선수가 축구선수가 되는 동시에 농구선수가 되는 것이 최선이냐 하는 데 있다. 여러 부분에서 우위에 있다고 하여 이들이 사회의 모든 직무를 독차지할 수는 없다. 가진 능력 간의 기회비용을 고려하여 포기했을 때 대가가 가장 큰, 즉 가장 뛰어난 하나의 능력을 선택하는 것이 유리하다. 손 선수는 본인의 능력 중에서 선택하지 않았을 때 기회비용이 가장 큰 축구의 능력을 활용하는 것이 타당하다. 뛰어난 능력을 여럿 가졌다 하더라도 그중 가장 뛰어난 능력을 활용하는 것이 본인은 물론 사회 전체로도 이익이다.

비교우위는 국가에서 생산하는 재화의 상대 가격에 의해 결정된다. 비교우위론을 주장한 리카도D. Ricardo의 이야기를 들어 보자. 포르투갈은 옷감이든 포도주든 영국보다 저렴한 비용으로 생산할 수 있다. 두 가지 품목 모두 포르투갈이 절대우위에 있다. 그러나 포르투갈 국내에서 옷감보다 포도주의 생산비가 상대적으로 더 낮다면 옷감을 생산하는 대신 포도주 생산에 집중하고, 포도주 생산에서 발생하는 수익으로 옷감을 수입하는 것이 이익이다. 영국은 포르투갈보다 옷감이나 포도주 모두 절대적으로 열위이나 포도주보다는 옷감을 상대적으로 저렴하게 생산할 수 있으니 옷감 생산에 집중하면서 그 수익으로 포도주를 수입하는 것이 경제적이다. 포르투갈은 포도주에 영국은 옷감에 각각 비교우위가 있으며, 비교우위가 있는 부문에 집중하는 것이 양국 모두에 이익이 된다.

개인도 마찬가지다. 남들보다 모든 면에서 우월하거나 반대로 우월한 점이 없다 하더라도 본인의 역량 중에서 뛰어난 부분, 즉 비교우위가 있는 곳에 집중하는 것이 적절하다.

캐드 작업 능력이 뛰어난 건축사라 하더라도 본인이 직접 도면을 그리는 것보다는 본인보다 저렴한 비용으로 캐드 작업을 전문적으로 하는 자를 고용하는 것이 효율적이다. 천재가 아니어도 지능이 뛰어난 자는 그 지능을 활용할 수 있는 직업을 갖고, 기술 개발능력이 있는 기업은 생산은 다른 기업에 맡기고 기술 개발에만 집중하는 것이 좋다. 모든 부분에서 우위를 갖지 못하는 저개발국가도 특정 농산물을 수출할 수 있으며, 농업을 포함한 모든 산업이 앞선 선진국도 어떤 상품은 직접 생산하는 대신 수입을 통해 사용하는 것이 이익이 될 때가 있다.

그 과정에서 직업과 직무의 분화, 기업의 생산과정 분담, 국가 간의 무역이 이루어진다. 그러면서 분업의 이익을 동시에 발생시킨다. 개인이든 기업이든 국가든 잘할 수 있는 부분에 집중하여 생산성을 높이고 서로 이익을 얻는다. 생산이 분화된 사회에서 재화나 서비스 등의 교환은 필연적이며, 그 교환이 이루어지는 장치가 시장이다.

시장은 두 가지 조건을 전제한다. 하나는 거래의 자발성이며, 또 하나는 거래의 반복성이다.

모든 거래를 자발성과 대가성 두 가지 기준, 즉 당사자 간의 자발적인 의사에 의해 이루어지는지와 대가가 있는지로 나누어 보자. 자발성도 없고 대가성도 없는 거래도 있을 수 있다. 예를 들면 강도를 당한 경우다. 강제적으로 금전이나 물품을 내어놓고도 대가를 얻을 수 없는 거래다. 반면 봉사활동, 기부행위 등과 같이 자발성은 있으나 대가성은 없는 거래도 있다. 그리고 자발적이지는 않으나 대가가 있는 거래는 본인의 의사와는 관계없이 재산권이 양도되고 그 대가로 보상금이 지급되는 수용과 보상이 해당한다고 볼 수 있다.

일반적인 사적 거래는 모두 자발성이 있으며 대가가 있다. 거래 당사자는 어떠한 동기가 개입되건 자발적으로 거래를 시작하고 본인의 의사에 의해 거래를 성사시키며 반대급부인 대가를 주고받는다. 시장에서의 거래행위가 여기에 해당한다.

그리고 시장이 성립하기 위해서는 거래가 반복적이어야 한다. 일회성 거래는 시장market이라기보다 게임game일 가능성이 크다. 특정 개인은 한 번만 거래하더라도 동질적인 유사 재화의 거래가 꾸준히 이루어질 때, 이것도 반복적인 거래다.

집행법원에 의한 부동산 경매를 예로 들어 보자. 부동산의 소유권 이전이 빈번하게 이루어지는 경매는 매도인의 의사를 묻지 않고 법원에서 예정가격을 정하며, 거래가격은 매도인과 매수인의 의사 합치가 아니라 매도인이 제외된 상태에서 매수인 간의 경쟁을 통해 결정된다. 따라서 이러한 경매 제도는 매도인과 매수인이 모두 존재하는 시장이라기보다 매수인 간의 게임으로 보는 것이 타당하다.

시장에서 공급자와 수요자는 왜 자발적으로 거래할까? 시장에서 자발적인 교환이 성립하는 것은 공급자와 수요자 모두에게 이익이 되기에 가능하다. 공급자와 수요자가 얻는 이익을 생산자잉여와 소비자잉여로 설명해 보자.

시장의 공급곡선은 일반적으로 우상향한다. 재화의 가격이 상승한다면, 예상되는 이익이 커지기 때문에 생산량을 늘리거나 혹은 시장으로 새롭게 진입하는 자가 증가하여 시장 전체 공급량이 증가한다. 그런데 시장에서의 거래가격은 공급자가 생각하는 가격뿐 아니라 수요자의 선택에 따라 어떤 수준에서 결정된다.

그렇다면 시장에서 형성되는 가격보다 낮은 가격이라 하더라도 생산 또는 매도를 하려고 의도하였던 공급자는 자신이 생각했던 가격보다 시장에서 형성된 거래 가능한 가격이 높으므로 그 가격수준에서 기꺼이 매도할 것이다. 시장가격보다 높은 가격으로 매도하려 했던 공급자는 시장가격으로는 매도하지 않을 것이지만, 이미 그보다 낮은 가격으로도 매도하려 하는 공급자들이 존재하기에 이 재화의 양이 시장의 수요량을 충족한다. 이같이 자신의 예상했던 가격보다 높게 형성된 시장에서의 가격으로 인해 거래의 성사가 예정된 공급자가 얻는 이익을 생산자잉여라고 한다.

시장에서의 수요곡선은 우하향한다. 재화의 소비량이 증가할 때 소비자가 느끼는 한계효용은 체감하며, 본인이 새롭게 얻는 효용과 새롭게 지출하는 비용인 상품의 가격이 같은 수준으로 수요를 하는 것이 수요자에게는 최적의 소비가 될 것이므로, 가격과 수요량은 반비례 관계에 있다. 가격이 상승할 때 수요량은 감소한다. 우하향하는 수요곡선이라면 높은 가격에도 매입하려고 하는 수요자부터 아주 낮은 가격이어야만 매입 의사가 있는 수요자까지 다양한 수요자가 있을 것인데,[6] 시장의 거래가격은 공급자와 수요자의 관계와 선택에 따라 어느 수준에서 결정된다.

---

6)   시장의 수요곡선은 개별 가계 및 소비자 수요곡선의 합으로 만들어진다.

이때는 시장가격보다 높은 수준의 가격이라 하더라도 매입하려고 의도했던 수요자가 거래를 성사시킬 것이며, 거래의 성사로 이들은 이익을 얻는다. 시장가격보다 낮은 가격을 기대하는 수요자도 존재하겠지만, 이들과는 거래가 성사되지 않을 것이다. 이같이 자신의 처음 예상했던 가격보다 시장에서 낮게 형성된 시장가격으로 인해 거래의 성사가 가능한 수요자가 얻는 이익을 소비자잉여라고 한다.

시장에서의 교환 과정에는 생산자잉여와 소비자잉여가 발생하며, 공급자와 수요자 모두 거래 관계에서 이익을 얻는다. 당사자 모두가 이익을 얻으며, 따라서 모두가 자발적으로 거래에 참여한다. 자연스럽게 시장이 형성되는 이유다.

이같이 우리 사회는 개인과 기업, 국가 간 비교우위와 분업의 이익에 의해 직무와 생산의 분화가 이루어지고, 거래 과정에서 공급자와 수요자 모두 이익을 얻을 수 있으므로 자연스럽게 그리고 필연적으로 재화와 서비스 등 상품의 교환이 발생하며, 그 교환이 이루어지는 장치가 시장이다.

시장의 참여자들은 타인이나 사회, 국가의 이익을 위해 거래하지 않는다. 순전히 자신의 이익만을 위해 행동을 하지만 결과적으로 사회 전체적으로도 이익이 된다.

시장에서 가격은 어떻게 결정될까? 시장에 참여하는 수요자와 공급자는 직접 가격을 결정하지 않는다. 이들은 단순히 가격을 보고 행동을 할 뿐이다. 이들에게 가격은 온도계의 역할을 한다. 온도계를 보고 외출할 것인지 집에 머무를 것인지, 어떤 옷을 입을지 결정을 하는 것과 같다.

시장의 공급곡선은 우상향하며 수요곡선은 우하향한다고 하였다. 이러한 시장에서 가격이 높은 수준이라면 수요자가 의도하는 수요량보다 공급자의 공급량이 많을 것이며, 초과공급 상태에서 상품이 팔리지 않는 공급자는 가격을 낮출 수밖에 없다. 가격이 낮아진다면 수요량도 증가할 것이다.

가격이 낮은 수준이라면 수요자가 의도하는 수요량이 공급자의 공급량보다 많을 것이며, 초과수요 상태에서 상품을 구하지 못한 수요자는 더 높은 가격으로 매입할 수밖에 없다. 가격이 높아진다면 점차 공급량도 증가할 것이다.

이같이 수요량보다 공급량이 많은 수준의 어떤 가격은 하향 압력을 받으며, 수요량보다 공급량이 적을 때는 가격이 상향의 압력을 받게 되므로 결국은 시장의 수요량과 공급량이 일치하여 균형을 이루는 지점의 특정 가격으로 수렴해 간다. 그때의 가격이 균형가격으로서 시장가격이다.

시장에서의 가격은 수요와 공급의 상호작용으로 결정된다. 시장에 참여하는 수요자와 공급자는 가격을 결정하지 않으며, 다만 가격을 보고서 행동을 할 뿐이다. 균형가격과 균형수급량의 결정에는 누구도 개입하지 않는다. 보이지 않는 손invisible hand에 의해 자연스럽게 가격과 수급량이 균형을 이룰 뿐이다.

시장의 형성은 소유권의 보장이라는 제도적인 장치를 통해 안정적으로 이루어진다. 사유재산이 존재하지 않는다면 시장이 형성될 수 없다.

사례를 들어 본다. 구소련의 몰락 이후 1990년대 초, 소련으로부터 물자를 받아왔던 나라들에 큰 혼란이 있었다. 소련으로부터 자동차를 공급받았던 베트남은 자동차 부품의 수입이 어려워지자 고장 난 자동차를 수리할 수 없게 되었고, 고장 난 자동차가 증가함에 따라 국가의 운송체계가 마비 상태에까지 이르게 되었다고 한다.

그런데, 국가가 취한 어떤 조치 하나로 인해 하루아침에 자동차가 움직이고 운송 활동이 가능해졌다. 국가의 그 조치는 개인에게 자동차의 소유권을 부여한 것이었다.[7] 소유권을 가지게 된 자동차 운영자는 폐품 더미를 헤쳐서 고장이 난 부품을 찾아 자신의 자동차를 정상적으로 만들고, 그것을 영리활동에 사용하였을 것이다. 사회주의 국가에서 존재하지 않았던 시장이 소유권의 부여로 인해 자연스럽게 형성된 것이다.

멸종이 예상되는 야생의 코끼리를 보전하는 가장 훌륭한 수단은 코끼리의 소유권을 보장하는 것이라고 하며, 새 중에서 가장 강한 독수리는 자연에서 사라질 위기에 있으나 독수리보다 훨씬 연약한 닭은 그 개체 수가 줄지 않는다고 한다. 소유권은 자연스럽게 수요와 공급을 창출시키며, 수요와 공급이 만나서 서로 교

---

7)   존 멕밀런, 『시장의 탄생』, 이진수(역)(서울: 민음사, 2007), pp. 163~164.

환이 이루어지고 가격이 결정되는 곳이 시장이다.

  개인과 기업의 자유로운 경제활동과 소유 및 거래의 안정성을
제도적으로 보장하는 사회에서는 상호 이익을 위해 자연스럽게
직무와 생산의 분담이 이루어지고, 직무와 생산의 분담에 따라
필연적으로 재화의 교환이 발생한다. 그 교환이 이루어지는 장
치가 시장이며, 시장에서는 교환을 통해 이익을 얻는 수요자와
공급자의 자발적이고 반복적인 상호작용에 따라 균형가격과 균
형수급량이 결정된다.

감정평가의 필요성

    모든 재화의 가격이 시장에서 온전하게 결정되고 누구나 쉽게 식별 가능하며, 그로 인한 사회적 비용의 발생이 없다면 인위적으로 가격을 도출할 필요성이 없을 것이다.

    그런데 재화의 특성상 시장에서의 가격 결정 메커니즘이 원활하게 작동하지 않거나, 또는 거래 당사자들의 처지 또는 정보와 힘의 불균형으로 인해 눈에 보이는 혹은 눈에 보이지 않는 사회적 비용이 과도하게 발생한다면, 자연 발생적인 시장의 가격형성 기능을 대신하는 인위적이면서 균형 잡힌 전문가의 작업이 필요할 수 있다. 감정평가의 필요성을 불완전한 시장과 사회적 비용의 측면에서 살펴본다.

    감정평가의 대표적인 대상물은 부동산이다. 부동산은 그 특성상 시장에서 가격 결정 메커니즘이 원활하게 작동하지 않는다. 그 이유를 살펴보자.

부동산은 일반 재화와 구별되는 특별한 재화다. 부동산은 토지 및 그 정착물 등 움직여 옮길 수 없는 재산으로서, 법률적 목적과 경제적 논의를 위해 일반 물건 또는 재화와 특별히 구분하여 의미를 부여한 것이다.

법률적 목적은 물건을 동산과 부동산으로 구분하여 공시방법이나 공신력, 취득시효, 제한물권 등 「민법」의 적용을 달리하기 위한 것이다. 그리고 경제적 논의를 위한다는 것은 부동산은 일반 재화와는 다른 특성이 있어 통상적인 경제 이론을 적용하기가 곤란하므로 이를 일반 재화와 구별하여 분석할 필요성이 있다는 의미다.

대표적인 부동산인 토지의 물리적인 특성과 이러한 특성으로 인한 경제적 측면의 파생 효과를 알아본다. 특성이라고 하는 것은 특별한 성질로서, 일반 재화와 구별되는 상대적인 독특함이다.

첫째, 지리적으로 위치가 고정되는 부동성不動性이다. 어떤 경우라도 토지는 움직여 옮길 수 없다. 부동성으로 인해 토지 시장은 국지화하여 지역에 따라 시장가격이 모두 달라진다. 서울의 토지 가격이 높다 하여 경기도의 토지를 서울에서 판매할 수 없으므로 재정거래arbitrage가 불가능하다. 재정거래는 동일 상품에 대해 두 시장에서 서로 가격이 다른 경우 가격이 저렴한 시장에서 그 상품을 매입하고 가격이 비싼 시장에서 그것을 매도해 이익을 얻고자 하는 거래를 말한다.

움직일 수 없으므로 인접토지의 영향을 피할 수 없어 직접적인 외부효과가 발생하며, 입지와 환경이 무엇보다도 중요한 가격 결정요인이 된다. 그리고 움직일 수 없는 재산은 규제를 강화하더라도 도피할 방법이 없으므로 규제의 대상이 되기 쉽다.

부동성은 가장 중요한 특성으로서, 이로부터 다른 특성이 파생되기도 한다. 다른 지역에서 가져올 수 없으므로 특정 지역시장에서 토지의 총량은 변하지 않으며, 공급곡선은 수직으로 표현된다. 동질성을 갖지 못하는 것도 결국은 부동성으로 인해서이다.

둘째, 토지의 총량은 증가시킬 수 없다는 부증성不增性이다. 토지는 생산이 불가하고, 노동과 자본의 투여에 의한 생산비의 법칙이 적용되지 않기 때문에 공급의 증가를 전제로 한 이론이 성립되지 않는다. 총량으로 표현된 공급곡선은 수직이 된다.

다만 특정 용도의 토지만을 대상으로 논의할 때는 생산의 의미인 용도의 전환 즉 개발을 통해 공급량을 증가시킬 수 있다.

셋째, 없어지지 않는다는 영속성永續性이다. 지구가 존재하는 한 토지는 영속적이다. 소모를 전제로 한 이론이 적용되지 않으며, 가격 하락에 따른 공급량의 감소가 탄력적이지 못하다.

토지는 소비로 인한 소멸의 개념이 없으므로 한번 수요가 이루어진 것도 다시 시장에 등장한다. 따라서 공급량을 설명할 때, 유량flow 개념인 신규 공급량과 시장에 존재한 저량stock 개념의 재고량을 동시에 고려하여야 한다. 또한 존재하는 양인 재고량은 언제든지 시장에 출품될 수 있으므로 토지 등 부동산의 시장에서는 통상 시장에 출품되어 있는 양보다는 재고량의 중요성이 크다.

넷째, 동질적인 토지는 존재하지 않는다는 개별성個別性이다. 토지는 움직여 옮길 수 없고 생산도 불가능하므로 동질성이 없다. 개개의 토지는 희소성을 가지고 독점화한다. 예외적 가격에 의한 거래가 발생하기도 하며, 일반적인 일물일가一物一價의 상황이 될 수 없다.

위와 같은 특성으로 인하여 토지 시장은 많은 경제 이론이 전제하는 완전경쟁 시장이 될 수 없다. 완전경쟁 시장은 수많은 수요자와 공급자의 존재, 동일 재화의 판매, 자원의 자유로운 이동 보장, 시장 참여자는 완전한 정보를 가지고 있어야 한다는 네 가지 조건을 모두 충족하여야 한다.

그런데 토지 시장은 토지의 개별성으로 인해 개별 토지마다 독점적 지위를 가지므로 수많은 공급자가 존재할 수 없으며, 동일 재화가 판매되지 않는다. 자유로이 이동할 수 없으며, 알려진 정보는 매우 제한적일 가능성이 크다. 따라서 토지 시장은 완전경쟁 시장이 될 수 없으며, 일반적인 경제 이론인 수요와 공급의 상호작용에 의한 시장의 형성과 시장가격의 성립이 어렵다.

이같이 토지를 포함하는 부동산의 경우는 시장균형가격의 결정과 일반적인 일물일가의 법칙이 성립되지 않으므로 누구나 활용할 수 있는 적정가격이 쉽게 식별되지 아니한다. 부동산의 가격 식별을 위한 인위적인 작업, 즉 감정평가가 필요한 이유다.

사회적 비용의 감소를 위해서도 감정평가가 필요하다. 감정평가 제도가 존재하고 운영될 때 소요하는 비용과 감정평가로 인한 비용 감소를 비교하여 비용 감소가 크다면 감정평가 제도가 필요한 이유가 된다. 부동산 가격과 거래의 특수성, 그리고 부동산이 갖는 특수한 사회성과 공공성을 고려해서 사회적 비용의 발생과 감소를 판단해야 한다.

부동산 가격은 복잡하고 다양한 수많은 요인에 영향을 받으며, 항상 변동하고 있다. 부동산 거래에는 개별적 사정이 개입되기 쉬우며 가격형성의 동기가 다양하고, 그 사정의 파악 또한 어렵다.

유한한 국토 공간은 효율성과 형평성을 목표로 사용되어야 한다. 부동산의 용도는 다양하여 여러 용도로 이용될 수 있어 가장 효율성이 높은 최유효의 이용, 최고 최선의 이용을 도모하여야 하며, 동시에 국민 모두의 국토 공간임을 고려하여 형평성이 추구되어야 한다. 국토는 부동산이라는 재화이기에 앞서 우리의 생존과 생활이 이루어지는 삶의 토대이자 환경이다.

부동산의 가격은 거래 당사자들의 개별적 사정이나 다양한 동기가 개입할 가능성이 크면서도 우리 생활에 밀접하여 큰 영향을 미치고 있으므로, 거래행위나 기타 가격 평정 행위에 있어 이를 모두 당사자들의 판단에만 맡길 수는 없다. 특히 공공기관이나 기업이 거래의 당사자가 될 때는 예상하지 못한 문제가 발생할 가능성이 매우 크다.

국가에서 공익사업을 시행하면서 토지를 매입한다고 해 보자. 토지는 시장가격이 분명하지 아니하여 적정가격을 알아내기가 쉽지 않다. 담당자가 임의로 매입가격을 책정하거나 소유자와의 협의를 통해 거래금액을 정한다면 어떻게 될까?

담당자가 매입가격을 임의로 책정할 때, 그는 여러 가지 혼란을 경험할 것이다. 토지소유자가 친인척이므로 토지소유자가 쉽게 매도할 것 같지 않으므로 등등의 이유로 아주 높은 금액을 책정하거나, 예산 절감을 공로로 인정받기 위해서 낮은 금액으로 매입할 가능성도 있다. 그리고 어떤 금액으로 매입을 하든 사후에 항상 감사기관의 감사 대상이 될 것이다. "왜 그 금액으로 매입하였나요?"라는 질문에 매입을 담당했던 공직자는 쉽게 답하기가 어려울 것 같다.

매도하려는 자도 토지를 쉽게 넘기지는 않을 것이다. 국가가 시행하는 개발사업 과정에서 이른바 '알박기'가 이루어졌다고 가정해 보자. 알박기란 '개발예정지역의 중요한 지점의 땅을 미리 조금 사놓고 개발을 방해하며 개발업자로부터 많은 돈을 받고 파는 행위'로 정의되는 부동산 용어다. 알박기에 의한 부당이득 행위에 대하여 우리나라 「형법」은 부당이득죄라는 형사적 처벌의 근거를 마련하고 있으나 단지 개발사업자에게 땅을 팔아서 폭리를 취했다고 하여 모두 형사처분의 대상이 되지는 않는다.

> "…대법원은 …상고심(2008도8577)에서…단지 오래전부터 사업부지 내의 부동산을 소유해 온 피고인들이 이를 매도하라는 피해자들의 제안을 거부하다가 수용 과정에서 큰 이득을 취했다는 사정만으로 함부로 부당이득죄의 성립을 인정해서는 안 된다. …김 씨 등은 지난 91년부터 자기 소유의 40제곱미터의 토지를 포함한 ○○시 중구 일대에 아파트가 들어서게 되자 '땅을 팔지 않겠다'며 시공사의 3차례에 걸친 매도요구를 거절한 뒤 당시 시가 4400만 원짜리 토지를 18억 600만 원에 판 혐의로 기소돼 1심에서 각각 징역 1년을, 2심에서 징역 8월에 집행유예 2년을 선고받았다."[8]

위 사건은 알박기를 통해 상식에 어긋나는 과도한 이익을 취한 자에게 고등법원에서는 유죄를 인정했으나 대법원은 개발예정지역으로 정해지기 전에 이미 땅을 소유한 토지소유자는 설사 개발업자에게 땅을 팔아서 폭리를 취했다 하더라도 부당이득죄가 성립되지 않는다고 본 사안이다.

사인의 재산권이 절대적으로 보장되고 이익추구 행위를 제한할 수 없는 상태에서 위의 사례와 같은 거래가 국가를 상대로 이루어졌다면 부당이득죄의 성립 여부를 떠나 국가는 4400만 원짜리 토지에 대해 고스란히 18억 600만 원을 지급했어야 할 것이

---

8)   류인하, "의도적 '알박기'로 볼 수 없다면 처벌해서는 안 돼", 『법률신문』, 2009년 1월 28일.

다. 국가가 거래의 당사자가 될 때 당사자들의 자율적인 의사에 따라서만 거래가 이루어져서는 안 되는 이유이기도 하며, 이때는 수용과 보상이라는 법적 절차 속에서 당사자가 아닌 제3자가 거래가격을 정하는 것이 타당하다.

국가 또는 공공기관이 개발로 조성한 토지나 보유하던 토지를 일반인에게 매각하는 때도 마찬가지다. 입찰을 거친다면 일단 최고가를 제시한 자에게 매각될 것이기에 특혜의 시비는 없을 것이나, 초기 예정금액을 비전문가가 임의로 산정한다면 그 금액이 신뢰를 얻지 못하여 입찰 참여자에게 혼란을 줄 것이다.

만약 입찰의 방식이 아니라 추첨 또는 수의계약의 방식으로 매각한다면 매각가격에 대한 시비가 계속될 수밖에 없다. 여기에서도 "왜 그 금액으로 매각하였나요?"라는 감사기관의 질문이 있을 것이나 담당자는 쉽게 답하지 못할 것이고, 매수인이 특혜의 시비에 휘말리거나 과도한 금액 책정으로 매수인을 구하지 못하는 등 큰 사회적 비용을 치를 가능성이 있다.

개인이 상속이나 증여를 하고 이를 세무관서에 신고한다고 해보자. 상속이나 증여는 유상 거래 과정이 아니므로 실거래가격이 없다. 이를 신고한 자는 본인에게 유리한 임의의 금액으로 신고하면 될까? 그렇다면 금액의 과소 또는 과다 신고를 통한 탈세의 가능성이 있다. 세무관서도 신고된 모든 금액의 적절성을 검토하여야 할 것이다. 이때 부동산 가격에 대한 전문적인 능력과 법적 지위를 갖춘 누군가가 대상 부동산의 가격을 평정한다면 이를 신고한 자와 세무관서와의 마찰을 크게 줄일 수 있을 것이다.

조세나 여러 가지 부담금 부과를 위한 기준가격의 책정도 중요하다. 전국의 거의 모든 토지는 조세 등의 부과 대상일 것인데 이들의 시장가격은 대부분 존재하지 않는다. 따라서 이들 토지에 대한 인위적인 가격 평정이 필요하며, '공시지가'라는 공적 지가의 모습으로 행정기관이 산정한다. 그러나 전국적인 균형의 유지가 어렵거나 적정가격이 산정되지 못한다면, 그로 인해 온 국민이 치르는 비용은 매우 클 것이다. 부동산 가격을 다루는 인증된 집단에 의한 통일되고 전문적인 작업이 필요하다.

민간 부문도 가격 책정과정에서 갈등과 왜곡을 경험할 수 있다. 금융기관에서 부동산을 담보로 하여 대출을 실행한다고 해보자. 금융기관은 얼마의 대출을 하여야만 추후 대출금이 상환되지 않을 때 담보로 잡은 부동산의 환가절차를 거쳐 대출금을 온전하게 회수할 수 있을까? 담보로 취급한 부동산 가치에 비교해 과도한 대출이 이루어져 대출금 회수가 불가능할 때 그 책임은 누가 져야 할까? 금융기관의 심사부서 또는 감사부서에서도 담보가치의 추산과 적정 대출금에 대한 의문을 계속 가질 수밖에 없는 상황이 될 것이다.

아파트 건설사업에서 분양가 상한제가 적용된다면, 아파트 분양가격은 토지 가격과 건설비용, 관련 부대비용의 합계액의 범위에서 결정된다. 이때 토지 가격은 건설사가 매입할 때 실제 지급한 금액이어야 할까, 적정한 시장가격이어야 할까? 건설사가 제시하는 가격을 모두 인정한다면 분양가 상한제의 취지가 제대로 실현되지 않을 수도 있다.

기업이 소유한 부동산을 이해관계가 있는 회사나 개인에게 매각하는 경우도 있다. 고의든 과실이든 거래금액이 적정하게 책정되지 못한다면 이익을 보는 자와 손해를 보는 자가 생겨날 것이다. 또한, 보유하던 부동산의 장부가치가 현실적인 가격과 차이가 크게 벌어져 자산을 재평가하거나, 여러 명이 모여 조합을 결성하고 개발을 할 때 초기의 조합원 자산을 공정하게 확정할 필요성도 있다.

이러한 사례는 민간 부문이라 하더라도 당사자에 의한 가격 책정이 여러 가지 문제점이 있으며, 갈등이나 왜곡과 같은 사회적 비용이 발생할 수 있음을 보여 준다.

눈에 보이지 않는 사회적 비용 말고도 실제 눈에 보이는 비용이 과도할 때도 있다. 법원의 판결을 통해서 또는 금융기관의 대출금을 갚지 못해서 경매에 넘겨진 부동산이 있다. 국가기관이 일반인에게 매각하는 경매를 진행할 때 최저 매각가격을 정하고, 그 금액 이하를 제시한 경매 참여자는 설령 최고가를 제시하였다 하여도 부동산의 소유권을 갖지 못한다.

국가기관인 법원은 경매의 대상이 된 부동산의 최저 매각가격을 정해야 할 것인데, 법원은 부동산의 가격에 대해 전문적인 지식을 갖지 못할 뿐 아니라 관련 인원을 직접 운영할 때 과도한 비용이 소요될 수 있다. 이때 최저 매각가격의 결정 업무를 법원 내부에서 수행하지 않고 외부의 전문가를 활용함으로써 비용을 절감할 수 있다.

    부동산시장은 부동산에 내재한 고유한 특성으로 인하여 합리적인 시장이 형성되지 못하고, 시장의 균형가격이 제대로 성립되지 못한다. 시장 메커니즘이 온전히 작동하지 않으니 복잡하고 다양한 요인에 영향을 받는 부동산 가격을 쉽게 식별하거나 구하기는 어렵다. 그래서 시장에 출품되는 가격이나 시장에서의 균형가격을 대체할 수 있는 전문가에 의한 인위적인 부동산 가격 평정의 필요성이 있다.

    아울러 국가나 기업의 거래행위나 기타 공공성을 갖는 가격 결정 행위를 모두 당사자들의 판단에만 맡길 때, 보이는 비용은 물론 사회적 갈등이나 경제활동의 왜곡과 같은 보이지 않는 비용이 과도하게 발생할 수 있다. 감정평가의 비용이 이러한 보이는 비용 및 보이지 않는 비용보다 적다면, 전문가가 당사자를 대신하여 가격 평정 작업을 수행하는 감정평가 제도를 도입하여 운영하는 것이 사회 전체적으로 이익이다.

    감정평가는 주로 시장가격이 제대로 형성되지 아니하는 재화를 대상으로 하면서 사회 전체적인 비용의 최소화를 위해 필요한 합리적인 장치이다.

무엇을 감정평가할까

감정평가의 대상을 알아보자. 재화나 물건은 물론 다른 대상의 가치 추계도 이론상으로는 가능할 것 같다. 사람의 가치는? 다음의 방법이라면 간단하게나마 사람의 가치도 화폐의 액으로 표시할 수 있을 것이다. 지금의 나를 만드는 데 얼마의 비용이 들었을까. 큰 비용을 들여 공부했고 체력을 기르고 능력을 갖추었다면 가치가 높아질 것이다. 얼마의 수익을 창출하는 사람일까. 많은 수익을, 장기적으로 얻을 수 있다면 가치가 높아지지 않을까. 그리고 대상과 비슷한 체력과 지력, 기타의 능력을 지닌 자가 얼마의 가치를 가진 것으로 이미 판정을 받은 사례가 있고, 그 사례를 찾을 수 있다면 그와 비슷한 가치를 가졌다고 판단할 수 있을 것 같다.

그러나 이론상 가능하다 하더라도 사람은 감정평가의 대상이 될 수 없다. 감정평가의 대상은 법률적으로는 물건이어야 하고, 경제적 개념으로는 경제적 가치를 지닌 것, 넓은 의미의 재화이어야 할 것이다. 사람의 가치 또는 아름다움이나 고귀함과 같은 추상적 개념은 감정평가의 대상이 아니다. 이론상 그리고 실무상 감정평가의 대상을 구체적으로 살펴보자.

감정평가의 대상은 재산권의 경제적 가치다. 경제적 가치는 시장에서 결정되는, 시장의 판단에 따른 가치다. 감정평가는 소유자 등 관계인이 생각하는 주관적 가치가 아니라 시장에서 인정되는 객관적 가치를 판정하고 이를 수치화하는 작업이다.

좁은 허름한 주택이 있다고 해 보자. 이 집에서 오랫동안 거주하고 있는 소유자에게는 자신의 노력과 추억이 녹아내려 있는 이 주택이 어떤 값비싼 주택보다도 가치 있을 것이다. 그런데 시장에서는 그렇게 판단하지 않는다. 시장의 수요자들은 그냥 보통의 주택으로 볼 뿐이다. 감정평가는 소유자의 개인적이고 주관적인 마음을 헤아리는 것이 아니라 시장에서의 공급자들과 수요자들의 집단적인 판단 결과를 찾아내는 작업이다. 시장에서 거래될 수 있는 값으로 가격 결론을 도출하여야 한다.

위의 예와 같은 주택이 공익사업에 편입되어 보상의 대상이 되었을 때는 어떻게 될까? 소유자의 안타까운 마음이 그대로 사업주체인 사업시행자나 보상액을 산정하는 감정평가사에게 전달된다. 그러나 이 경우도 객관적인 경제적 가치를 보상금으로 감정평가할 수밖에 없다. 소유자의 생활 상태가 현재와 같게 유지될 수 있는 수준으로 보상금을 책정해야 한다든가, 혹은 주택의 물질적인 가치뿐 아니라 이른바 '주거의 총체적인 가치'를 대상으로 보상하여야 한다는 주장이 있으나 현행 법령에서는 이와 같은 기준으로 주택의 보상금을 산정할 수 없다. 보상금액과 등가 교환되는 재산권의 가치는 경제적 가치로 산정하여야 하고, 생활 유지를 위한 추가적인 지원은 비록 미흡할 수는 있으나 이주대책이나 주거이전비와 같은 별도의 생활보상을 통해 이루어질 것이다.

경제적 가치는 처분가치와 용익가치로 구분해 볼 수 있다. 처분가치는 시장에서 매도되었을 때 형성되는 가격을 말한다. 소유권이 갖는 사용·수익·처분의 권능이 모두 가치를 구성한다. 소유권이 존속하는 기간, 즉 대상 물건이 존재하는 전 기간에 해당하는 보유 및 이용의 이익이 가치로 나타난다. 이러한 가치의 화폐적인 표현이 가격이다.

용익가치는 사용·수익에 따른 가치다. 이는 용익 기간에 대한 대가로서, 일정한 기간 대상물을 사용하여 수익 기타 효용을 얻을 수 있음으로써 발생한다. 용익가치는 임대료로 표시된다.

처분가치와 용익가치는 모두 감정평가의 대상이 된다. 처분가치는 일정 시점의 가격으로 표시되므로 일종의 저량stock의 개념이라고 할 수 있다. 가격의 기준이 되는 시점을 기준시점이라고 한다(감정평가를 규정하는 다른 법률인 「공익사업을 위한 토지 등의 취득 및 보상에 관한 법률」에서는 가격시점이라고 한다). 일정 기간의 사용이익으로 인해 생기는 용익가치는 유량flow 개념이다. 따라서 기준시점이 존재하지 않으며, 시점과 종점이 있는 '감정평가액 산출 기간'으로 표시된다.

경제적 가치를 가지는 재화 등으로서 감정평가의 대상이 되는 재산권의 객체를 살펴보자. 재산권의 객체는 토지, 토지의 정착물, 동산, 기타 유형·무형의 재산이 있다.

감정평가법은 감정평가사의 직무를 '타인의 의뢰를 받아 토지 등을 감정평가하는 것'으로 규정하면서(감정평가법 제4조), 그 대상인 토지 등을 나열하고 있다.

「감정평가 및 감정평가사에 관한 법률」 제2조(정의)

1. "토지 등"이란 토지 및 그 정착물, 동산, 그 밖에 대통령령으로 정하는 재산과 이들에 관한 소유권 외의 권리를 말한다.

「감정평가 및 감정평가사에 관한 법률 시행령」 제2조(기타 재산)(조문 일부 수정)

「감정평가 및 감정평가사에 관한 법률」 제2조 제1호에서 "대통령령으로 정하는 재산"이란 다음 각호의 재산을 말한다.

1. 저작권·산업재산권·어업권·양식업권·광업권 및 그 밖의 물권에 준하는 권리
2. 「공장 및 광업재단 저당법」에 따른 공장재단과 광업재단
3. 「입목에 관한 법률」에 따른 입목
4. 자동차·건설기계·선박·항공기 등 관계 법령에 따라 등기하거나 등

록하는 재산

5. 유가증권

토지는 법률적으로는 물권의 객체가 되는 땅을 의미한다. 「민법」 제212조에서 "토지의 소유권은 정당한 이익 있는 범위 내에서 토지의 상하에 미친다."고 규정한다. 토지는 무한히 연속하는 지표 및 지하의 구성 부분으로 형성되고 있으나 물권의 객체인 물건이 되기 위해서는 지표의 일부를 법률이 정한 바에 따라 일정 범위로 구획·구분하여야 하며, 구분된 토지만이 개개의 물건으로 취급된다. 이렇게 구획된 지표 일부를 필지라고 한다. 필지는 소유자와 용도가 같고 지반이 연속된 토지를 대상으로 구획되는 토지의 등록단위를 말한다(「공간정보의 구축 및 관리에 관한 법률」). 토지는 법률의 범위 내에서 자유로이 사용·수익·처분할 수 있다.

토지의 소유권은 지표면뿐만 아니라 공중과 지하 공간에도 미친다. 지상과 지하의 일정 범위까지는 소유권 행사의 대상이 되며, 따라서 소유권 행사의 대상이 되는 범위 내의 지상 또는 지하 공간의 이용이 국가 등에 의해 제한받게 되면 보상의 대상이 될 수 있다. 고압 송전선로가 지나감에 따라 토지이용에 제한받는 경우는 지상 공간의 사용 예이며, 지하철의 건설은 지하 공간의 사용 예이다. 이것도 모두 감정평가의 대상이 될 수 있다.

토지의 정착물은 토지와 연결되어 있거나 토지에 접촉하고 있는 물리적 실체를 의미한다. 원래는 분리된 동산이었으나 토지 또는 건물에 항구적으로 설치되거나 부착됨에 따라 부동산이 된 물건이다.

정착물은 토지의 정착물improvements to land과 토지상의 정착물 improvements on land로 구분된다. 토지의 정착물은 정착물의 가치가 토지로 이전되었다고 보기에, 토지에 화체化體되었다고 하여 토지 일부로 간주한다. 도로·상하수도시설·배수로 등이 해당하며, 이들은 통상적으로 별도의 감정평가 대상이 되지 않는다. 토지상의 정착물은 독립된 거래의 객체가 된다. 건물·수목 등이 있다.

정착물이 토지의 정착물인가 토지상의 정착물인가를 구분하여야 한다. 그것을 구분하기 위해서는 물건이 부동산에 부착되어 있는 방법, 물건의 성격, 당사자의 의도, 거래 당사자의 관계 등을 고려하여 종합적으로 판단하여야 한다.

동산은 물건 중에서 부동산인 토지 및 그 정착물을 제외한 것을 지칭한다(「민법」 제99조). 물건은 유체물 및 전기 기타 관리할 수 있는 자연력을 말한다(「민법」 제98조). 따라서 동산은 유체물 그리고 관리가 가능한 자연력 중에서 움직여 옮길 수 없는 부동산을 제외한, 이동이 가능한 모든 것을 말한다.

동산과 부동산을 구분하는 것은 법률상 필요성 때문이다. 간단히 알아보자. 권리의 변동을 다른 사람이 인식할 수 있도록 나타내는 공시방법이 동산은 점유, 부동산은 등기다. 외형적 사실을 믿고 거래한 사람을 보호하는 신용의 힘인 공신력의 경우 동산은 인정되며, 부동산은 없다. 타인의 물건을 일정 기간 계속하여 점유하는 자에게 그 소유권을 취득하게 하는 제도인 취득시효는 동산은 소유 의사로 10년 점유, 부동산은 미등기의 경우 20년 점유다. 일정한 목적을 위하여 타인의 물건에 대해 제한적 지배를 허용하는 물권인 제한물권이 동산은 담보물권 중 유치권과 질권이 있으며, 부동산은 용익물권과 담보물권 중 저당권과 유치권이 있다. 현재 소유자가 없는 물건인 무주물은 동산은 선점자가 취득하나, 부동산은 국유를 원칙으로 한다. 국가가 공권력을 행사하여 사법상의 청구권을 강제로 실현하는 절차인 강제집행은 동산은 집행관의 압류에 의하고, 부동산은 법원의 경매에 의한다.

그리고 기타 유형·무형의 재산도 감정평가의 대상이 된다. 저작권·산업재산권·어업권·양식업권·광업권 그 밖에 물건에 준하는 권리, 「광업재단저당법」에 의한 광업재단, 「공장저당법」에 의한 공장재단, 「입목에 관한 법률」에 의한 입목, 자동차·건설기계·선박·항공기 등 관계 법령에 의하여 등기 또는 등록하는 재산, 유가증권도 감정평가 대상이다.

저작권·산업재산권·어업권·양식업권·광업권은 물리적 실체와 관계없이 그 존재만으로 장래에 수익을 가져오는 권리다. 장래 일정 기간 수익을 발생시키기 때문에, 장래에 발생이 예상되는 수익을 현재가치화한다면 이들의 가치를 구할 수 있다. 이들은 특허나 신고 또는 허가 등을 통해 그 존재의 여부를 확정할 수 있다.

광업재단과 공장재단은 광산이나 공장의 운영에 필요한 시설물의 일체를 묶음으로 하여 하나의 재단을 구성하고, 이 묶음 전체를 거래나 담보의 대상으로 할 수 있다. 이들 재단에는 건물은 물론 기계·기구와 같은 크고 작은 동산도 포함될 것인데, 이들을 하나로 묶어 감정평가의 대상으로 한다.

자동차·건설기계·선박·항공기 등은 동산이다. 그런데 이들은 동산임에도 불구하고 관련 법령에 따라 등기, 등록이 가능하고, 이러한 공시방법을 갖추었다면 등기 제도가 있는 부동산과 유사하게 취급된다.

상장주식, 비상장주식, 채권과 같은 유가증권도 현금과 교환 가능한 재산으로서, 감정평가의 대상이다.

감정평가의 기능

　시장 메커니즘이 작동하지 아니하여 가격이 제대로 결정되지 못할 때 그리고 자산의 거래 또는 관리 과정에서 사회적 비용의 감소를 위해 감정평가가 필요하다. 인위적인 가격 평정 작업인 감정평가의 기능과 역할은 자연스럽게 형성되는 시장에서의 가격과 유사하다.

　시장가격은 시장에서 수요자와 공급자의 상호작용으로 결정된다고 하였다. 그런데 그에 앞서 재화의 각 가격수준은 시장 참여자들의 행위를 결정하는 판단의 기준, 예를 들면 온도계의 역할을 한다. 온도계를 보고서 외출할 것인지 집에 머무를 것인지를 정하듯이, 시장 참여자인 각 수요자와 공급자들은 가격을 기준으로 살 것인지 사지 않을 것인지, 팔 것인지 팔지 않을 것인지를 결정한다.

　시장 참여자들의 행태를 추상화·일반화시킨 수요곡선과 공급곡선을 보면 가격은 수요량 또는 공급량이라는 종속변수를 결정하는 독립변수로서 시장 참여자들이 의사결정을 하는 데 판단의 기준이 되며, 시장의 균형가격은 수요곡선과 공급곡선의 이원 방정식의 해답으로서 시장 참여자들의 집단적인 의사에 따라 결과적으로 변동하고 결정된다.

감정평가의 결과물은 시장에서의 이러한 가격 기능을 대신한다. 감정평가의 기능을 일반경제적 기능과 정책적 기능으로 나누어 살펴본다.

일반경제적 기능으로 첫째, 자원을 효율적으로 배분하는 기능을 한다. 불완전한 부동산시장에 인위적인 균형가격을 제시하여 시장기능에 의한 자원 배분이 가능하게 한다. 자원 배분이란 재화의 생산에 필요한 생산요소 그리고 생산이 이루어져서 시장에 공급된 재화가 어떻게, 누구에 의해 사용되는가 하는 것으로, 생산요소 또는 재화의 수요량과 공급량, 수요자와 공급자를 결정하는 것이다.

경제 일반이론에 의하면, 생산요소와 재화는 각 생산요소 또는 재화의 상대 가격에 의해 배분된다. 상대 가격에 의한 재화의 배분 과정을 사과와 배를 예로 하여 살펴보자. 먼저 전제하는 것은, 수요자의 예산 제약과 그리고 효용 또는 이윤의 극대화를 추구하는 합리적인 의사결정이다. 예산의 제약이 없는 수요자는 재화의 가격에 관계하지 않고 둘 다 충분히 수요를 할 수 있을 것이다. 그러나 예산 제약하에서는 한정된 예산의 범위 내에서 최고의 효용을 얻는 방법으로 수요를 하여야 한다.

사과와 배만 있는 시장에서 사과의 가격은 그대로인데 배의 가격이 하락하게 되면 어떻게 될까? 이때는 두 가지 효과가 발생한다. 먼저 배의 가격이 하락함으로써 제약이 있는 예산에 여유가 생긴다. 여유가 생긴 예산으로 더 많은 배를 구매할 수도 있고, 그 일부의 예산을 활용하여 사과를 구매할 수도 있다. 이것을 소득효과라고 한다. 배의 가격 하락은 소득이 증가한 것과 같은 효과를 가져온다.

　또 다른 효과는 배의 가격이 사과와 비교해 상대적으로 낮아져서 나타나는 것이다. 배의 가격이 사과에 비교해 하락하면 사과 대신 배의 수요를 늘리게 된다. 배의 가격이 상대적으로 낮아짐에 따라 사과 대신 배의 수요량이 증가하는 것을 대체효과라고 한다.

　소득효과와 대체효과는 배의 수요량만을 변동시키는 것이 아니다. 가격변동이 없는 사과의 수요량도 예산의 여유분 발생에 따라, 그리고 배와의 상대적인 가격 비율의 변동에 따라 함께 달라진다. 이같이 배의 가격변동은 시장 내에 있는 사과와 배의 수요량을 모두 변동시키는 효과를 가져온다.

　재화뿐 아니라 재화를 생산하는 생산요소의 수요와 공급도 마찬가지다. 이때는 효용, 효용 극대화, 예산의 제약 대신에 산출물가치, 이익 극대화, 주어진 비용의 제약이라는 개념이 각각 적용될 것이다. 이것은 시장 기구, 즉 보이지 않는 손에 의한 자연스러운 자원 배분이다. 시장 기구에 의한 자원 배분이 가장 효율적이다.

세상에는 많은 사과와 배가 있다. 부동산과 예금, 부동산과 주식 기타 금융자산, 아파트와 토지, 아파트와 연립주택, 토지와 상가, A 아파트와 B 아파트, C 토지와 D 토지 등등 많은 재화는 상호 대체 또는 보완 관계에 있으며, 한 재화의 가격변동은 그 재화는 물론 대체, 보완 관계에 있는 다른 재화의 수요량이나 공급량의 변동을 가져온다.

시장기능에 의한 자연스러운 자원 배분이 가장 바람직할 것이다. 그러나 부동산시장은 불완전한 시장이며, 불완전한 시장이기에 균형가격의 성립이 어려울 뿐 아니라 가격 자체가 없거나 불명확한 경우가 많다. 균형가격이 쉽게 드러나지 않는 부동산시장에서 감정평가를 통해 인위적으로 만들어진 가격은 시장이 효율적으로 작동하게 한다. 시장에 참여하는 수요자와 공급자는 감정평가를 통해 제시된 적정한 가격을 보고 의사결정을 할 수 있다. 그 결과 부동산시장도 시장의 기능을 유지하면서 나름 효율적으로 작동하게 된다. 감정평가는 시장기능에 의한 자원 배분을 가능하게 한다.

둘째, 공정한 거래질서를 확립하는 기능을 한다. 적정한 가격을 제시하여 부동산 거래 활동을 합리적이면서도 공정하게 행하도록 유도하는 것이다.

국가와 사회 전체의 차원에서 부동산 활동은 효율성과 형평성 두 마리 토끼를 모두 잡아야 한다. 경제활동에 효율성만이 강조된다면 그야말로 정글의 법칙이 적용될 수도 있다. 그런데 부동산은 국민 개인의 일상생활에서 떼어 낼 수가 없으며, 보유하는 자산 중에서 가장 큰 비중을 차지하고 있다. 효율성 못지않게 공정하면서 형평성을 갖춘 거래행위가 이루어지도록 하는 것이 정의로운 사회를 위해 중요하다.

LH 공사에서 조성한 단독주택용지를 입찰을 통해 분양한다고 해 보자. 입찰이 이루어지면 가장 높은 가격을 제시한 자만이 이 토지를 분양받을 수 있으며, 자금이 부족하거나 차입의 여유가 없는 서민들은 기회를 얻기가 어렵다. 그래서 순수 단독주택용지는 입찰이 아닌 추첨의 방법을 적용하며, 이때 가장 중요한 것이 가격의 책정이다. 처음 제시하는 가격이 매매금액으로 확정되며, 그 가격은 감정평가를 통해 정해진다. 헐값으로 매도하여 매수인이 과도한 이익을 얻거나 혹은 과한 금액을 지불하고 토지를 매입하지 않도록 적정한 금액을 감정평가를 통해 책정한다.

법원에서 이루어지는 부동산 경매는 시장이라고 하기는 어려우나 많은 부동산 거래가 이루어지는 현장이다. 부동산의 가치는 쉽게 식별할 수가 없으며 그 적정가격을 파악하는 것이 곤란하다. 경매에 참여하는 자도 적절한 가격을 알기가 어렵다. 이때 감정평가를 통해 최초의 매각예정가격을 결정한다. 경매 참여자들은 이 매각예정가격을 참고하면서 자신이 생각하는 적정가격을 입찰가격으로 제시한다. 감정평가를 통해 결정된 매각예정가격은 경매 참여자들에게 합리적이고 공정한 가치판단을 할 수 있도록 한다.

셋째, 투자와 금융 등의 의사결정에 있어서 판단기준을 제시한다. 개발사업을 시행하는 과정에서 타당성 분석은 필수적이다. 타당성 분석의 핵심은 투자 비용과 회수 가능 금액이다.

투자 비용은 크게 토지의 취득 비용 및 조성비용과 건축 비용 그리고 기타 부대 비용으로 구성된다. 토지의 취득 비용은 실제 계약금액이 될 것이며, 조성비용과 건축 비용은 도급금액이 될 것이다. 사업 시행 전 사업 타당성 분석 과정에서 토지의 매입 예정가격을 추정하거나, 또는 조성 후 분양되어 사업자가 회수할 수 있는 회수 가능 금액을 예상하기 위해서 감정평가를 할 수도 있다. 다만, 타당성 분석을 위한 감정평가는 주로 공공부문에서 이루어지며, 사인이 시행하는 개발사업 과정에서 이루어지는 경우는 많지 않다. 군이 감정평가서라는 법적인 요건과 형식을 갖춘 보고서가 필요하지 않기 때문이다. 보통은 사업시행자가 이러한 비용과 회수의 분석을 할 수 있는 능력을 갖추고 있으며, 이들이 자체적으로 타당성 분석을 한다.

그런데 금융지원이 필요한 경우에는 이야기가 달라진다. 자금을 지원하는 금융기관이 사업시행자의 분석만을 듣고서 의사결정을 할 수는 없다. 이때는 요건과 형식을 갖춘 감정평가서를 요구하기도 한다. 일반 토지나 건축물을 대상으로 담보권을 설정하고 대출을 실행할 때도 마찬가지다. 대출 실적이 업무 능력의 평가 기준이 될 때, 금융기관 담당자는 대출을 적극적으로 발생시킬 유인이 있다. 금융의 공급자와 수요자가 모두 적극성을 갖는다면, 과도한 대출이나 회수에 문제가 발생하는 부실대출이 이루어질 가능성이 있다. 제3의 위치에 있는 자가 형식과 요건을 갖추어 가격에 대한 기준을 제공할 필요성이 있으며, 그 기능을 하는 것이 외부인에 의한 감정평가이다.

　감정평가의 정책적 기능은 공공 목적의 자산평가와 적정한 가격형성 유도이다.

　첫째, 공공 목적의 자산평가 필요성이 있으며, 감정평가를 통한 가격 결정으로 이 목적을 달성한다. 조세 부과, 건강보험료 결정, 국가장학금 수혜 대상자 선정, 사회 보호 대상자 선정 등의 과정에서 이루어지는 보유자산액 결정과 같이 국가 운영절차에서 여러 가지 자산평가의 필요성이 있다. 이런 자산의 상당 부분은 시장의 형성과 가격 추정이 어려운 부동산이다.

　대표적인 공적 목적의 자산평가는 지가와 주택가격 등 공적 부동산 가격의 공시다. 공적 지가의 경우, 먼저 감정평가와 유사한 과정을 통해 표준지공시지가를 결정하고, 이를 기준으로 대량 가격 산정 방법을 이용하여 개별공시지가를 산정한다. 감정평가는 이같이 자산의 가격 평정 기능을 수행한다.

　둘째, 적정한 가격형성을 유도한다. 공시지가 기타 감정평가를 통한 적정가격이 제시되면 시장가치와 너무 괴리된 거래나 투자가 이루어져서 큰 손해를 보는 일을 예방할 수 있다.

　공적 지가인 공시지가는 이른바 시가와 큰 차이가 있다고 알려져 있다. 그렇다 하더라도 공개된 공시지가에 적정한 비율을 적용하면 예상 시가의 추정이 가능하다. 일반적이거나 필수적이지는 않지만, 이러한 방법을 통해 터무니없는 가격을 제시하거나 투자를 권유받을 때 적정 가격수준을 검증하기도 한다.

앞에서 예를 든 LH 공사의 조성토지 매각 과정에서 이루어진 감정평가 결과는 신개발지에서 만들어진 최초의 가격으로서, 이것이 이후 시장가격의 기준이 되기도 한다. 지역의 성숙에 따라 거래가 활발해진다면 시장의 판단에 따라 적정가격이 형성되지만, 초기의 신개발지 같은 경우에는 감정평가액이 거래의 중요한 지표가 된다.

이같이 감정평가의 일반경제적 기능은 자원의 효율적 배분, 공정한 거래질서의 확립, 의사결정에 있어 판단기준을 제공하는 것이며, 정책적 기능은 공공 목적의 자산평가와 적정한 가격형성을 유도하는 것이다. 시장이 제대로 형성된다면 시장 참여자들은 제시되는 또는 성립되는 가격을 보고서 자연스럽게, 자발적으로 행동할 것이나 부동산시장에서의 시장기능은 제한을 받을 수밖에 없으므로 감정평가라는 제도를 통해 인위적으로 작업 된 가격을 제시하는 것이다.

그 결과 자원의 배분과 거래 활동은 좀 더 효율적이고 공정하게 이루어지며, 국가 또는 개인이 보유하는 여러 자산의 경제적 가치가 형평에 맞게 평가되어 정책 수행에 도움을 준다.

감정평가의 원칙

　감정평가의 원칙은 감정평가 과정에서 지켜져야 할 기본적인 규칙을 정한 것이다. 특별히 인정되어야 할 예외적인 사유가 없다면 반드시 따라야 하며, 따라서 이를 준수하지 아니할 때는 부당한 감정평가가 될 수 있다. 규정화된 감정평가의 원칙은 시장가치 기준 원칙, 현황 기준 원칙, 개별 물건 기준 원칙으로서, 이는 「감정평가에 관한 규칙」과 감정평가 실무기준에 명시되어 있다.

　첫째, 시장가치 기준 원칙이다. 감정평가의 기준가치는 원칙적으로 시장가치로 하여야 한다는 뜻이다. 기준가치는 감정평가의 기준이 되는 가치로서, 가치의 다양한 유형을 인정한 가운데 감정평가액은 시장가치를 기준으로 결정함을 명시한 것이다.

　시장가치는 감정평가의 대상이 되는 토지 등이 통상적인 시장에서 충분한 기간 동안 거래를 위하여 공개된 후 그 대상 물건의 내용에 정통한 당사자 사이에 신중하고 자발적인 거래가 있을 경우 성립될 가능성이 가장 높다고 인정되는 대상 물건의 가액을 말한다(「감정평가에 관한 규칙」 제2조 제1호). 그 내용을 나누어 설명하면 다음과 같다.

통상적인 시장을 전제한다. '통상적인 시장'이란 당사자의 자발성과 거래의 반복성을 갖춘 일반적인 거래 과정을 말한다. 사업시행자가 일방적인 절차로 진행하는 손실보상의 과정, 매도인은 배제한 채 매수인 간 가격경쟁을 통해 거래가 성립하는 법원의 경매나 한국자산관리공사의 공매 등은 통상적인 시장이라고 할 수 없다. 다만, 현실적으로 존재하기 어려운 완전경쟁 시장이나 시장의 정보가 모두 바로 반영되는 효율적 시장을 말하기보다는, 일반 재화의 시장과는 다소 차이가 있다 하더라도 현실적으로 성립하여 부동산 등의 거래가 이루어지고 있는 보통의 일반적인 시장을 의미한다.

'충분한 기간 동안 거래를 위하여 공개된 후'란 출품 기간의 합리성을 말한다. 거래를 위해 대상 물건을 시장에 출품한 이후 적정 기간이 도과한 후 거래가 성립하는 것을 전제로 한다. 시장에 내놓은 즉시 거래가 이루어진다면 혹시 저가의 거래가 아닐까 의심이 들 수 있으며, 오랫동안 거래가 성립되지 않는다면 매도인의 기대가격이 적절하지 아니할 수 있다. 매수인은 대상 물건의 정보를 철저하게 분석할 수 있고 매도인은 주관적이었던 가치판단을 시장의 기준에 맞추어 조정할 수 있는 일정한 기간, 즉 평균적인 방매 기간의 마케팅 시간이 필요하다.

'대상 물건의 내용에 정통한 당사자'는 다수의 매수인과 매도인이 존재하며, 매수인과 매도인 모두 거래 예정 물건의 속성에 대해 잘 알고 거래한다는 의미다. 물건의 특성 및 장단점과 하자의 유무까지 모두 파악된 상태를 말한다. 사례를 들어 보자. 어느 아파트가 기존의 실거래가 및 인근 유사 아파트의 호가와 비교해 저렴한 가격으로 시장에 등장하였다. 구조가 모두 같은 아파트의 특성상 어떤 매수인이 낮은 가격만을 보고서 선뜻 거래에 동의하고 계약체결을 하였다. 나중에 알고 보니 과거 그 아파트에서 살인 사건이 있었다고 한다. 이러한 사정을 매수인이 충분히 알고 있었다면 낮은 가격이라 하더라도 쉽게 계약체결이 이루어지지 않았을 가능성이 크다. 그리고 이렇게 낮게 거래된 가격이 시장가치를 적절히 반영한 가격이라고 할 수도 없다.

'신중하고 자발적인 거래'는 통상적인 시장의 조건과 유사하다. 매도인과 매수인 모두 충분한 분석 과정을 거치고 나서 각각의 이익을 위해 자발적으로 거래하는 통상적인 시장의 거래를 말한다.

다만, 개인의 사정으로 인해 급하게 매매를 하는 사례는 분석이 필요한 부분이다. 양도소득세 비과세 혜택을 위하여 저렴한 가격으로 매도하는 경우, 이사 날짜를 맞추기 위해 비교적 높은 금액으로 급하게 매수 계약을 체결하는 경우의 사례도 각 거래 당사자들 관점에서는 신중하고 자발적으로 의사결정을 하였을 것이지만, 이러한 사정이 반영되어 성립하는 거래가격을 시장가치를 온전히 반영한 가격이라고 단정하기는 곤란한 부분이 있다. 도로에 접하지 아니한 후면 토지의 소유자가 도로와 본인 토지 사이에 존재하는 토지를 비싼 값으로 매수하는 경우와 같이 특정한 당사자들 사이에만 성립하는 특수한 가치는 당사자들 사이에는 공정하다 하더라도 시장가치에서는 배제하여야 할 요소들을 포함하고 있다.

'성립될 가능성이 가장 높다고 인정되는 가액'은 거래 가능 가격 중에서 일어날 빈도수가 가장 높은 가액을 의미한다. 거래 가액의 평균이나 빈도수의 비율과 같이 반드시 통계나 확률의 개념으로 설명되기보다는 '형성될 수 있는 가격' 정도로 해석될 수 있다.

시장가치 외의 가치가 무엇인지에 대해서는 관련 규정에 명확하게 표현되어 있지 아니하다. 따라서 시장가치의 요건을 충족하지 못하는 경우의 가치로 볼 수밖에 없다. 시장가치의 요건이 충족되지 못하다면 감정평가에 붙는 조건 또는 감정평가의 특수한 목적, 감정평가 대상 물건의 특수한 성격과 관련될 수 있다.

「감정평가에 관한 규칙」은 법령에 다른 규정이 있는 경우, 감정평가 의뢰인이 요청하는 경우, 감정평가의 목적이나 대상 물건의 특성에 비추어 사회 통념상 필요하다고 인정되는 경우에 해당하는 때에는 대상 물건의 감정평가액을 시장가치 외의 가치를 기준으로 결정할 수 있으며, 시장가치 외의 가치를 기준으로 감정평가할 때에는 해당 시장가치 외의 가치의 성격과 특징, 시장가치

외의 가치를 기준으로 하는 감정평가의 합리성 및 적법성을 검토하여야 한다고 규정하고 있다.

따라서 의뢰인의 요청이 있다 하여도 시장가치 외의 가치가 사회적으로 합리성이 충족되어야 하고 아울러 감정평가 관계 법규에 위배 되지 않아야 한다.

과세나 기타 여러 정책 목적을 위해 감정평가 방법을 적용하는 표준지공시지가의 결정, 공용수용 목적의 보상 감정평가 등은 시장가치 외의 가치를 기준으로 한 감정평가라고 보아야 하며,[9] 이러한 감정평가는 모두 관계 법령에 규정되어 있는 경우다. 사적 목적의 감정평가에서 의뢰인의 요청에 의한 경우로는 특수한 조건이 부가된 조건부 감정평가가 있을 수 있다.

같은 대상에 대해 관점에 따라, 또는 목적에 따라 가치가 달라지기도 한다. 보통 가치라는 용어 앞에 의미를 명확히 할 수 있는 수식어를 붙여 사용한다. 시장가치 외에 과세가치, 청산가치, 투자가치, 장부가치 등이 있다. 하나의 대상이 여러 가지 가치의 모습으로 표현되는 것을 가치의 다원적 개념 혹은 가격 다원론이라고 한다.

---

9) 경매나 공매의 과정을 통상적인 시장이라고 할 수는 없으나, 이를 위한 감정평가는 시장가치를 기준으로 한다.
    보상의 경우는 법정 감정평가로서 시장가치 외의 가치를 기준으로 하는 감정평가일 것이나, 그 결과물인 가격의 수준은 법규에 따른 예외를 제외하고는 시장가치를 기준으로 한 가격과 크게 다르지 않다고 할 수 있다. 헌법에서 규정한 정당한 보상을 실현하기 위한 과정이기 때문이다.

공적 지가인 공시지가의 기준가치는 시장가치보다는 과세가치에 가깝다. 법령의 조문 상으로 보면 시장가치와 큰 차이가 없으나,[10] 실제의 공시지가가 시장가치를 기준으로 하여 산정되기는 어려운 부분이 있다. 공시지가를 시장가치로 산정한다면 조세와 같은 국민의 부담이 급격하게 증가하는 등 여러 가지 문제들이 드러날 것이며, 일관성이 요구되는 과세 행정에 적합하게 안정적으로만 산정한다면 시가와의 괴리에 따른 또 다른 문제점이 나타날 것이다. 현행 공시지가를 두고 나타난 여러 논쟁은 공시지가의 기준가치 개념에 대한 국민적 합의가 부족한 데에서 시작되었다고 할 수 있다.

투자가치는 투자자가 생각하는 가치다. 투자가치가 시장가치보다 크다면 투자를 할 것이고, 작다면 투자하지 않을 것이다. 투자가치는 투자자가 생각하는 주관적 가치다.

둘째, 현황 기준 원칙이다. 기준시점 당시 대상 물건의 이용 상황과 공법상 제한상태를 기준으로 감정평가한다는 원칙이다. 감정평가는 불법적이거나 일시적인 이용은 제외한 기준시점에서의 대상 물건의 이용 상황 및 공법상 제한을 받는 상태를 기준으로 한다(「감정평가에 관한 규칙」 제6조). 다만, 법령에 규정이 있는 경우, 의뢰인이 요청하는 경우, 감정평가의 목적이나 대상 물건

---

10) 「부동산 가격공시에 관한 법률」 제2조에 의하면, 적정가격이란 토지, 주택 및 비주거용 부동산에 대하여 통상적인 시장에서 정상적인 거래가 이루어지는 경우 성립될 가능성이 가장 높다고 인정되는 가격을 말한다.

의 특성에 비추어 사회 통념상 필요하다고 인정되는 경우에는 기준시점 당시의 가치형성요인 등을 실제와 다르게 가정하거나 특수한 경우로 한정하는 조건을 붙여 감정평가할 수 있다.

「공익사업을 위한 토지 등의 취득 및 보상에 관한 법률 시행규칙」 등에서는 현황과 다르게 감정평가하는 것을 규정하고 있다.
허가를 받지 아니한 건물이 존재하는 토지인 무허가건축물부지는 건축물이 신축될 당시의 상태를 상정하고 감정평가하여 보상금을 책정한다. 원래의 지목이나 현황이 '전田'인 토지에 무허가로 건축물을 지었다면, 건축물이 존재하기에 현황은 '전'이 아닌 '대垈'일 것이나 이때는 대가 아니라 전을 기준으로 감정평가한다. 불법으로 형질을 변경한 경우도 마찬가지다. 임야를 전용허가 없이 개간하여 농경지를 만들었다면 농경지가 아니라 임야를 기준으로 감정평가한다. 법령에 규정되어 있기 때문이다.
토지 위에 건축물이나 기타의 물건이 소재하더라도 그러한 물건이 없는 상태를 상정하여, 즉 나지를 기준으로 하여 감정평가하거나 해당 사업의 시행에 따라 발생하는 지가상승 이른바 개발이익을 배제하고 가격을 결정하는 것, 도시계획시설 저촉 등 공법상 제한사항을 고려하지 아니하고 감정평가하는 것 모두 현황 기준 원칙의 예외로서 법령의 규정에 따른 적법한 감정평가다.

의뢰인이 조건을 붙여 감정평가를 의뢰할 때는 조건부 감정평가가 가능하다. 여러 필지의 토지로 이루어진 일단의 토지에 아파트 건설사업이 진행되고 있는 경우, 기준시점에 건축 허가를 득하지 않은 상태라면 이 토지는 개별 토지별로 감정평가하는 것이 적절하다. 그러나 금융기관 등 감정평가 의뢰인이 일단의 토지로 감정평가를 의뢰한다면 장래의 건축 계획 등을 고려하여 일단의 토지로 감정평가하는 것이 가능하다. 철거가 예정된 건물이 소재하는 토지를 나지로 감정평가하는 것도 조건부 감정평가다.

그러나 조건부 감정평가가 가능하다 하더라도 실제 감정평가 과정에서 조건의 부가가 가능한지를 먼저 살펴보아야 한다. 감정평가 조건의 합리성, 적법성 그리고 실현 가능성을 검토하여야 한다. 합리적이지 못하거나 불법적인 조건의 부가는 불가능하다. 용도지역의 변경, 개발제한구역의 해제, 공익사업의 시행 등은 장래의 불확실한 설정이므로, 이러한 변경을 조건으로 부가한 감정평가는 불가능하다.

사회 통념상 필요하다고 인정되는 경우는 최유효이용에 미달한 때와 국공유지의 매각가격을 책정하는 감정평가, 공익사업이 예정된 토지의 감정평가를 예로 들 수 있다.

대상 물건이 최유효이용에 미달할 때에는 현황과 다르게 최유효이용을 기준으로 감정평가하되, 최유효이용으로 전환하기 위해 수반되는 비용을 고려하여 감정평가한다. 상업용 건물이 주를 이루는 대로변의 상업지대에 단독주택이 소재하는 토지가 있다면, 그 토지의 최유효이용은 상업용일 것이며 현황 단독주택용지를 상업용으로 전환하기 위해서는 건물을 철거하여야 한다. 그렇다면 그 토지의 가치는 현황 기준 단독주택용 토지의 가격이 아니라 주변의 상업용 토지 가격에서 건물 철거비용을 차감한 가액으로 표시될 것이다.[11]

용도폐지 된 도로나 구거 등 공공시설용지 혹은 다른 이유로 필요 없게 된 국공유지를 인접하는 토지소유자가 매입할 수 있다. 이런 거래의 가격 책정을 위한 감정평가를 할 때, 그 대상인 국공유지의 형상이나 면적 등이 단독으로 효용을 발휘할 수 없는 불리한 상태라 하더라도 이러한 현황을 기준으로 감정평가한다면 매수인이 큰 이익을 얻을 가능성이 있다. 매입 후 토지 합병의 절차를 거치면 바로 양호한 토지 일부가 될 수 있기 때문이다. 이때는 현재의 상태보다 대상 토지가 인접토지에 기여하는 정도를 고려하여 감정평가하는 것이 타당하다.

개발사업이 예정된 토지의 가액을 보상 예상금액으로 감정평가할 수도 있다. 도시계획시설 등에 저촉된 토지라면 건축 등 정상적인 토지이용이 제한받게 되므로 보통의 토지와 비교해 일정액을 감가하여 감정평가한다. 그런데 개발사업 인허가나 보상계획 공고 등 보상의 절차가 진행 중으로서 곧 보상금이 지급될 수 있는 경우라면, 담보나 경매 등 일반적인 감정평가 시에도 토지이용의 제한에 따른 감가가 고려되지 않는 보상 예정금액으로 감정평가

---

11) 실무에서는 개별 물건 기준 원칙에 따라 각각 산출된 토지 가액과 건물 가액의 합계로 계산된다. 논리상으로는 토지의 적정가격은 건부 감가를 반영하여 산정될 것이다.
다만, 보상 감정평가는 나지를 상정하므로 토지의 정상 가격과 건물 가격을 각각 산정하며, 담보 감정평가 시에는 조건을 두어 토지는 나지를 상정한 정상 가격으로 하되 건물은 감정평가에서 제외하기도 한다.

액을 결정한다. 그러한 감정평가가 사회 통념상 더욱 합리적이기 때문이다.

셋째, 개별 물건 기준 원칙이다. 이는 대상 물건을 각각 독립된 물건으로 취급하고 각각의 개별 물건별로 감정평가하는 것이다. 토지 위에 건축물이 소재하는 경우라면 통상의 거래 관계에서 이들은 한꺼번에 거래될 것이다. 그렇다 하더라도 우리나라 「민법」은 토지와 건물을 각각의 부동산으로 보기 때문에 이는 별개의 물건이며, 따라서 토지와 건물을 각각 나누어서 개별 감정평가하여야 한다.

개별 감정평가의 예외로서 일괄 감정평가, 구분 감정평가, 부분 감정평가가 있다. 일괄 감정평가는, 각각 구별된 별개의 물건이라 하더라도 일체로 거래되거나 물건 상호 간 용도상 불가분의 관계에 있는 경우에는 일괄하여 감정평가하는 것이다. 둘 이상의 독립된 필지를 일단지로 보고 일괄 감정평가하는 경우가 대표적인 예다. 일단지는 용도상 불가분의 관계에 있는 둘 이상의 일단의 토지를 의미한다. 용도상 불가분의 관계는 지적공부상 2필지 이상의 토지가 일단을 이루어 같은 용도로 이용되고 있으며, 이러한 이용이 사회적·경제적·행정적 측면에서 합리적이고 당해 토지의 가치형성 측면에서도 타당하다고 인정되는 관계에 있는 경우를 말한다.

국토교통부의 '표준지공시지가 조사·평가 기준'에 의하면, 2필지 이상의 토지에 하나의 건축물이 건립되어 있거나 건축 중인 토지와 공시기준일 현재 나지 상태이나 건축허가 등을 받고 공사를 착수한 때에는 토지소유자가 다른 경우에도 이를 일단지로 본다. 다만 2필지 이상의 일단의 토지가 조경수목 재배지나 간이체육시설용지 등으로 이용되고 있는 경우로서 주위환경 등의 사정으로 보아 현재의 이용이 일시적인 이용 상황으로 인정되는 경우에는 이를 일단지로 보지 아니한다고 규정하고 있다. 일단지의 판단은 엄격하게 이루어지는 편이다. 건축물대장에 일단의 건축물부지로 등재된 경우 또는 일단의 토지 전체를 대상으로 건축허가를 득한 경우는 일단지로 보며, 그 외 기타의 경우는 지적 경계가 없거나 소유자가 같더라도 일단의 토지로 보기가 어렵다.

일단지로 인한 일괄 감정평가의 가장 큰 이점은 개별 토지가 지적도상 후면에 위치하거나 형상이 불규칙한 모양의 토지라 하더라도 이를 각각의 개별 토지를 기준으로 하는 것이 아니라 일단의 토지 전체를 기준으로 한다는 점이다. 후면에 위치하는 토지도 도로에 접한 토지와 동일 가치를 가지며, 부정형의 형상이라 하더라도 일단으로 반듯한 모습이라면 반듯한 토지를 기준으로 감정평가한다. 일단지는 가치형성요인의 비교 등 감정평가의 과정에서 하나의 물건으로 취급된다.

구분 감정평가는 1개의 물건이라 하더라도 가치를 달리하는 부분이 있다면 이를 구분하여 감정평가하는 것을 말한다. 한 필지의 토지가 용도지역이 서로 다르다면 용도지역별로 구분하여 각각 감정평가한다. 1동의 건물 1층은 콘크리트구조이고 2층은 판넬조라면, 1층과 2층은 구분하여 감정평가한다. 다만, 가치를 달리하는 부분의 면적이 과소하여 그 영향이 미미한 경우에는 주된 가치를 기준으로 감정평가한다.

부분 감정평가는 대상 물건의 일부만을 감정평가하는 것을 말한다. 부분 감정평가를 하지 않는 것이 원칙이지만 특수한 목적 또는 합리적인 이유가 있어 부분 감정평가의 필요성이 인정되는 경우 대상 물건의 일부만을 감정평가할 수 있다.

대표적인 것이 한 필지 토지의 일부만이 공익사업에 편입되어 보상하는 경우다. 일부만이 편입되었을 때, 그 편입된 부분의 면적이 과소하여 단독의 효용성이 없다든가 형상이 부정형이어서 효용도가 떨어진다고 하여 낮은 가격으로 보상액을 산정한다면 적절하지 않을 것이다. 이런 경우에는 토지 전체의 상태를 기준으로 하여 가치형성요인을 판단하되 면적만 편입 부분을 대상으로 한다.

감정평가 의뢰인이 수수료를 절감하기 위해 부분 감정평가를 의뢰하기도 한다. 10만 제곱미터의 토지를 감정평가하는 과정에서 전체 토지를 대상으로 한다면 그 수수료가 부담된다고 하여 이 토지의 100제곱미터만을 감정평가 대상으로 의뢰할 때도 있다. 이런 경우 농담을 섞어, 손가락 하나만을 가지고 한 사람을 판단할 수는 없다고 대응하기도 한다. 이런 부분 감정평가는 불가능하며, 토지 전체를 대상으로 하여야 한다.

감정평가의 원칙은 규정화된 준칙으로서, 감정평가 과정에서 반드시 지켜져야 할 사항이다. 다만, 관계 법령에서 정한 경우, 의뢰인의 요청이 있는 경우, 기타 사회적으로 타당성이 있는 경우 등 제한적으로 예외를 허용하고 있다.

명백하게 법령에 규정된 경우가 아닌 상황에서 원칙을 적용하지 아니하고 예외의 기준으로 감정평가하기 위해서는 조건의 부가나 가정의 설정이 관계 법규에 위배 되지 아니하고 합리적이면서 실현 가능하여야 할 것이다. 그리고 감정평가서에는 원칙과 다르게 적용한 이런 내용이 모두 표시되어야 한다.

감정평가의 분류

　감정평가의 종류를 살펴본다. 각각의 분류는 상대적인 것으로서, 그 분류 방법과 기준에 따라 서로 중복될 것이다. 크게 제도상의 분류와 업무 기술상의 분류, 목적에 따른 분류로 나누어 볼 수 있다.

　제도상의 분류부터 알아본다.

　공적 감정평가와 공인 감정평가가 있다. 공적 감정평가는 국가나 공공기관이 직접 감정평가를 하는 것이며, 공인 감정평가는 국가 등이 부여하는 일정한 자격을 갖춘 자에 의하여 행해지는 감정평가다. 우리나라는 감정평가사라는 자격제도를 두고 있으며, 자격을 부여받은 이들이 감정평가를 수행하고 있으므로 공인 감정평가를 채택하고 있다.

　필수적 감정평가와 임의적 감정평가로 분류할 수도 있다. 필수적 감정평가는 일정한 사유가 발생하면 의무적으로 이루어져야 하는 감정평가다. 손실보상액 산정, 국유재산의 매각가액 결정, 표준지공시지가의 결정, 아파트 분양가 결정을 위한 택지비 감정평가, 재개발 사업이나 재건축 사업을 위한 종전자산과 종후자산의 감정평가, 공공임대주택의 분양전환가격 산정 등은 관련 법령에 감정평가를 의무적으로 규정하고 있으므로 필수적 감정평가다.

손실보상액 산정은 「공익사업을 위한 토지 등의 취득 및 보상에 관한 법률」, 국유재산의 매각가액 결정은 「국유재산법」, 표준지공시지가의 결정은 「부동산 가격공시에 관한 법률」, 아파트 분양가 결정을 위한 택지비는 「주택법」, 재개발 사업이나 재건축 사업을 위한 종전자산과 종후자산의 감정평가는 「도시 및 주거환경 정비법」, 공공임대주택의 분양전환가격 산정은 「공공주택 특별법」에 각각 감정평가에 관한 사항을 규정하고 있다.

금융기관의 담보 감정평가나 사기업의 재산 평정 또는 일반거래 목적의 감정평가는 관계인의 자유로운 의사에 의하여 행해지는 감정평가이므로 임의적 감정평가다.

법원에서 이루어지는 부동산 경매 감정평가는 구별이 뚜렷하지 않은 면이 있다. 대법원은 "집달관은 경매법 및 집달관법이 정하는 바에 따라 집행법원의 명에 의하여 경매목적물의 감정평가를 할 수 있고, 이와 같은 감정평가는 감정평가에 관한 법률에 의한 감정회사나 공인감정사만이 하여야 하는 것이 아니다."라고 판시하였으나(대법원 1981.07.29. 자 81마262 결정[경락허가결정], 종합

법률정보 판례), 「민사집행법」은 "법원은 감정인에게 부동산을 평가하게 하고 그 평가액을 참작하여 최저매각가격을 정하여야 한다."고 규정하며(법 제97조 제1항), 대법원 재판예규로서 「감정인 등 선정과 감정료 산정기준 등에 관한 예규」가 제정·시행되고 있어 법원 경매 시 최저매각가격 결정을 위한 감정평가는 필수적 감정평가로 보아야 할 것 같다.

「민사소송법」은 "감정인은 수소법원·수명법관 또는 수탁판사가 지정한다."고 규정하여(법 제335조) 법원에서의 소송을 위한 감정평가도 이루어지고 있다. 그러나 감정인의 감정 결과는 법관의 판단을 돕기 위한 조치에 불과하며 감정 의뢰나 그 결과의 채택 여부는 법관의 재량 사항이므로 소송을 위한 감정평가를 필수적 감정평가라고 할 수는 없다.

공익 감정평가와 사익 감정평가로 나눌 수도 있다. 공익 감정평가는 감정평가의 결과가 공익에 사용되는 경우, 사익 감정평가는 사적 주체의 이익을 위하여 행해지는 감정평가다. 손실보상액 산정, 국유재산의 매각가액 결정, 표준지공시지가의 결정 등은 공익 감정평가이고, 금융기관의 담보 감정평가나 사기업의 재산 평정 또는 거래 목적의 감정평가는 사익 감정평가다.

필수적 감정평가는 대부분 공익 감정평가이며, 임의적 감정평가는 사익 감정평가가 많다. 그러나 「주택법」에 의한 택지비 감정평가나 「도시 및 주거환경 정비법」에 의한 재개발 사업 또는 재건축 사업을 위한 종전자산과 종후자산의 감정평가 등은 필수적 감정평가임에도 불구하고 사익 감정평가라고 할 수 있다.

 법정 감정평가와 비법정 감정평가가 있다. 법규에서 정한 기준에 따라 행하여지는 감정평가는 법정 감정평가, 감정평가 방법에 대하여 법규에서 정한 바가 없는 경우는 비법정 감정평가다.
 다음에 자세히 서술하겠지만, 감정평가의 방법은 크게 3방식, 6방법이 있다. 이 중에서 대상 물건과 감정평가의 목적에 비추어 가장 적절한 감정평가 방법을 선택한다. 손실보상액을 산정하는 감정평가의 경우 「공익사업을 위한 토지 등의 취득 및 보상에 관한 법률」에서 개별 대상별로 감정평가의 방법과 구체적인 기준을 규정하고 있다. 이는 대표적인 법정 감정평가다.
 「감정평가에 관한 규칙」은 감정평가 대상별로 주된 감정평가 방법을 정하고 있다. 여기에 따르면 모든 감정평가가 법정 감정평가라고 할 수 있을 것도 같으나, 주된 감정평가 방법만을 정한 이러한 규정을 기준으로 모든 감정평가를 법정 감정평가라고 하기는 어렵다. 손실보상을 위한 감정평가와 같이 감정평가의 방법과 기준을 구체적으로 정한 것만을 법정 감정평가라고 하는 것이 타당하며, 나머지의 감정평가는 비법정 감정평가라고 할 수 있다.

 업무 기술상의 분류를 알아본다.
 단독 감정평가와 합의 감정평가가 있다. 단독 감정평가는 1인에 의한 감정평가이며, 합의 감정평가는 다수에 의한 감정평가다. 1인이 감정평가를 한다는 것은 한 건의 작업에 1인이 참여한다는 의미가 아니라 한 사람이 가격을 결정한다는 의미다. 다수의 물건을 감정평가하면서 1인은 토지, 또 다른 사람은 물건 이렇게 감정평가하였다 하여도 이는 각각의 단독 감정평가다. 보상감정평가는 소속이 다른 2 이상의 감정평가사가 참여하나 이는 참여하는 감정평가사 각각 단독 감정평가를 하며, 따라서 복수의 단독 감정평가가 이루어지는 것이지 합의 감정평가는 아니다.

합의 감정평가는 하나의 가격 결론을 도출하는 감정평가 과정에 복수의 사람이 참여하는 감정평가다. 우리나라는 단독 감정평가를 채택하고 있다.

현황 감정평가와 조건부 감정평가 또는 현황 감정평가의 예외가 있다. 현황 감정평가는 대상 물건의 현재 상황 그대로를 기준으로 하여 이루어지는 감정평가이며, 조건부 감정평가는 일정한 조건을 부가하여 이를 전제로 하는 감정평가다.

현황 감정평가가 원칙이지만 법령에 규정이 있는 경우, 의뢰인이 요청하는 경우, 감정평가의 목적이나 대상 물건의 특성에 비추어 사회 통념상 필요하다고 인정되는 경우에는 예외적으로 기준시점 당시의 가치형성요인 등을 실제와 다르게 가정하거나 특수한 경우로 한정하는 조건을 붙여 감정평가할 수 있다.

개별 감정평가, 일괄 감정평가, 구분 감정평가, 부분 감정평가로 나눌 수 있다. 개별 감정평가가 원칙이다.

일괄 감정평가는 각각 구별된 별개의 물건이라 하더라도 일체로 거래되거나 물건 상호 간 용도상 불가분의 관계에 있는 경우에 이를 하나의 대상으로 보고 일괄하여 감정평가하는 것이다.

구분 감정평가는 1개의 물건이라 하더라도 가치를 달리하는 부분이 있다면 이를 구분하여 감정평가하는 것을 말한다. 한 필지의 토지가 용도지역이 서로 다른 경우, 1동의 건물이라도 그 구조가 서로 다른 부분이 있다면 구분하여 감정평가한다.

부분 감정평가는 대상 물건의 일부만을 감정평가하는 것을 말한다. 한 필지 토지의 일부만이 공익사업에 편입되었을 때, 그 편입된 부분의 면적이 과소하므로 단독의 효용성이 없다든가 형상이 부정형이어서 효용도가 떨어진다고 하여 낮은 가격으로 보상액을 산정하지 아니하고 편입 전 토지 전체의 상태를 기준으로 가치형성요인을 판단하여야 한다.

목적에 따른 분류는 실무상의 구분이다.

공익사업에 따른 손실보상액 산정을 위한 보상 감정평가, 법원 경매에서 최저 매각가격 결정을 위한 경매 감정평가, 한국자산관리공사의 관리 자산 공개처분을 위한 공매 감정평가, 국가나 공공기관의 보유 부동산 처분 가격 결정을 위한 매각 감정평가, 개발제한구역이나 국립공원, 상수원보호구역 내의 토지를 소유자의 신청에 따라 매수하는 때의 매수 감정평가, 공공임대주택 분양전환 가격 산정을 위한 감정평가 등은 공공기관이 주로 의뢰하는 감정평가다.

그리고 금융기관의 담보물 가치평가를 위한 담보 감정평가, 기업이나 개인 또는 단체의 자산가치를 추정하는 자산평가를 위한 감정평가, 기업이나 개인 보유 자산의 거래 과정에서 가액 산정을 위한 일반거래 감정평가, 기업 소유 부동산의 장부가치를 현실화하기 위한 자산재평가를 위한 감정평가, 아파트 분양가 상한제가 시행되고 있는 지역에서 토지 원가를 산정하기 위한 택지비 감정평가, 부동산뿐만 아니라 기업이 보유하고 있는 유·무형의 자산 및 장래의 수익력을 기초로 기업의 총체적 가치를 평가하는 기업가치 평가를 위한 감정평가, 재건축·재개발·주거환경개선사업 등 도시정비사업의 과정에서 이루어지는 종전자산 및 종후자산의 감정평가, 상속세나 증여세 과세표준 산정을 위한 시가 감정평가 등은 주로 사적 주체에서 의뢰하는 감정평가이다.

감정평가의 절차

 감정평가는 일종의 요식행위이다. 그러므로 감정평가의 결과물로 만들어지는 감정평가서는 일정한 형식과 내용을 포함하여야 하며, 아울러 그 감정평가서의 작성 과정도 나름의 절차를 거쳐야 한다. 다만, 그 절차는 법률효과를 발생시키기 위한 법률상의 필수적 요식행위라기보다는 감정평가 결과의 적정성을 담보하기 위하여 그리고 업무의 효율성을 추구하기 위한 목적을 가지고 이루어지는, 강제성은 갖지 아니하는 관행화한 업무처리 과정으로 이해하는 것이 적절할 듯하다.

 감정평가의 절차는 「감정평가에 관한 규칙」 및 감정평가 실무기준에 제시되어 있으니 다음과 같다.

 첫째, 기본적 사항의 확정 절차다. 이는 감정평가의 대상과 목적 등 다음의 사항을 결정하는 절차로서, 의뢰인과 협의하여 확정한다. 그 내용은 의뢰인, 대상 물건, 감정평가의 목적, 기준시점, 감정평가 조건, 기준가치, 관련 전문가에 의한 자문 또는 용역에 관한 사항, 감정평가 수수료 및 실비의 청구와 지급에 관한 사항 등이다.

의뢰인은 감정평가를 공식적으로 의뢰하는 자이다. 통상 소유자가 의뢰인이 될 것이나, 소유자가 아닌 자가 감정평가를 의뢰할 때도 많다. 보상 감정평가 또는 경매 감정평가와 같은 필수적인 법정 감정평가는 관련 법률 규정에 따라 소유자가 아닌 사업시행자 또는 법관이 의뢰하며 여기에는 문제의 소지가 없다. 대출 실행을 위한 담보 감정평가는 소유자의 동의를 얻어 금융기관이 의뢰한다. 그러나 그 이외의 경우에는 소유자가 아닌 자가 감정평가를 의뢰할 수 없으며, 불가피하게 감정평가를 의뢰할 때에는 소유자의 동의가 있어야 한다. 본인도 모른 채 자신의 자산에 대한 가치를 타인이 관여하여 감정평가한다면, 이는 재산권에 대한 침해가 될 수 있다.

그리고 감정평가의 대상을 명확하게 하여야 한다. 무엇을 감정평가하여야 할 것인지 정하는 것은 매우 중요하다. 토지, 건물 등 유형의 자산은 통상적으로 공부公簿를 기준으로 한다. 보상 감정평가의 지장물[12]과 같이 공부가 없는 때에는 사업시행자의 의뢰조서에 따른다. 그리고 경매 감정평가 시 공부가 없는 제시 외의

---

[12] 지장물은 공익사업 시행지구 내의 토지에 정착한 건축물·공작물·시설·입목·죽목 및 농작물 그 밖의 물건 중에서 당해 공익사업의 수행을 위하여 직접 필요하지 아니한 물건을 말한다. 그러나 공익사업의 수행을 위해 토지 외의 물건을 직접 필요로 하는 경우는 많지 않으므로 일반적으로 보상의 대상이 되는 물건 모두를 지장물이라고 칭하기도 한다.

물건은 감정평가 과정에서 임의로 추가하기도 한다.

반대로 현존하는 물건이라 하더라도 법령의 규정이나 의뢰인의 요청에 따라 감정평가의 대상에서 제외될 수도 있다. 철거 조건부로 사용 승인된 가설건축물은 실제 존재하더라도 보상 법령에 따라 감정평가 대상에서 제외되며, 다수의 건축물이 소재하고 있다 하더라도 의뢰인의 요청에 따라 일부만을 대상으로 감정평가할 수 있다.

대상 물건이 유형의 재산이 아닌 권리이거나 이동이 가능한 동산일 때에는 특히 그 대상의 확정과 확인 방법을 명확하게 하여야 한다. 통상 공적 감정평가 과정에서는 의뢰 목록 및 공적 장부에 의해서, 사적 감정평가 시에는 의뢰인의 요청 또는 제시에 따라 감정평가의 대상을 확정한다.

감정평가의 목적도 확정하여야 한다. 보상이나 경매, 담보, 매각 목적의 감정평가는 그 목적이 분명하기에 논란이 거의 없다. 일부 공공기관에서는 보상을 목적으로 감정평가를 의뢰하면서도 통상적인 용어로서 매수 또는 매입 목적의 감정평가라고 표시하기도 하지만, 이런 때에도 감정평가의 근거 법령이 「공익사업을 위한 토지 등의 취득 및 보상에 관한 법률」이라면 의뢰 당시의 용어에 관계하지 않고 감정평가의 목적을 보상으로 하여 처리한다.

그런데 의뢰인이 사기업이라든가 개인이라면 감정평가의 목적을 분명하게 할 필요가 있다. 감정평가를 처음 의뢰하는 기업이나 개인은 그 목적을 구별하지 못할 수 있으므로 면담을 통해 확인하고, 확정하여야 한다. 어떤 개인 의뢰인은 목적을 드러내지 않으면서 감정평가를 의뢰하기도 한다. 보상이 예정된 지역에서 사업시행자에게 대항하기 위해서라든가, 소송 과정에서 재판부에 제출하기 위해서 감정평가를 하고자 하면서도 그 목적을 숨긴 채 시가를 참고하기 위해서 의뢰한다고 말하기도 한다. 통상 특별한 목적 없이, 단순히 시세를 파악하기 위해서 비용이 수반되는 감정평가를 의뢰하지는 않는다. 의뢰인과의 면담 과정에서 진정한 목적이 무엇인지 찾아내고, 보상 예정지역 내 물건이거나 소송 중에 있는 대상과 같이 감정평가가 불가능하거나 불필요한 경우에는 의뢰인을 설득하여 의뢰를 철회하도록 하는 것이 적절하다.

감정평가의 목적을 분명히 해야 하는 것은 그 목적에 따라 적용되는 법률이 상이하고 기준가치 또는 기준시점이 달라질 수 있기 때문이다. 같은 재개발구역 내 토지를 감정평가하더라도 종전자산의 가치 산정을 위한 감정평가는 「도시 및 주거환경 정비법」에 따라 조합원의 자산가치 배분에 목적을 둔 감정평가이며, 현금청산액 산정을 위한 감정평가는 「공익사업을 위한 토지 등의 취득 및 보상에 관한 법률」이 적용되는 보상 감정평가이다.

기준시점의 확정도 필요하다. 기준시점은 가격 산정의 기준이 되는 시점이다. 물건의 가격은 외부 여건의 변동으로 또는 그 자체의 특성 변화에 따라 항상 변하고 있다. 따라서 감정평가 결과를 가액으로 표시하기 위해서는 특정의 시점을 정하여야 한다.

감정평가 가액은 그 특정의 시점에서만 타당성을 갖는다.

많은 의뢰인은 기준시점에 대한 의견을 표시하지 아니하며, 통상 감정평가사의 판단에 따라 정해지는 경향이 있다. 「감정평가에 관한 규칙」에서는, 기준시점은 대상 물건의 가격조사를 완료한 날짜로 하되, 기준시점을 미리 정하였을 때는 그 날짜에 가격조사가 가능한 경우에만 기준시점으로 할 수 있다고 규정한다.

담보나 경매 감정평가에서는 보통 가격조사를 완료한 시점이 기준시점이 되며, 보상 감정평가에서는 협의 또는 수용이 예상되는 시점을 기준시점으로 한다. 앞에서 예를 든 재개발 사업의 경우, 종전자산 감정평가의 기준시점은 과거 시점인 실시계획인가 고시일이며, 현금청산을 위한 감정평가의 기준시점은 협의 또는 수용이 가능한 미래 시점이다.

감정평가에 조건이 부가된다면 이를 명확히 하여야 한다. 현재의 이용 상황이나 공법상 제한사항과 다르게 조건을 부가하여 감정평가를 한다면 이를 미리 확정하여야 한다. 특히 조건의 합리성과 합법성, 실현 가능성을 검토하여 적절하지 않은 조건의 부가는 피하여야 할 것이다.

기준가치는 감정평가의 기준이 되는 가치로서, 「감정평가에 관한 규칙」이나 감정평가 실무기준에서는 시장가치를 원칙으로 하고 있다. 감정평가의 목적이나 사용 용도 등을 고려하여 예외적으로 시장가치 외의 가치로 감정평가할 수 있으나 이를 위해서는 면밀한 검토가 필요하다.

특수한 물건을 감정평가하기 위해 해당 분야의 전문가에게 자문하거나 전문가의 용역을 거칠 수도 있다. 대규모 공장의 이전에 소요하는 비용의 감정평가, 희귀 조류나 수목, 미술품이나 골동품의 가격 산정을 위한 감정평가 등 감정평가사가 자신의 능력으로 처리하는 것이 어렵다고 판단되는 대상이라면 의뢰인과의 협의를 거쳐 자문 또는 용역을 통해 감정평가할 수 있으며, 이러한 사항은 미리 정하여야 한다.

감정평가 수수료 및 실비의 청구와 지급에 관한 사항도 미리 의뢰인과 협의하는 것이 좋다. 개략적인 수수료의 수준과 청구 및 지급의 시기와 방법에 대해 사전에 협의가 이루어짐으로써 분쟁을 줄일 수 있다. 감정평가 수수료와 실비는 국토교통부의 '감정평가법인 등의 보수에 관한 기준'에 의해서 정해지며, 감정평가사는 이 규정을 준수하여야 할 의무가 있으므로 수수료를 과도하게 청구하거나 할인하는 사례는 없는 편이다.

둘째, 처리 계획을 수립한다. 감정평가 수임 계약이 성립하고 기본적 사항이 확정되면 실지조사와 감정평가서 작성과 같은 일련의 과정을 담은 처리 계획을 수립한다. 처리 계획을 수립하는 것은 효율적으로 업무를 수행하기 위해서이다.

처리 계획의 수립은 주로 감정평가사의 경험과 지식에 의존하며, 대상 물건의 종류와 규모, 성격 그리고 감정평가 대상 물건 소유자의 협조 여부 등에 따라 달라진다. 대규모 사업이라면 인력과 비용 투입, 일정 계획 등을 포함한 정치한 처리 계획의 수립이 필요할 것이지만, 소규모 물건을 대상으로 한 통상의 감정평가 과정에서는 명시적인 처리 계획의 수립 없이 개별 감정평가사의 경험과 지식에 따라 관성적으로 이루어지고 있는 것 같다.

셋째, 대상 물건을 확인한다. 감정평가 대상의 존재 여부, 동일성 여부, 그 상태 및 권리관계 등을 확인하는 과정이다. 사전조사와 실지조사, 그리고 물적 사항의 확인과 권리관계의 확인 등으로 구분할 수도 있다. 「감정평가에 관한 규칙」은 특정한 사유가 있지 아니하는 한 실지조사를 의무적으로 하여야 한다고 정하고 있다.

사전조사는 실지조사를 하기 이전에 관련 공부, 도면 등을 통해 감정평가 대상의 범위와 상태를 확인하는 것이다. 권리관계와 그리고 토지의 면적·형상·공법상의 제한이나 규제, 건물의 구조·규모 등을 공부를 통해 확인할 수 있다. 감정평가 대상의 위치는 도면을 이용하여 실지조사 전에 확인한다. 최근에는 행정기관을 방문하지 아니하고도 공적 장부를 손쉽게 확보할 수 있으며, 여러 가지 지도와 항공사진 등을 언제든지 열람할 수 있으므로 서류에 의한 사전조사가 용이한 편이다. 그리고 사전조사를 철저하게 하면 할수록 실지조사가 쉽게 이루어질 수 있다.

실지조사는 현장을 방문하여 감정평가 대상의 현황을 조사하는 과정이다. 서류에 의한 조사는 한계가 있을 수밖에 없기에 반드시 실지조사를 통해 현상을 정밀하게 조사하여야 한다. 공적 장부에 의한 조사 사항과 실지조사에 의한 차이는 감정평가서 작성 과정에서 '공부와의 차이'로 정리한다. 아무리 사전조사를 철저히 하였다 하더라도 실지조사를 통해 직접 확인하는 것이 필요하다. 소유자나 임차인의 확인 등 권리관계의 조사는 실지조사에 포함되지 않는 것이 일반적이다.

실지조사는 감정평가액의 확정과 함께 감정평가 업무 전반에서 가장 중요한 과정이라고 할 수 있다. 따라서 예외적인 대상 물건 또는 현장이라도 실무상 실지조사를 위해 노력한다. 휴전선 근처의 민간인 통제지역이나 군사시설 등도 관계 기관의 허가를 득하여 방문하며, 남성 감정평가사가 휴무일을 이용하여 여성 전용 목욕장을 조사하기도 한다. 국립공원에 있는 작은 토지를 조사하기 위해 등산 복장을 갖추고 1,000미터가 넘는 고산지역을 오르기도 하며, 무인도 조사를 위해 큰 비용을 지불하고 사선私船을 빌리기도 한다.

다만, 예외적으로 실지조사를 생략하는 것이 가능한 사안도 있다. 「감정평가에 관한 규칙」은 실지조사를 하지 아니하고도 객관적이고 신뢰할 수 있는 자료를 충분히 확보할 수 있는 경우에는 실지조사를 하지 아니할 수 있다고 규정하고 있다. 천재지변, 전시·사변, 법령에 따른 제한 및 물리적인 접근 곤란 등으로 실지조사가 불가능하거나 매우 곤란한 경우와 유가증권 등 대상 물건의 특성상 실지조사가 불가능하거나 불필요한 경우다.

현실적으로 문제가 되는 경우는 소유자의 의사를 묻지 않고 일방적으로 이루어지는 보상 감정평가 과정에서 소유자가 실지조사를 거부하는 때이다. 토지의 경우는 실지조사를 거부하더라도 특별히 문제가 되지 않는다. 그러나 단독주택과 같이 개별성이 커서 일반적인 상태를 추정할 수 없는 부동산은 반드시 현장을 조사할 필요성이 있으며, 소유자의 협조 없이는 실지조사가 불가능하다. 사업시행자와 감정평가사 모두가 실지조사를 위해 노력하였으나 소유자가 끝까지 거부할 때는 외관 조사를 기초로 감정평가가 이루어지기도 한다. 통상 공적 장부에 기재된 구조 등 상황, 물건조사 당시 작성된 개황 도면과 사진 그리고 외관을 기준으로 감정평가가 이루어지며, 토지수용위원회 등에서도 불가피한 상황임을 고려하여 이러한 감정평가 방법을 부정하지는 않는다.

감정평가서에 서명·날인 하는 감정평가사는 반드시 직접 실지조사를 하여야 할까? 공적 감정평가나 난이도가 큰 물건을 대상으로 할 때는 보통 서명·날인 하는 감정평가사 본인이 실지조사를 수행한다. 그러나 업무 보조자의 협조를 받아 실지조사가 이루어지기도 한다. 판례는 업무 보조자에 의한 실지조사를 부정하지 않는다.

감정은 신빙할 수 있는 자료가 있는 경우 외에는 실지조사에 의하여 감정 대상인 물건을 확인하여 감정에 필요한 관계자료를 수집 검토하여 소정의 감정 방식을 선택하여 가격을 평가, 감정하도록 되어 있고, 이 경우 감정 대상 물건의 실지조사 확인은 반드시 공인감정업자 자신에 의하여만 하는 것은 아니고, 업무를 신속, 원활하게 하여야 할 사정이 있는 경우에는 공인감정사 아닌 감정자료의 조사능력 있는 보조자, 직원에 의한 조사의 결과에 의한 경우라도 다른 사정이 없는 한 본인이 한 경우와 같이 보아야 할 것인바…[13)]

넷째, 자료 수집 및 정리 과정이다. 이는 감정평가에 필요한 자료를 수집하고 체계적으로 정리하는 단계다. 감정평가의 결과는 수집되고 선택된 여러 가지 자료에 의해 직접적인 영향을 받을 것이므로, 신뢰성 있는 자료를 충분히 수집하고 체계적으로 정리하여 적절하게 적용하는 것이 매우 중요하다. GIGOGarbage In Garbage Out란 말이 있듯이, 적절하지 못한 자료가 적용될 때는 타당성 없는 감정평가 결과가 도출될 것이다. 정리된 자료는 차후 감정평가 결과에 논란이 있을 때 적절하게 감정평가가 이루어졌다는 증명으로도 활용된다.

자료는 확인자료, 요인자료, 사례자료 등이 있다. 확인자료는 감정평가 대상의 물적 또는 권리관계의 확인에 필요한 자료로서 토지대장, 지적도, 건축물대장, 등기사항전부증명서 등 공부와 설계도면 등이 있다. 감정평가의 대상이 맞는지, 공부와 현황이 일치하는지 확인하는 기준이 되는 자료다. 확인자료는 물적인 것과 법적인 것으로 구분할 수도 있다.

요인자료는 감정평가 대상의 가치형성에 관련되는 자료다. 감

---

13) 대법원 1982. 10. 12. 선고 82도988 판결[감정평가에 관한 법률 위반].

정평가 대상이 속해 있는 지역을 분석한 자료와 감정평가 대상 자체의 자연적·사회적·경제적·행정적 가치형성의 제 요인을 분석하는 자료 등이다.

사례자료는 매매와 임대차의 실거래 사례, 건설 또는 건축의 원가 사례, 수익사례, 유사 물건의 감정평가 전례 등으로서, 가격 결론을 도출하는 3방식의 적용 또는 검증에 필요한 자료다.

자료의 수집 방법은 감정평가 의뢰인에게 직접 청구하는 징구법, 임장 활동을 통해 수집하는 실사법, 공부나 사례를 열람하거나 발급받는 열람법, 공개적으로 또는 가장의 방법으로 조사·수집하는 탐문법 등이 있다. 통상 건축물의 원가 자료 등은 징구법으로 수집하며, 대부분의 공부나 사례 등은 이를 인터넷에 공개하는 관련 기관이 많고 임장 활동을 하지 않고도 비교적 쉽게 수집할 수 있으므로 열람법을 사용한다. 실사법과 탐문법은 직접 현장에서 수집한다는 공통점이 있다. 실사나 탐문을 위해 임장 활동을 함으로써 대상 물건이나 가격에 대한 자신감이 크게 상승한다. 감정평가 경력이 짧은 수습 감정평가사나 실지조사 실무자를 교육할 때는 실사법이나 탐문법을 반드시 경험하도록 하여 현장에 대한 이해도를 높이고 가격 결론에 대한 자신감을 가지도록 하기도 한다.

수집된 자료의 정리는 감정평가 과정에서 적절하게 활용하고 나중에 감정평가 결과의 적정성을 담보하기 위해 체계적으로 분류·종합하는 것으로서, 업무의 효율성과 관련이 있다. 실무자 각자의 성향에 따라 이루어지는 것이 일반적이나 감정평가 법인 등 회사의 경우 내부 기준을 두어 관리하기도 한다.

다섯째, 자료 검토 및 가치형성요인의 분석 과정이다. 자료 검토는 수집된 자료가 감정평가 과정에서 적절하게 활용될 수 있는지, 신뢰성을 갖는 자료인지, 감정평가 목적이나 대상에 적합한지 등을 확인하고 적절한 자료만을 취사 선택하는 과정이다. 확인자료는 공신력과 증거력을 갖추어야 하며, 감정평가 목적이나 대상에 적절한 자료이어야 한다. 요인자료는 가치형성에 직접 영향을 미치는 자료이어야 하며, 사례자료는 감정평가 방법에 활용될 수 있어야 한다. 적절한 사례자료의 예를 들면, 위치의 유사성, 물적 유사성, 시점수정의 가능성, 사정보정의 가능성 등을 갖춘 자료다. 이러한 기준에 모두 적합할 때만 사례자료를 이용하여 감정평가가 가능하다.

가치형성요인의 분석은 감정평가 대상의 일반요인, 지역요인, 개별요인을 분석하여 대상의 경제적 위치를 파악하는 가치판단의 과정이다. 감정평가의 최종 가격 결론은 가치형성요인의 상호작용의 결과물일 것이므로, 신뢰성 있는 선택된 자료를 기초로 하여 그 상호작용의 법칙성을 충분히 이해한 상태에서 작업 되어야 한다.

여섯째, 감정평가 방법을 선정하고 적용하는 절차다. 감정평가의 3방식과 6방법 중 대상에 가장 적합한 방식과 방법을 선정하고 이를 적용하여 시산가액을 산출해 나가는 과정이다. 그런데 이론상은 이같이 별도의 절차로 구분하고 있으나 실무 과정에서 구별되어야 하는 이유와 실익은 없는 편이다. 자료의 수집과 정리 과정, 특히 사례자료의 수집 과정에서 해당 감정평가에 적용할 감정평가 방법을 미리 정하고서 그 방법에 적용할 자료를 중점적으로 수집하기 때문이다. 또한, 각 감정평가 대상별로 적용해야 할 주된 감정평가 방법을 법령에서 미리 정하고 있으므로 감정평가 방법을 선정하기 위해 고민하여야 할 이유는 실무상 거의 없는 편이다.

「감정평가에 관한 규칙」은 각 감정평가 대상별로 적용하여야 할 주된 감정평가 방법을 규정하고 있다. 감정평가 이론과 실무에서 나타나는 사례를 충분히 고려하여 가장 적절하고 타당하며 실제 현실에서 적용이 가능한 방법을 주된 감정평가 방법으로 정하였을 것으로 생각된다.

감정평가서에는 특정의 감정평가 방법을 적용한 근거 또는 사유를 명시하여야 한다. 특히 「감정평가에 관한 규칙」에서 정한 주된 방법 이외의 감정평가 방법을 적용할 때에는 그 사유를 명확히 하여야 한다.

예를 들어, 임대료의 감정평가는 임대사례비교법을 적용하도록 규정되어 있다. 그런데 토지의 임대료를 구할 때, 현실에서 건물이 없는 토지만의 임대 사례는 쉽게 수집되지 않으므로 규정에도 불구하고 임대사례비교법을 적용하는 것이 불가능할 때가 많으며, 토지의 임대료를 구하는 감정평가는 실무상 적산법을 적용한 사례가 대부분이다. 이때는 그 사유를 감정평가서에 기재하여야 한다.

일곱째, 감정평가액의 결정과 표시 절차다. 이것은 감정평가의 마지막 단계로서, 감정평가의 목적인 최종 가격 결론을 내리는 작업이다. 다른 모든 작업은 감정평가액의 결정과 표시를 위해 이루어지는 사전 업무처리 과정이다.

감정평가의 주된 방법 또는 보조 방법으로 시험적으로 산출한 가액을 시산가액이라고 한다. 감정평가액을 결정하기 위해서는 각 방법으로 산출된 시산가액을 검토하여야 하며, 시산가액의 검토와 조정 과정을 거쳐 최종 가격 결론을 내려야 한다.

「감정평가에 관한 규칙」과 실무기준에서는 주된 방법에 의해 산출된 가액을 다른 방법으로 산출된 가액과 비교하여 합리성을 검토하도록 하고 있으며, 합리성 검토 결과 시산가액의 합리성이 없다고 판단되는 경우에는 주된 방법 및 다른 감정평가 방법으로 산정한 시산가액을 조정하여 감정평가액을 결정할 수 있도록 하고 있다.

감정평가액의 표시는 시산가액의 조정을 거쳐 최종 감정평가 가액을 산출하고 감정평가서에 기재하는 절차다. 감정평가액의 표시는 법원 판결문의 주문主文과 같다. 여러 근거와 자료를 바탕으로 하는 논리적인 흐름이 있어야 하고, 그 논리의 귀착점이 판결문의 주문 또는 감정평가서의 가액 표시일 것이다.

그런데 판결문과 마찬가지로, 의뢰인 등 감정평가 관계자들은 가격 결론에만 관심이 있는 경우가 많다. 충분한 근거 자료와 논리적 흐름을 갖춘 감정평가서가 항상 선호되지는 않는다. 자료와 논리에 있어 완벽한 판결문보다는 당사자에게 유리한 주문이 절대적으로 중요한 것과 같다. 잘 작성된 감정평가서보다는 원하는 가격 결론이 표시된 감정평가서가 선호되는 경향이 있다. 감정평가 결과를 두고 다툼이 있을 때, 감정평가서 내 가격 결론의 오류를 찾아내어 표시된 가액의 타당성을 공격하는 수단으로 사용하기 위해 그 기재 내용에 잠시 관심을 보일 뿐이다.

감정평가액의 표시를 하나의 수치가 아닌 구간 추정치로 하는 것이 가능하다는 의견도 있다. 감정평가액이 대상 물건의 가액을 정확하게 반영한다고 볼 수 없기에 업무의 성격이나 의뢰인의 요구 등을 고려하여 구간으로 감정평가액을 표시할 수 있다고 한다.

그러나 감정평가액을 구간으로 표시하게 되면 감정평가서를 이용하여 후속 업무를 처리하는 의뢰인에게 여러 가지 혼란을 줄 수 있다. 감정평가액이 절대적인 것은 아니며 다양한 가격 결론이 가능하다 하더라도 감정평가사의 판단과 의견의 최종 결과물인 감정평가액은 하나의 수치로 표시하는 것이 적절할 것이다. 일반 형사 재판에서 형량을 구간으로 표시하지 않고 단일 형량의 정기형주의를 채택하는 것과 같다. 실무상 감정평가액은 하나의 수치로, 컨설팅 보고서의 가치 결론은 구간 추정치로 표시하고 있다.

지금까지 감정평가 절차를 개관하였다. 그런데 감정평가의 절차는 명확히 구분되거나 강제되는 단계라기보다 감정평가 실무 과정에서 서로 융화되어 녹아드는 업무의 흐름을 임의로 나눈 것이라는 것을 알 수 있다. 효율적인 업무 수행을 위하여 절차를 구분한 것일 뿐이다.

그렇다고 하여 감정평가 절차가 무의미한 것은 아니다. 태권도에는 품세가 있으며, 군대의 총검술에는 연속 동작이 있다. 품세와 연속 동작은 실제 상황에서 발생할 가능성이 많은 동작을 임의로 설정하고 이를 자연스럽게 이어지도록 만들어 반복하여 훈련하게 하는 것이다. 태권도 품세나 총검술의 연속 동작이 실제 상황에서 그대로 나타날 가능성이 적다고 하여 이것을 의미 없는 훈련 방법이라고 하지 않는다. 연속적인 동작을 반복적으로 훈련하여 자신에게 체화된다면, 실제 상황에서는 무의식중에도 유사하게 반응한다고 한다.

감정평가 업무 흐름을 절차로 표시하는 것도 이와 같다. 위의 절차대로 업무 흐름이 반복된다면 무의식중에서도 그 흐름대로 감정평가가 이루어질 것이며, 그것이 감정평가 업무의 효율성과 가격 결론의 타당성을 높이는 기초가 될 수 있다.

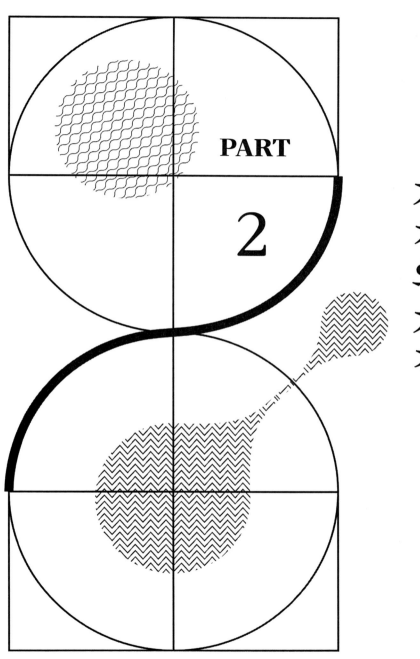

PART

2

가 치 와 가 격

가치와 가격의 개념

감정평가는 시장에서 형성될 수 있는 가격을 찾는 작업이다.[14] 재화의 가격은 그 재화와 교환될 수 있는 등가의 화폐단위로 표시된다. 그런데 재화가 화폐로 교환될 수 있는 것은 인간의 욕망을 충족시키거나 다른 재화를 지배할 수 있는 본질적인 능력인 가치를 가지고 있기 때문이다. 즉, 재화가 갖는 본원적 능력인 가치가 교환 과정에서 화폐의 단위로 표시되며, 화폐의 단위로 표시되는 숫자가 바로 가격이다.

감정평가는 인위적으로 가격을 찾는 작업이므로 감정평가 대상이 갖는 본질적인 가치가 무엇이며, 그 가치가 교환 과정의 어떤 메커니즘을 통해 숫자로 바뀌는지, 그리고 바뀌는 그 숫자의 수준이 얼마인지를 분석하고 찾아내는 것이 감정평가의 기본 작업이다. 따라서 가치와 가격은 감정평가에서 가장 중요한 개념

---

14) 감정평가를 통해 찾는 것이 가치인지 가격인지에 대한 논란이 있으나, 먼저 이같이 전제하면서 그 이유를 설명해 나갈 예정이다.

이다.

　가치와 가격은 일상생활에서 빈번히 사용하는 용어이다. "가치가 있는 물건을 저렴한 가격으로 구매하였다." "그것은 가격에 대비해 가치를 못하는 듯하다." "그 가격을 주고 구매할 만한 가치가 있다." 등 일상에서 수시로 가치와 가격이란 단어가 사용된다.

　간단히 스마트폰을 대상으로 하여 가치와 가격의 일반적인 의미를 생각해 보자. 요즘은 스마트폰 없이 한시도 살 수가 없다. 스마트폰은 누구와도 연결해주고, 알고 싶은 것 보고 싶은 것 느끼고 싶은 거의 모든 것을 실시간으로 우리에게 제공해 주는 문명의 이기이다. 스마트폰은 우리의 욕망을 충족시켜 줄 수 있는 값어치가 있으며, 우리가 느끼는 그 값어치가 스마트폰에 내재하는 본질적인 가치다. 효용에 바탕을 둔 그 가치의 판단은 주관적이고 개별적이어서, 스마트폰을 사용하는 사람마다 생각하는 가치의 수준은 각각 다르다.

　그런데 시중에서 판매되는, 즉 우리가 매입하는 스마트폰의 가격은 시장에서 결정되어 있다. 공급자는 제조 원가와 시장 수요자의 반응을 고려하여 판매 가격을 책정하며, 수요자는 시장의 가격을 보고 매입하거나 매입을 유보하거나 선택한다. 수요자의 반응에 따라 판매 가격과 수량도 조정이 될 것이며, 시장 전체적으로는 균형가격과 균형수급량이 결정된다. 시장의 가격은 객관적인 숫자이다.

어떤 경우에 스마트폰이 시장에서 판매가 될까? 그 답은 가치가 가격보다 클 때다. 수요자가 느끼는 주관적인 가치가 시장의 객관적인 가격보다 크다면 수요가 발생한다. 가치는 주관적이고 개별적인 데 비해 시장의 가격은 하나를 더 수요 하였을 때 느끼는 가치인 한계효용과 일치하는 수준일 것이다. 재화의 가격은 수요자 관점에서는 지불하는 비용의 개념이므로 비용보다 얻는 수익 즉 본인이 생각하는 가치가 크다면 기꺼이 그 재화를 수요하는 것이 합리적인 경제행위다.

그러므로 스마트폰을 사용하는 사람들이 갖는 스마트폰의 가치는 항상 가격보다 크다. 스마트폰의 가치가 가격보다 적다고 생각하는 사람은 그 값을 지급하고 스마트폰을 구매하지 않는다. 스마트폰뿐 아니라 재화와 화폐의 자발적인 교환 즉 거래가 이루어지는 모든 경우에 수요자가 생각하는 가치는 가격보다 크다.

가치의 사전적 의미는 사물이 가지고 있는 쓸모, 혹은 욕망을 충족시키는 재화의 중요 정도를 나타내는 값어치이다. 가치가 있다는 것은 쓸모가 있다, 중요하다, 값어치가 있다, 효용이 있다는 말이다. 영어 단어로는, value, importance or usefulness이며, worth in usefulness or importance to the possessor, how much money it is worth로 풀이되기도 한다.

그런데 스마트폰의 가치와 가격을 생각하면 한 가지 의문이 들 것이다. 스마트폰 없이 한시도 살 수 없을 텐데, 그렇게 크고 중요한 효용을 주는 스마트폰의 가치를 화폐 액으로 표현한 그 가격은 생각보다 낮을 수 있다. 스마트폰을 사용하는 사람들은 모두 스마트폰의 가치가 가격보다 크다고 생각하고 있다. 시장에서 거래되는 가격과 비교하면 스마트폰의 진정한 가치가 무엇인지 혼란이 발생한다.

이런 혼란을 통해 정리된 개념이 사용가치와 교환가치다. 가치는 하나로 표현되는 것이 아니라 재화의 유용성에 기인한 가치와 상품성에 기인한 가치로 나누어 볼 수 있다. 전자를 사용가치 value in use라고 하며, 후자를 교환가치value in exchange라고 한다. 사용가치는 재화의 유용성 또는 효용으로서, 사용하거나 소비함으로써 실현된다. 인간의 욕망을 충족시켜 주는 재화의 능력이 곧 사용가치다. 반면에 교환가치는 어떤 재화가 다른 재화를 교환의 대상으로 지배하는 힘 또는 다른 재화와 교환될 수 있는 능력을 말한다.

자주 인용되는 물물교환 시대를 생각하면, 토끼 한 마리는 식량으로서 사용가치가 있다. 그런데 식량으로서 토끼를 좋아하는 사람, 당장 급하게 필요하지 않은 사람 등 다양한 수요자가 존재하며, 토끼의 사용가치는 주관적이고 개별적이다. 그런데 이 토끼 1마리가 닭 2마리와 교환이 되면, 토끼는 닭보다 2배의 상대적인 교환가치를 갖는다. 물물교환 시대가 화폐경제 시대로 전환되었을 때에는 화폐단위가 교환가치의 측정 기준이 된다. 토끼가 닭보다 2배의 가치를 갖는다고 하면 그 가치는 교환가치를 의미하며, 토끼는 닭보다 2배의 가격으로 거래가 될 것이다. 교환가치는 시장에서 다수의 판단을 받아 형성되는 객관적인 가치이다.

효용 또는 유용성이 큰 재화는 사용가치가 크며, 일반적으로 교환가치도 클 것이다. 그런데 사용가치와 교환가치가 항상 비례하는 것은 아니다. 고전학파 경제학자들은 사용가치와 교환가치의 개념을 제시하였으나, 사용가치가 그렇게 크지 아니한 다이아몬드의 가격이 사용가치가 매우 큰 물의 가격보다 비싼 이유를 설명하지 못하였다. 생활에 필수 불가결한 물이 헐값에 팔리는 데 반해 쓸모가 제한적인 다이아몬드가 비싸게 팔리는 모순을 물과 다이아몬드의 역설 또는 가치의 역설paradox of value 이라고 한다.

이런 모순은 1870년대 등장한 신고전학파 경제학자들에 의해 해소되었다. 신고전학파 경제학자들은 총효용과 한계효용의 개념을 구별하고, 재화의 가치를 결정하는 것은 총효용이 아니라 한계효용임을 밝혀 이 딜레마를 해결했다.

한계효용을 결정짓는 중요한 요소는 희소성이다. 다이아몬드는 희소하므로 한계효용이 큰 반면, 물은 매우 풍부하므로 한계효용이 적다. 따라서 물의 총효용이 다이아몬드의 총효용보다 훨씬 클지라도 값은 반대로 된다. 물은 사용가치가 크나 교환가치는 적으며, 반대로 다이아몬드는 사용가치는 적으나 교환가치는 크다.

경제학이나 부동산학에서 일반적으로 말하는 가치는 측정 불가능하며 주관적이고 개별적인 사용가치가 아니라, 시장의 거래과정에서 성립되고 확인이 가능한 교환가치다. 시장에서 성립하는 객관적인 교환가치가 경제적 가치이며, 이것이 시장가치의 기준이다.

개인 개인에게 스마트폰의 사용가치는 매우 크다고 할지라도, 그것의 경제적 가치는 가격으로 표현되는 수준의 교환가치이다. 스마트폰이 사용가치에 비교해 교환가치가 적은 이유는 해당 기업 또는 경쟁 기업에서 얼마든지 추가로 생산할 수 있으므로 그것의 희소성이 크지 않기 때문이다.

재화의 가치 즉 경제적 가치 또는 교환가치는 시장에서 가격으로 표현된다. 시장이 온전하게 작동한다면, 특히 완전경쟁 시장을 가정한다면 소비자 간의 경쟁과 공급자 간의 경쟁 속에서 재화의 가치는 가격과 일치할 것이다.

소비자는 한계효용과 가격이 일치하는 수준에서 소비하고, 공급자는 한계비용과 가격이 일치하는 수준에서 제품을 생산할 것이므로, 수요자 공급자 모두 초과이윤은 얻을 수 없다. 따라서 일반 경제 이론에서는 가치와 가격이 일치됨이 전제되며, 가격을 기준으로 이론을 전개하는 것으로 충분하고 특별히 가치나 가격의 개념을 두고 논의하지 않는다.

그런데 감정평가의 대상이 되는 부동산의 시장은 일반 재화와 구별되는 토지 등 부동산의 고유한 특성으로 인해서 일반 경제 이론에서 중요한 설명 도구로 삼는 완전경쟁 시장이 존재하지 못하며, 이에 따라 가치가 가격과 항상 일치한다는 전제도 성립하지 않게 된다. 이런 이유로 가치와 가격이 같은 의미이냐 혹은 서로 다른 별개의 개념이냐 하는 논란이 계속되고 있다.

다만, 현재 이루어지고 있는 논란의 중심에는 가치와 가격의 괴리가 있느냐 없느냐 하는 근본적인 의문보다는 주로 가격의 개념을 어떻게 정의하느냐에 있는 것 같다. 본질에 대한 논란이라기보다 개념에 대한 정의가 불분명하고 통일되지 아니하여 생기는 혼란일 가능성이 크다고 할 수 있다.

가치와 가격을 동일시하는 견해를 보자. 동일시한다는 것은, 두 단어의 뜻이 같다고 보는 것이 아니라 가치가 가격으로 표현된다는 것을 지지한다는 의미다.

이 견해는 가치와 가격을 각각 본질과 현상으로 본다. 가치는 재화가 갖는 본질이며, 가격은 가치에 의해 결정된다. 가치는 화폐를 매개로 하여 가격이 되며, 가격은 가치의 화폐적 표현이다. 가치와 가격은 일시적으로 괴리될 수도 있으나 장기적으로는 양자가 일치하게 된다.

가치와 가격을 구별하는 견해는 부동산이 일반 재화와 다른 내구재임을 강조하면서 출발한다. 내구재의 가치는 장래 기대되는 편익을 현재가치로 환원한 값으로서, 일반 재화는 가치가 가격으로 쉽게 전환 되겠지만 일회성 소비로 그치지 않는 내구재의 경우는 현재 시장에서 형성되고 있는 가격이 장래 기대되고 있는 효용의 가치를 정확하게 반영하고 있다고 보기 어렵다고 본다.

특히 가격은 특정 부동산에 대한 교환의 대가로서, 매수자와 매도자 간에 실제 지불된 금액이라고 정의한다.[15] 따라서 가치는 현재의 값이나, 가격은 이미 지불된 금액이므로 과거의 값이다. 부동산시장은 불완전한 요소를 많이 가지고 있으며, 모든 거래가 정상적인 측면을 모두 가지고 있다고 볼 수 없으므로 가치와 가격에는 오차가 있다고 한다.

가격은 과거의 값이며 가치는 장래 이익을 현재가치화한 현재의 값으로서, 감정평가의 대상은 가격이 아니라 가치이며 그 가치를 화폐 액으로 표시한 것은 가액이라고 한다.

논란의 출발점은 가치와 가격을 구별하면서, 가격을 이미 계약이 이루어진 과거의 값으로 정의한 데 있다. 이러한 가격에 대한 정의는 미국 AIAppraisal Institute의 의견을 수용한 결과로 추정이 된다.

경제학자들은 이미 가치와 가격에 대한 논의를 충분히 전개하여왔다. 가격은 현대 경제학의 수요공급 이론에서 핵심적인 개

---

15) 한국감정평가협회, 『부동산용어대사전』(서울: 부연사, 2006), pp. 122~123. 안정근, 『부동산평가이론』(서울: 양현사, 2009), p. 34,한국감정정가협회·한국감정원, 『실무기준 해설서 (Ⅰ)』(서울: 서울기획, 2014), p. 9.

넘이다. 그런데 수요공급 이론에서의 가격은 매매가 이루어진 가격을 의미하지 않는다. 이때의 가격은 수요자 또는 공급자가 기꺼이 지불하거나 받고자 하는 '의도하는 가격'이며, 각자의 의도하는 가격이 일치하는 하나의 가격이 시장가격이다.

의도하는 가격은 수요자 또는 공급자가 각자 상대방을 생각하지 않은 채 자신의 입장에서 기꺼이 지불하거나 받고자 하는 가격이다. 시장가격은 수요자가 상품을 사기 위하여 기꺼이 지불하고자 의도하는 가격과 공급자가 받고자 의도하는 가격이 일치할 때 그 일치된 가격이다.

매매가격은 재화의 가격으로 주고받는 금액이다. 매매가격은 실현된, 사후의ex post, realized, actual 가격이며, 수요공급 이론에서의 가격은 의도한, 사전의ex ante, desired, intended 가격이다. 마찬가지로, 수요량과 공급량도 실현된 양이 아니라 의도하는 양이다.

일반 경제학에서 가격을 의도하는, 사전의ex ante 가격이라고 전제하고 있는 데 반해, 부동산학에서는 계약이 체결된, 사후의ex post 가격이어야 한다고 주장한다.

수요곡선과 공급곡선을 비롯해 이미 정립된 경제학의 여러 이론을 적용하고 있으며, 다만 연구 대상의 특수성으로 인해 독자적 학문의 영역으로 성장한 부동산학에서 기존 학문의 가격이 갖는 의미와 다르게 정의하려면 분명하고 합당한 논리가 있어야 할 것이다. 그러나 왜 부동산학에서의 가격은 '특정 부동산에 대한 교환의 대가로서 매수자와 매도자 간에 실제 지불된 금액'이라고 하는지 그 이유와 논거는 명백하게 제시되지 않고 있다. "이 책의 가격이 얼마입니까?" 하는 단순한 문장에서 보듯이, 일상에서 사용하는 가격의 의미도 이미 계약이 이루어진 금액만을 뜻하지는 않는다.

　가격을 실제 지불된 금액, 과거의 값으로 정의한다면 가치와 가격 사이에는 괴리가 있을 수밖에 없다. 부동산은 효용이 오랫동안 계속되는 내구재이므로 그 가치는 장래 이익을 현재가치화한 것이며, 장래의 이익이 온전하게 현재의 시점에서 판단하는 것이 어렵기에 부동산의 가치와 실제 거래된 금액 사이에는 오차가 있다고 한다.

　그러나 이러한 논리에 따른다면 내구재인 부동산이기 때문에 가치와 가격에 괴리가 있는 것이 아니라, 일반 재화에서도 오차가 발생할 수밖에 없다. 완전한 정보를 전제로 하는 완전경쟁 시장을 제외하고는 시장의 수요자와 공급자는 모두가 완전하게 재화의 가치를 판단할 수 없다. 일반 재화의 거래 과정에서도 개인적 사정이나 잘못된 판단에 의한 거래가 있을 것이므로 모든 재화의 가치와 실제 거래한 금액에는 차이가 발생할 것이다. 설령 완전경쟁 시장이라 하더라도 재화의 가치와 과거의 실제 거래금액이 항상 일치한다고 할 수는 없을 것 같다.

　장래에 지속적으로 효용이 발생하는 내구재는 소비재와 비교해 가치의 판단이 어려울 수 있다. 그렇다고 하여 이것이 내구재의 가격과 소비재의 가격을 달리 정의할 이유는 되지 않는다.

일반 재화 시장이든 부동산시장이든, 시장의 실제는 보이지 않는 손에 이끌려 작동하는 미지의 블랙박스black box이다. 그런데 복잡한 현실의 세계를 단순화, 추상화시키는 이론의 수립과정에서 어느 정도의 수준으로 가정을 설정하느냐 하는 데 있어 일반 재화 시장과 부동산시장은 중요한 차이점이 있다.

일반 재화의 수요공급 이론에서는 가격을 제외한 다른 모든 변수는 일정하다는 세터리스 패리버스ceteris paribus, other things being equal의 가정을 전제로 한다. 또한, 여러 가지 가정을 설정하여 현실에서 존재할 수 없는 완전경쟁 시장을 만들고, 이러한 가상의 시장을 다루는 논리가 현실에 대한 설명력이 높기에 이론으로 정립된 것이 대부분이다. 예를 들어, 장래의 수익을 현재가치화한 값으로 표현되는 주식이나 채권 등 자본자산의 가치는 완전경쟁적 자산시장을 가정할 때 시장가격과 일치한다. 그러나 일반 재화와 다른 부동산의 특성으로 인해 부동산시장을 완전경쟁 시장으로 가정할 수는 없을 것이며, 부동산시장의 가격이론은 가치형성요인이라는 이름으로 수많은 변수의 영향력을 인정하고 있다.

일반 재화를 대상으로 하는 이론과 달리 부동산 이론에서는 가치와 가격이 일치하지 않을 가능성이 클 것이지만, 그 차이는 많은 가정을 설정할 수 없는 연구 대상의 특성을 고려하여 현실을 단순화하거나 왜곡하지 않고 수많은 변수의 영향력을 그대로 인정한 결과라고 할 수 있다.

이 같은 이론 수립의 차이점으로 인해 부동산시장의 가격이론에서는 가치와 가격이 쉽게 일치하지 않을 것이지만, 이것이 부동산학에서 가격을 이미 지불된 금액이라고 정의할 논거는 되지 못한다.

내구재의 가치는 일반 재화와 달리 '장래에 기대되는 편익을 현재가치화한 것이다'라고 하는 가치의 정의에도 의문이 있다. 정의는 용어의 뜻을 구체적으로 밝히는 것이다. 대상의 본질이나 성질, 의미를 밝히거나 그 지시물을 가리켜서 개념을 정의한다. 그런데 위의 가치 정의는 정의라기보다 가치와 편익 또는 효용과의 인과관계를 설명하고 가치의 결정 원리나 측정하는 방법을 제시하는 것이라고 할 수 있다.

이것은 장래에 수익을 발생시키는 자산인 주식이나 채권, 부동산 등 자본자산의 일반적인 가치평가 모형이다. 내구재뿐 아니라 주식이나 채권 등 장래에 수익을 발생시키는 자본자산資本資産, capital asset의 가치는 장래의 수익을 현재가치화하는 값으로 표시되며, 이것은 널리 이용되고 있는 자본자산의 가치평가 방법이다.

'부동산의 가치는 인근에 소재하는 유사한 특성을 가진 부동산과 가치형성요인의 비교를 통해 추계 된 것이다' 또는 '부동산의 가치는 그것을 조성하거나 건축하는 데 소요될 것으로 예상하는 비용을 합계한 것이다'라는 문장이 있다면 이것을 보고 부동산 가치의 정의라고 하기는 어려울 것이다. 그것은 단지 부동산의 가치를 측정·추계하는 방법을 제시하는 것이다.

감정평가의 대상이 가치인지 가격인지, 즉 감정평가에서 찾아내고자 하는 것 혹은 표현하고자 하는 것이 가치인지 가격인지에 대한 논란도 가치와 가격에 대한 정의와 관련된다. 감정평가는 현재의 가치를 추계하는 것으로서, 가치는 장래 이익을 현재가치화한 현재의 값이며 가격은 거래가 성립한 금액인 과거의 값이므로 감정평가의 대상은 가격이 아닌 가치가 되어야 한다고 한다.

그러나 이 같은 논리에 따른다면 현실적으로 가치를 어떻게 추계하고 추계한 가치를 어떻게 표현해야 하며, 표현된 그것의 실체는 무엇인가 하는 의문이 계속될 수밖에 없다.

추상적인 개념인 가치를 어떤 방법으로 추계하고 표현할 수 있을까? 가치를 판정한다는 것과 추계한다는 것은 같은 의미인가? 가치의 판정은 어떤 방법으로 이루어져야 할까? 사례의 가치에 대한 본질적인 논의나 검토·분석 없이 시장의 작동 원리를 신뢰하여 그 사례 가액을 기준으로 삼아 감정평가액을 찾아내는 것은 적절한 감정평가 방식이라고 할 수 있을까? 과거에 이미 지불되었던 금액을 기준으로 가치를 추계한다면, 가치가 곧 가격과 같다는 의미일까? 가치를 판정하고 추계한다는 것의 의미를 다시 한번 생각해 볼 필요가 있다.

재화의 가치는 효용과 상대적 희소성, 유효수요를 기본 성분으로 하여 성립하며, 이러한 성분이 결합하여 시장에서 다른 재화와 교환이 되고 수익을 창출시키거나 비용 투입을 가능하게 한다. 그런데 가치의 본질적인 요소는 수치화할 수 없는 추상적인 개념이므로, 이 같은 가치요소를 기초로 재화의 가치를 직접 측정할 수는 없다. 따라서 본질적인 가치의 요소 또는 수요와 공급에 의한 균형가격이 어떻게, 어떠한 표현 형태로 시장에서 드러나는지 찾아내어야 하며, 그 드러난 양태를 정량적으로 포착할 수 있는 수단이 필요하다.

재화의 가치가 시장에서 드러나는 방식은 크게 3가지가 있다. 가치는 시장성, 비용성, 수익성 등 3가지 측면으로 시장에서 그 능력이 표현된다. 첫째는, 시장에서 다른 재화 또는 화폐를 교환의 대상으로 지배하는 능력이다. 둘째는 비용 투입을 가능하게 하는 능력이다. 셋째는 수익을 창출하는 능력이다.

재화의 본질적인 가치가 다른 재화 또는 화폐를 교환의 대상으로 지배할 수 있는 능력, 비용 투입을 가능하게 하는 능력, 수익을 창출할 수 있는 능력으로 시장에서 표현되며, 이러한 표현 형태를 찾아내고 그 표현 형태와 가치와의 상관관계를 규명하여 화폐의 단위로 표시할 수 있어야 한다. 화폐의 단위로 표시되는 것은 능력의 본질인 가치가 아니라 그 표현 형태인 가격이다.

감정평가는 '토지 등의 경제적 가치를 판정하여 이를 가액으로 표시하는 것을 말한다'고 정의된다. 가치를 판정하여 표시된 가액은 무엇일까? 한 단어로 표시되는 개념은 없을까? 새로운 용어인 '가액'이 감정평가의 대상일까?

이러한 혼란은 가격이 과거의 값이므로 감정평가의 대상이 될 수 없다고 한 가격의 정의에서 시작된 것이다. 가격을 과거 시점에 실제 지불된 금액으로 정의하지만 않는다면, 경제적 가치를 판정하여 표시하는 가액을 한 단어인 '가격'이라고 할 수 있지 않을까?

가치는 정성적인 개념이기 때문에 숫자로 표시할 수 없다. 그러나 감정평가의 결과는 정량적인 표현인 숫자로 명시되어야 한다. 가치는 감정평가 과정에서 판정의 대상이 되며 그 자체가 결과로 표현될 수는 없다. 그러므로 가치를 숫자로 전환하는 작업이 필요하며, 그 작업 자체가 감정평가이다. 감정평가는 추상적 개념인 가치를 분석하는 것이 아니라, 숫자로 표시되는 가격을 찾는 작업이다.

가격은 실제 매매가 이루어진 금액이라는 정의는 일반 재화와 구분되는 부동산의 특성을 고려하더라도 일상에서나 경제학에서 일반적으로 사용하고 있는 개념과 상이하다. 그런데 그 이유와 논거는 명확하지 않으면서, 그러한 정의로 인해 여러 가지 혼란이 발생하고 있다. 따라서 굳이 가격은 실제 매매가 이루어진 금액이라고 정의해야 하는지 회의심懷疑心를 가지면서, 다음과 같이 정리한다.

가치는 재화가 갖는 본원적인 능력이며, 가격은 가치의 표현형태이다. 가치는 눈에 보이지 않는 배후의 실제이고, 가격은 눈에 보이는 현상이다. 가치는 유통 과정에서 가격으로 전환된다.

그리고 가치와 가격을 이어 주는 것은 화폐라고 할 수 있다. 화폐는 가치 척도의 기능을 담당한다. 가치에 그 표현을 위한 외관을 제공하는 것은 화폐이며, 화폐는 가치가 형태적으로 취하는 객체적 모습이다. 화폐는 사회적으로 공인된 각인을 통해서 가치에 그 표현을 위한 외관을 제공하며, 가치는 이 화폐단위를 빌어 계량된다.[16)]

따라서 감정평가의 대상은 본질이며 추상적 개념인 가치가 아니라, 구체적인 화폐의 단위로 표현되는 가격이 되어야 한다.

다만, 부동산시장에서 가치와 가격이 항상 일치하는가 하는 것은 다른 문제이다.

부동산시장에서 가격이 그 가치를 정확하게 반영하고 있다는 전제가 있으면 가치는 곧 가격이 될 것이다. 그러나 부동산시장은 그 자체가 극히 불완전하고 왜곡되거나 과장된 형태로 출현하므로 시장가격이 가치를 정확하게 반영하고 있다고 할 수는 없으며, 부동산의 가치는 그 부동산이 차지하는 사회적, 경제적, 법률적 위치를 적정하게 반영하는 합리적인 가격으로 표현되게 된다.[17)]

부동산시장은 부동산의 특성으로 인해 완전경쟁 시장이 될 수 없으며, 따라서 가치와 가격이 항상 일치하거나 이론상의 가치와 실거래가격이 같다고 할 수는 없다. 다만, 논의의 대상이 효용의

---

16) 송태복, 『가치, 가격과 경쟁』(대전: 한남대학교출판부, 2004), p. 80.
17) 나상수, 『감정평가 이론강의 Ⅰ』(서울: 리북스, 2007), p. 41.

크기인 사용가치가 아니라 시장에서 판정되는 교환가치라는 점을 잊지 말아야 한다.

한 시점에서 표현된 시장의 가격 또는 시장성, 비용성, 수익성의 능력으로 표현되는 가치의 형태는 시장 참여자의 합리적인 판단과 의사결정의 결과임을 고려할 때, 그 당시 상황에서의 교환가치를 반영하고 있다고 보아야 한다. 교환가치는 시장의 집단적 판단의 결과일 것이므로 시장에서 드러난 그 결과는 가치를 판정하는 유일한 수단이 될 수밖에 없다.

미지의 블랙박스 속에서 보이지 않는 손에 의해 만들어지는 교환가치는 겉으로 드러나는 표현 형태를 통해서 비로소 판정될 수 있다. 수요자의 의도하는 가격과 공급자의 의도하는 가격이 일치하여 형성된 시장의 가격, 그리고 원가와 수익으로 드러나는 비용성과 수익성의 능력은 최소한 그 시점에 있어서 교환가치의 실질적이고 현시적인 표현이라고 보아야 할 것이다.

따라서 부동산시장에서 교환가치 또는 시장 균형가격은 가치형성요인의 변화나 시장의 왜곡에 따라 언제든지 변동할 것이지만 그렇다 하더라도 기준시점 당시에 시장성, 비용성, 수익성의 능력으로 시장에서 표현되는 가치의 형태를 추적하고 판정하여 가액으로 표시한 감정평가의 결과라면, 최소한 기준시점 당시의 타당성은 인정받을 수 있으며 인정받아야 한다. 감정평가의 결과는 시장에서 존재sein하는, 표현된 가치의 형태로부터 특정 시점의 가치를 판정하여 가격으로 표시한 것이기 때문이다.

가치이론의 역사적 흐름

현대 경제학에서는 가치이론을 크게 다루고 있지 않다. 그러나 감정평가는 시장이 온전히 형성되지 않아 불가피하게 인위적으로 가격을 구해 내는 작업이므로 그 과정에서는 가치와 가격의 본질에 대한 이해가 있어야 한다. 이런 의미에서 가치와 관련한 과거 주요 학자들의 생각들을 정리해 볼 것이다.

학문으로서 경제학은 스미스A. Smith가 '국부론'을 완성한 1776년부터 시작되었다고 할 수 있다. 스미스를 비롯하여 리카도D. Ricardo, 맬서스T. R. Malthus, 밀J. S. Mill 등 당시의 학자들을 고전학파라고 한다. 그 이후 1870대에 이르러 고전학파의 자유 방임 사상을 승계하되 한계 개념을 등장시킨 제본스W. S. Jevons, 멩거C. Menger, 왈라스L. Walras 등을 신고전학파 또는 한계효용학파라고 한다.[18] 1890년대 '경제학원리'를 출간하고 현대 미시경제학의 틀을 거의 완성한 마셜A. Marshall에 대해서는 신고전학파의 완성자라고 하기도 하고, 또는 좁은 의미의 신고전학파인 케임브리지학파의 창시자라고도 한다. 신고전학파는 공급은 스스로 그 수요를 창출한다는 세이의 법칙Say's Law을 신뢰하였으나, 수요 부족에 의한 대공황을 겪으면서 1930년대에 정부개입을 강조하는 케인즈학파가 등장하였다.

가치와 관련하여 스미스 등 고전학파, 초기의 신고전학파, 마셜의 주장을 정리할 것이다. 그 당시에는 가치가 중요한 주제이었기 때문에 이와 관련한 여러 가지 의견들이 있다. 다만, 그들의 주장은 심오하고 고차원적이며 또한 난해한 부분이 많아 이야기로 풀어 쓰는 것은 물론, 이해하기도 쉽지가 않다. 그래서 '장님 코끼리 만지기' 식이겠지만, 감정평가를 위한 최소한의 수준에서 간략하게 정리·서술할 것이다.[19]

스미스는 생산자가 자신이 생산한 생산물의 가치를 어떻게 결정하는 것일까 하는 의문에서 시작하여 교환을 지배하는 일정한

---

18) 한계 개념에 기초하여 경제 이론을 전개하여 한계효용학파라고 하나, 또한 멩거는 오스트리아학파, 왈라스는 로잔느학파로 분류된다.
신고전학파는 좁은 의미로 케임브리지학파를, 넓은 의미로 1870년대 이른바 한계혁명 이후부터 1930년대 케인즈학파 등장 이전의 주류 경제학자들을 지칭한다.
19) 김대래·조준현·최성일, 『경제사상사』(서울: 신지서원, 2004), 박천익, 『경제 철학과 사상』(서울: 유풍출판사, 2002), 서기원 외, 『경제학설사』(서울: 운영사, 2000), 로버트 하이브로너, 『고전으로 읽는 경제사상』 김정수·이현숙(역)(서울: 민음사, 2001)를 주로 참고하여 단순히 정리하였다.

법칙을 찾아내고자 하였다. 우선 사용가치와 교환가치를 구분하였다. 사용가치는 인간의 욕망을 충족시킬 수 있는 재화의 능력으로 유용성 또는 효용이며, 교환가치는 구매력을 의미한다.

객관적 법칙을 탐구할 수 있는 것은 교환가치이며, 교환가치의 진정한 불변의 척도는 노동이라고 하였다. 그런데 그 노동은 자신의 생산물을 교환하여 얻을 수 있는 노동이라고 하기도 하고, 그 상품을 획득하는 데 필요한 노동이라고도 하여 혼란을 일으켰다. 전자는 지배노동가치이며 후자는 투하노동가치다.

이런 혼란 속에 지배노동가치와 투하노동가치의 괴리를 설명하지 못하면서 노동만으로는 가치를 결정할 수 없다고 보고, 상품의 진실된 가격은 노동에 대한 임금, 자본에 대한 이윤, 토지에 대한 지대를 요소로 구성된다고 하였다. 이것은 자연가격으로서, 사회적으로 평균적인 임금, 이윤, 지대를 지불하기에 꼭 맞는 가격이다. 일시적으로 시장에서 수요가 공급을 초과하면 시장가격이 자연가격을 초과할 수 있으나 그때는 이윤이 사회 평균을 초과함으로 그 산업에 진입하는 기업이 생겨 다시 자연가격으로 수렴하게 된다. 이를 생산비 이론 또는 생산비 가치설, 가치 생산비설이라고 한다.

스미스의 가치론은 생산요소의 가격이 생산물의 가격을 결정한다는 순환론이라는 비판과 임금이 상승하면 가격이 상승한다는 것과 같이 일반적 가격수준을 설명하는 데 머물렀다는 비판도 있다. 그러나 그의 가치에 대한 의견은 그 이후의 여러 견해에 중요한 계기를 제공하였다는 점에서 큰 의미가 있다고 한다.

리카도는 재화의 가치를 결정하는 것은 재화의 생산에 투입된 노동량이라는 투하노동가치설을 주장하였다. 교환가치는 그 생산에 필요한 상대적 노동량이다. 노동량은 생산에 필요한 직접 노동량과 과거 노동을 통해 만들어진 자본을 의미하는 간접 노동을 포함한다. 간접 노동도 직접 노동과 함께 생산물로 이전된다. 리카도는 상품 생산에 지출된 노동량의 변화를 그 상품의 가치를 변화시키는 유일한 원천으로 보았다. 한 상품의 가치 크기는 노동의 기술적 생산성의 발전에 직접 의존한다.

임금, 이윤, 지대를 취득하는 사회 각 계급 간 이해관계의 대립에 대해, 스미스는 임금이 상승한다면 가치가 증가하는 것으로 보았지만, 리카도는 가치의 증가가 아니라 이윤 수준만 하락하는 것으로 보았다. 가치는 생산에 필요한 노동량으로 결정되기 때문이다.

밀은 리카도의 노동 가치론을 거부하고, 근본적으로 생산비 이론을 펼쳤다. 그리고 어떤 불변의 가치 척도에 기초한 절대적 가치를 모색하지 않았고, 가치론의 목적은 상대 가격을 설명하는 것이라고 했다.

밀에 의하면, 사용가치가 교환가치 또는 가격을 결정하는 것은 특이한 상황에서뿐이며, 일반적으로 가격은 생산비에 의존한다. 공급이 제한된 토지나 희귀한 물건 등은 가격이 수요와 공급에 의존하나, 대부분의 일반적인 공산품은 완전 탄력적인 공급곡선을 가지며 상품의 생산비가 가격을 결정한다.

1870년대 초, 제본스, 멩거, 왈라스 등은 고전학파의 자유 방임 사상에 공리주의를 결합하고 한계 개념을 도입하였다. 이들은 고전학파의 가치이론이 가격을 결정하는 힘을 설명하는데 적절하지 못하다고 하였다.

가치 생산비설은 재화의 가치나 가격이 과거에 지불된 생산비에서 나온다고 하는 점에서 문제가 있다. 특정 위치의 토지나 골동품, 희귀품 등은 이를 생산하는 데 들어간 비용보다 훨씬 큰 가치를 갖는다. 그리고 재화를 생산하는 데 큰 비용을 투입하였다 하더라도 그것이 반드시 높은 가격을 보장하지는 못한다.

가치는 효용이나 소비에 의존하며, 과거가 아닌 미래로부터 나오는 것이다. 재화를 생산하는 데 아무리 큰 비용이 들었다 하더라도, 일단 시장에 도착하면 재화의 가격은 소비자들이 그 재화를 구매 소비함으로써 얻으리라고 기대하는 효용에 의존하게 된다. 가격은 특정 상황에서 나타나는 인간들의 평가로, 재화의 가치는 총효용 또는 사용가치에 의해 결정되는 것이 아니라 새로 부가되는 한 단위의 효용, 즉 한계효용에 의해 결정된다.

이들에 앞서 이미 1830년대에 리카도의 노동가치론에 대한 초기 비판가였던 워틀리Richard Whately는 다음과 같이 풍자한 적이 있다. "진주는 사람이 잠수해서 건져 올렸기 때문에 가치가 있는 것이 아니라 가치가 있기 때문에 사람들이 잠수해서 건져 올리는 것이다."[20] 진주를 생산하는 데 큰 비용을 투입하였기에 비싼 것

---

[20]   김대래 외, 전게서, p. 227.

이 아니라 시장의 수요에 따라 진주가 비싸게 팔리기 때문에 큰 비용을 투입할 수 있다는 것으로서, 가치를 결정하는 것은 비용이 아니라 소비자의 평가라는 신고전학파의 가치론을 적절하게 표현하고 있다.

마셜은 한 상품의 가치는 그 상품을 생산하는 데 소비된 비용에 비례한다는 주장과 상품의 효용이 가치를 결정한다는 주장 모두에 반대했다. 그는 공급과 수요가 동등하게 작용하여 상품의 가치를 결정한다고 하였다.

고전학파는 생산비 즉 공급을 중시했으며, 초기 신고전학파는 효용 즉 수요를 중시하였다. 마셜은 '공급과 수요 어느 것이 먼저냐를 두고 씨름한다는 것은 어리석은 일'로 여겼으며, "가치를 결정하는 것이 효용이냐 생산비냐를 두고 논쟁하는 것은 종이를 자르는 것이 가위의 위 날이냐 아래 날이냐를 두고 논쟁하는 것과 마찬가지다."라고 하였다.[21]

마셜은 시간이 수요와 공급에 미치는 영향을 고려하였다. 수요곡선은 우하향의 모습이다. 그런데 공급곡선의 모양은 분석하는 기간에 따라 달라진다. 단기적으로는 공급곡선이 수직에 가깝다. 기간이 짧을수록 가격을 결정하는 데는 수요의 역할이 더 중요하며, 장기적으로 공급이 완전 탄력적이면 가격은 오로지 생산비에 의존한다.

---

21) 김대래 외, 전게서, pp. 236~237.

고전학파, 초기 신고전학파, 마셜의 가치에 대한 견해는 옳고 그르고, 현대의 상황에 적용할 수 있느냐 없느냐를 떠나 감정평가의 이론과 실무에 많은 시사점을 준다. 가치 생산비설은 원가방식, 마셜의 시장가격 결정에 관한 견해는 비교방식의 직접적인 논리가 된다.

"지가 상승이 아파트의 가치 또는 가격에 어떤 영향을 미칠까요?"라는 질문에 간단히 답을 해 보자.[22]

스미스의 자연가격을 대입하면, 일시적으로 시장에서의 수요에 따라 시장가격이 자연가격을 초과하거나 하회할 수 있으나 결국은 사회적으로 평균적인 임금, 이윤, 지대를 지불하기에 꼭 맞는 가격인 자연가격으로 수렴하게 될 것이며, 따라서 지가가 상승한다면 아파트의 가격도 같이 상승할 것이다.

리카도의 견해를 적용하면, 투입된 노동량과 노동의 생산성이 변화하지 않는다면 근본적인 가치의 변동은 없다. 지가의 상승은 가치를 증가시키는 것이 아니라 자본에 귀속되는 이익, 즉 아파트 사업자의 이윤을 감소시킨다.

밀에 의하면, 가격은 근본적으로 생산비에 의존할 것이므로 지가 상승 즉 생산비의 증가에 따라 아파트 가격도 변화할 것이며, 특히 공급이 제한되는 일부 지역의 아파트는 생산비를 초과하는 더 큰 가치를 가질 것이다.

초기 신고전학파의 의견에 따르면, 아파트의 가치를 결정하는

---

[22] 다음에 제시하는 내용은 저자의 개인적인 견해로서, 이해를 돕기 위한 서술일 뿐 그 적정성 여부가 검증된 것이 아니라는 점을 밝혀 둔다.

것은 시장 소비자의 평가다. 지가의 상승에 따라 수요자의 구매력이 커지고 수요가 증가하는 등 시장 환경이 변할 수 있겠지만, 지가변동이 아파트 가치에 직접 영향을 주는 것은 아니다.

단기와 장기로 나누어 공급곡선의 탄력성에 따라 수요와 공급, 즉 효용과 생산비의 영향력이 달리 적용된다는 마셜의 견해에 따르면, 단기적으로는 수요의 영향이 크기 때문에 시장 수요자의 평가에 따르겠지만, 장기적으로는 생산비의 영향을 받을 것이므로 지가의 상승에 따라 아파트 가격이 상승할 가능성이 크다.

과거의 역사 속 견해이지만 가치이론은 재화의 가치 결정과 변동의 본질을 설명하고 있어 감정평가 이론이나 방식을 이해하고 실무에 적용할 배경으로서 그 의미는 크다. 시장에서 구한 자료를 취합하여 감정평가 3방식으로 가격 결론을 내리기에 앞서, 비록 조금은 추상적이고 관념적인 논의라 할지라도 역사 속 가치이론의 흐름을 생각하며 재화에 내재하는 본질적인 가치 그리고 다른 재화와의 관계에 따라 성립하는 상대적인 가치의 변화를 이해하는 것도 감정평가에서 필요한 과정이 아닐까 한다.

고전적 지대이론

　지대의 사전적 의미는 토지사용의 대가로 토지소유자에게 지불되는 금전 등이다. 아파트나 상가를 빌리게 되면 전세나 월세의 방법으로 사용의 대가를 지불하는데, 그것을 보통 임대료 또는 임차료라고 한다. 이와 유사하게 토지를 사용할 때도 일정한 경제적 대가를 지불할 것이며, 이것을 간단히 지대라고 할 수 있다. 그런데, 지대地代는 우리가 일반적으로 사용하는 임대료와 같이 그렇게 간단한 개념은 아닌 것 같다.

　경제학자들은 지대에 관한 많은 논의를 해 왔고, 그 논의의 방향에 따라 지대가 재화의 가격에 미치는 영향 그리고 재화의 생산에 함께 투입되는 생산요소인 노동이나 자본에 대한 대가인 임금과 이자와의 상호 관계에 대한 해석이 달라졌다. 그 의미도 토지사용에 대한 대가라는 것에서 토지와 유사하게 재화의 공급이 탄력적이지 못할 때 나타나는 초과이윤으로 점차 확대되기도 하였다.

토지의 가치는 장래 기대되는 이익을 현재가치화한 것으로 측정이 될 수 있으므로, 결국은 토지로부터 발생하는 지대를 화폐가치로 표현하여 할인을 통한 현가화의 절차를 거친다면 그것이 토지의 가격이 될 것이다. 따라서 지대를 제외하고서 토지의 가치 또는 가격을 논할 수는 없을 것 같다. 지대는 감정평가의 이론에서 떼어 낼 수는 없는 중요한 개념이다.

그래서, 지대에 대한 논의가 활발하였던 고전학파와 신고전학파 시대의 지대에 대한 주요 견해를 정리해 보고자 한다. 지대에 대해 내리는 정의는 시대에 따라, 학자들에 따라 서로 상이하고 변화하여왔다. 역사 속의 지대 논의를 통해 지가의 의미와 그 형성에 대한 이해의 정도가 커질 것으로 생각한다.

지대는 자연으로서의 토지에 대한 대가인 토지지대와 이를 응용한 위치지대, 그리고 지대의 개념을 확장한 경제지대, 준지대 등이 있다. 먼저 토지지대의 의미를 스미스와 리카도, 마르크스의 견해를 중심으로 살펴보고, 장을 나누어 지대 개념을 확장한 신고전학파의 지대, 그리고 고전적 지대를 응용한 위치지대와 도시구조에 관하여 이야기할 것이다.[23]

토지지대는 토지를 이용한 대가로서 토지에 귀속되는 또는 귀

---

23) 고전적 지대이론, 신고전학파의 지대이론, 지대와 도시구조의 장은 대부분 이정전, 『토지경제론』(서울: 박영사, 1995), 이정전, 『토지경제학』(서울: 박영사, 2008)을 단순히 요약하여 정리한 것이다.

속되어야 할 소득을 말한다. 전통적인 생산요소는 토지, 노동, 자본이며, 여기에 경영을 더하기도 한다. 토지는 자연자원이며 노동은 인적자원, 자본은 생산된 물적 자원으로서, 각각의 생산요소는 그 본질이 서로 다르다. 생산요소의 사용에 대해서는 대가가 지불되거나 귀속될 것인데, 노동에 대한 대가는 임금이며, 자본에 대한 대가는 이자, 토지에 대한 대가는 지대이다.

그런데 토지에 대한 대가가 토지의 이용자가 지불하는 대가 중에서 어디까지를 의미하는 것인지, 지대가 재화의 가격 결정에 어떤 영향을 미치는지, 지대가 다른 생산요소의 대가인 임금이나 이자와 어떤 관계에 있는지, 지대가 발생하지 않는 토지가 존재하는지 등에 대한 논란이 있다.

그리고 여기에서 말하는 지대는 실제 계약을 통해 주고받는 임대료 개념의 계약지대와는 구별된다. 토지의 생산성에 대한 모든 정보가 공개되고 토지 소유가 독점화되지 아니하여 토지소유자와 토지이용자가 대등하게 협상할 수 있다면 계약지대도 토지지대에 근접할 것이지만, 통상 계약지대는 토지소유자와 이용자 사이의 협상 결과에 따라 달라질 수 있다.

영국에서 지대에 관한 논의가 활발했던 것은, 자작농 중심의 우리나라와는 달리 일찍부터 지주, 임금노동자, 자본가의 계급 분화가 있었기 때문이다. 생산요소에 대한 대가로서 노동자와 자본가, 지주에게 각각 귀속하는 임금, 이자, 지대의 배분은 중요한 정치적 사회적 논의의 대상이 될 수밖에 없었다.

스미스는 단편적으로 제시된 지대에 대한 견해들을 종합하고 지대의 문제를 가치 결정, 소득분배, 경제 성장 등 정치 경제 전반과 유기적으로 연결함으로써 지대론을 정치경제학의 핵심 부분으로 삼게 하였다. 스미스는 토지이용에 대하여 토지이용자가 최대로 지불할 수 있는 대가라고 지대의 개념을 정의하였다.

　　다소 혼란이 있는 부분은, 가치 생산비설에서 재화의 가격은 임금, 이자, 지대의 합계로 결정된다고 하였으나, 지대론에서는 가격에서 임금과 이자를 지불하고 남는 잉여로 본 것이다. 임금이나 이자는 재화의 가격을 결정하지만, 지대는 가격을 결정하는 것이 아니라 그 결과다. 이런 혼란을 설명하기 위해서는 비용으로서의 지대와 소득으로서의 지대를 구분하여야 한다. 앞에서의 지대는 개별 이용자가 토지를 사용하기 위한 대가로 지불하는 지대이며, 뒤에서의 지대는 지주계층 전체에 귀속되는 소득으로서의 지대를 의미하는 것으로서 서로 의미를 달리한다고 한다.

　　지대의 크기는 비옥도뿐 아니라 토지의 위치에 따라서도 달라진다. 운송비에 따라 생산비를 제하고 남는 잉여도 달라지기 때문이다. 교통수단의 발달은 가까운 토지의 독점력을 떨어뜨려 지역 간 지대의 격차를 감소시키는 역할을 한다.

　　스미스는 도시 토지의 지대에 대해서도 고찰하였다, 건물에 대하여 지불되는 지대를 건물지대와 대지지대로 구분하였는데, 건물지대는 건축에 투자된 자본의 이자와 건물의 감가상각비를 합친 것으로서 건축업의 정상적인 이윤에 해당하며, 대지지대는 투자에 따른 정상적 이윤을 초과하는 부분으로서 주택의 위치상 이점에 대하여 지불되는 대가이다.

리카도는, 지대란 비옥도가 각기 다른 모든 토지에서 발생하는 이윤을 균등하게 만드는 차액이라고 하여 차액지대론은 주장하였다. 우등지에서는 단위 면적당 생산량이 많고 생산비가 낮다. 반면에 열등지는 우등지에 비해 단위 면적당 생산량이 적을 것이므로 생산비가 높다. 그 생산비의 차이가 지대로 나타난다.

리카도 지대는 농업용 토지를 대상으로 하였다. 토지 사유 제도가 확립되어 있으며, 토지의 경작자와 토지소유자가 다른 상황에서 경작자는 토지소유자에게 토지사용에 따른 경제적 대가를 지불할 것이다. 그런데 그 대가에는 이자나 이윤 등이 포함될 수 있으므로 리카도는 지대를 '토지의 생산물 중 토양의 원초적이고 파괴할 수 없는 힘을 이용한 대가로 토지소유자에게 지불되는 부분'이라고 하여 토지사용의 대가 중에서 순수한 자연자원으로서의 토지에 귀속되는 부분만을 지대로 보았다.

지대가 발생하는 원인은 비옥한 토지의 희소성과 수확체감 현상에 있다. 비옥한 토지가 희소하지 않고 무한히 많다면 누구나 쉽게 비옥한 토지를 사용할 수 있으므로 토지 간 생산비의 차이가 발생하지 않을 것이며, 토지소유자는 특정의 경작자에게만 지대를 요구할 수 없다.

수확체감 현상은 일정한 토지에 자본이나 노동을 추가로 투입할 때, 생산량은 증가하겠지만 자본이나 노동의 투입량을 늘릴수록 그 증가하는 정도는 감소하는 것을 말한다. 이것은 생산요소들 사이의 불완전한 대체관계로 인한 것으로, 당연한 법칙이라기보다 재화 생산의 과정에서 발견된 하나의 현상이다. 수확체감 현상이 없다면 어떤 토지에 자본이나 노동의 투입량을 계속 늘리면 그 투입량에 비례해서 생산량도 계속하여 증가할 것이다. 그런데 수확체감 현상으로 인해서 증가하는 정도는 감소하고 어느 수준에서는 생산량의 증가가 정체할 것이다. 따라서 생산량을 계속하여 증가시키려면 노동과 자본을 추가 투입하는 것으로는 한계가 있으며, 추가적인 토지의 확보가 불가피하다.

전라북도에 비옥도 상급인 김제와 비옥도 중급인 부안, 비옥도 하급인 고창의 농경지가 있다고 가상으로 생각해 보자. 처음에는 가장 비옥한 김제의 농경지에서 생산된 쌀만으로도 식량이 충분하였다. 김제에서는 1마지기에 해당하는 660제곱미터의 농경지에서 생산비 60만 원을 투입하여 쌀 6섬이 생산되고, 그래서 쌀 1섬 생산비는 10만 원이다. 그렇다면 시장에서 쌀은 생산비가 반영된 10만 원의 가격으로 거래되고, 지대는 발생하지 않는다.

그런데 인구가 증가하여 쌀 소비량이 늘어나면 김제에서만 생산되는 쌀만으로는 식량을 충당할 수 없게 된다. 그때는 김제보다는 비옥도가 덜한 부안의 농경지에서도 경작이 이루어질 수밖에 없다. 부안은 김제에 비해 비옥도가 떨어지므로 부안에서는 같은 면적에서 같은 생산비로 쌀 5섬이 생산되고, 그때 쌀 1섬 생산비는 12만 원이다. 생산비에 따라 시장가격이 정해진다면 김제의 쌀은 10만 원, 부안의 쌀은 12만 원에 거래될 것이다.

그러나 생산비가 적게 들었다 하여 김제의 쌀만 10만 원에 거래될 이유는 없다. 그리고 열등지에서 생산된 농산물의 생산비보다 낮은 가격으로 팔린다면 열등지에서는 경작이 이루어지지 않을 것이며, 수요에 비해 공급이 부족하다면 쌀값은 자연스럽게 상승하게 된다. 우등지에서 생산된 농작물이건 열등지에서 생산된 농산물이든 시장에서는 같은 가격에 팔릴 것이므로 김제의 쌀이든 부안의 쌀이든 높은 생산비가 반영된 가격인 12만 원에 거래가 된다. 그렇다면 김제의 경작자는 1섬당 2만 원의 이익을 볼 것이다.

그런데 경작자와 토지소유자가 다른 상황에서, 김제의 토지소유자는 경작자의 이익을 두고 보지 않을 것이다. 토지소유자가 두고 보지 않기도 하겠지만, 초과 이익을 예상하는 다른 경작자가 토지소유자에게 먼저 제안을 할 가능성도 크다. 생산량 1섬당 5,000원, 1만 원, 1만 5,000원 등등의 지대를 제안할 것이고, 경작자 간의 경쟁 끝에 결국 경작자가 얻을 수 있는 모든 초과 이익은 토지소유자에게 이전될 것이다. 김제의 토지소유자는 1섬당 2만 원, 6섬의 쌀 생산이 이루어지는 1마지기에서 12만 원의 지대를 얻는다. 생산비와 생산물의 시장가격이 동일한 부안의 토지는 토지소유자에게 이전될 지대가 존재하지 않는다.

인구가 계속 증가하여 부족한 식량을 얻기 위해 비옥도 하의 고창까지 경작이 이루어지고, 고창의 쌀 생산량은 1마지기당 4섬으로서 1섬당 15만 원의 생산비가 소요되었다면, 그때 시장에서의 쌀 가격은 모두 동일하게 1섬당 15만 원으로 형성될 것이

다. 그렇다면 김제의 경작자는 1섬당 5만 원, 부안의 경작자마저
도 3만 원의 이익을 얻을 수 있다. 이때도 김제나 부안의 경작자
가 얻을 수 있는 이익은 모두 토지소유자에게 이전될 것이고, 이
것이 김제와 부안의 토지가 갖는 지대이다. 비옥도가 가장 낮아
생산비와 생산물의 가격이 같은 고창의 토지에는 지대가 발생할
여지가 없다.

　이같이 리카도의 지대는 농경지의 비옥도 차이에 따라 발생하
는 이익이 토지소유자에게 이전되는 것이다. 모든 토지가 비옥
도나 위치의 측면에서 동질적이면 지대가 발생하지 않는다.

　리카도는 지대의 발생이 생산물의 가격에 영향을 미치는 것이
아니라고 하였다. 지대는 토지생산물의 가격을 결정하는 것이
아니라, 토지생산물의 가격과 생산비에 의해 결정되어지는 잉여
이다. 지대는 가격에 의해 결정되어진prise-determined 결과이지, 가
격을 결정하는prise-determining 비용이 아니다. 쌀값이 상승하는 것
은 인구증가에 따라 곡물 수요가 증가하여 점점 더 비옥하지 못
한 토지를 사용함으로써 소요되는 노동의 양이 증가해서이지 지
대나 땅값이 비싸서가 아니다. 지대는 가격의 구성요소가 될 수
없으며, 상품의 교환가치는 가장 불리한 상황에서 생산된 때에
소요하는 노동의 양에 의해서 결정된다.

　19세기 초 지대의 성격과 관련하여 경제학자들 간에 의미 있는
논쟁이 있었다. 곡물의 수입을 제한한 영국의 곡물법the Corn Law

을 두고 벌인 논쟁이다.

유럽 대륙으로부터 곡물 수입이 원활하지 못했던 나폴레옹 전쟁 기간에 영국의 곡가는 크게 앙등하였고, 그 결과 지주계층은 막대한 경제적 이익을 누릴 수 있었다. 그러다가 나폴레옹 전쟁이 끝나고 유럽 대륙으로부터의 곡물 수입이 자유로워지자 곡물 가격의 하락을 우려한 지주계층은 1815년 대륙으로부터 곡물 수입을 억제하는 곡물법을 통과시켰다.

국내 산업의 보호를 위해서 곡물법은 필요하다고 주장했던 맬서스와 곡가와 지가의 안정을 위해서 곡물법은 철폐되어야 한다는 리카도의 논쟁은 유명하다.

곡물법을 옹호하는 주장에 따르면, 영국은 지대가 과다하기 때문에 곡물 생산비가 비싸고 그래서 곡물 가격이 비쌀 수밖에 없다. 곡물 수입을 제한할 경우 곡물 가격이 높게 유지되고, 높은 곡물 가격으로 높은 수익이 가능한 농업에 대한 투자가 증가하면 장기적으로 곡물 가격은 안정되고 경제적 번영을 달성할 수 있으며, 반면에 곡물 수입의 자유화는 영국의 농업을 파괴하고 경제 전반에 침체를 가져올 것이라고 주장하였다.

그러나 리카도는 지주가 농민들로부터 지대를 과다하게 받기 때문에 곡물이 비싸다는 주장에 동의하지 않았다. 곡물가 인상의 원인은 근본적으로 전시의 식량부족에서부터 기인한다는 것이 그의 견해였다. "식량 공급이 수요에 미치지 못하면 고수익의 기회가 생겨나고 더 많은 농업 자본가들이 농업에 뛰어들 것이다. 그들은 지주들의 저택 대문을 두드리며 땅을 빌려달라고 아우성칠 것이고, 그렇게 되면 지대는 저절로 껑충 뛰게 된다. 결국, 지대가 과다해서 곡물이 비싸다기보다는 곡물이 비싸기 때문에 지대 역시 과다하게 된다."는 것이 리카도의 주장이었다.[24]

지주에게 귀속되는 높은 지대로 인하여 곡물의 가격이 높게 형성되는가 아니면 곡물의 가격이 높기 때문에 지주는 높은 지대 수익을 얻을 수 있는가 하는 점이 중요한 논점으로서, 곡물법 논쟁은 지대가 상품의 가격에 영향을 미친다고 보는 시각과 상품의 가격이 지대를 결정한다고 보는 시각의 차이를 상징적으로 보여주고 있다.

차액지대론에 따르면 고창의 농경지와 같이 지대가 존재하지 않는 토지도 존재한다. 경작은 되더라도 지대를 지불할 수 있을 만큼의 수익을 내지 못하는 토지, 즉 수익이 낮아서 경작의 한계에 있는 지점을 조방적 한계라 한다. 조방적 한계의 토지는 무지대 토지다.

마르크스K. Marx는 지대가 자본주의의 원활한 움직임에 저해요인이 된다는 인식에서 출발하여, 지대 발생의 근본 원인은 토지의 특정 부분에 대한 배타적 권한을 인정한 토지소유권 제도에 있다고 보았다. 자연물인 토지에 설정된 재산권이 경제적으로

---

24) 토트 부크홀츠, 『죽은 경제학자의 살아있는 아이디어』, 이승환(역)(서울: 김영사, 2004), p. 118.

표현된 것이 지대인 것이다. 마르크스는 지대를 차액지대 Ⅰ, 차액지대 Ⅱ, 절대지대로 구분하였다.

차액지대 Ⅰ은 리카도의 차액지대와 같은 개념으로, 자연적 생산력의 차이로 인해 발생하는 지대이다. 자연력에 대해 어떤 사람이 독점적으로 소유권을 행사하면서 얻을 수 있는 잉여 이윤이 차액지대 Ⅰ이다. 어떤 재화를 생산하는 데 A는 인공에너지를 사용하고 B는 자연에너지를 사용하고 있다. A가 지출하는 임금, 원자재비 등 생산비에 비교해 자연력을 이용하는 B의 생산비가 낮다고 가정할 때, A와 B에 의해 생산된 같은 제품은 시장에서 같은 가격에 팔릴 것이므로, B는 자연력을 이용한 덕으로 생산비를 절감하고 잉여 이윤을 얻을 수 있다.[25] 자연력에 의한 이 같은 잉여 이윤이 차액지대 Ⅰ이다.

생산비를 절감할 수 있는 기술 개발 등을 통해 잉여 이윤을 얻을 수도 있을 것이나, 이러한 이윤은 모방이나 다른 기술의 도입으로 쉽게 소멸할 수 있으므로 자연력에 의한 이윤과는 구별된다. 자연력에 의한 이윤은 비옥도뿐 아니라 토지 위치가 좋고 나쁨에 따라서도 발생한다.

차액지대 Ⅰ은 순수한 자연물에 대한 경제적 대가인 반면 차액지대 Ⅱ는 인위적 투자로 인한 생산성의 차이에 대해 지불하는

---

25) 이정전, 『토지경제학』(서울: 박영사, 2008), p. 274.

지대다. 현실에서 경작이나 기타의 목적으로 사용하는 토지는 순수한 자연의 상태이기보다는 자본이 투입되고 개량공사가 이루어져 있을 가능성이 크며, 그 토지의 지대에는 순수한 자연으로서의 토지에 해당하는 소득과 인공적 개량공사에 따른 소득이 섞여 있다. 순수한 토지분과 개량공사분을 구분할 수는 없으며, 차액지대 I은 이론상 논의되는 지대일 수 있다.

비옥도가 같은 토지 가운데 하나에 인공적인 개량공사를 하여 생산성을 높이고 생산비를 낮추었다면 그 토지에는 지대가 발생할 것이고, 그 지대는 비옥도의 차이에 따라 발생하는 지대와는 성격이 다른 차액지대 II이다. 비옥도가 덜한 토지에 자원을 투입하여 생산비를 낮추어 지대를 발생시킬 수도 있으며, 가장 비옥한 토지에 투자하여, 즉 토지를 집약적으로 이용하여 지대를 더 크게 할 수도 있다. 어디에 자원을 투입할 것인가를 결정하는 것은 수확체감 현상이 발생하는 상황에서 각 토지에 나타나는 투입 자원의 한계생산일 것이다.

리카도 지대에서 조방적 한계는 무지대 토지다. 그런데 비옥도가 높아 지대가 발생하는 토지 A의 한계생산이 조방적 한계 토지 B의 한계생산보다 클 수도 있다. 토지 A의 한계생산이 토지 B의 한계생산보다 크다면 토지 B보다는 현재도 지대가 발생하는 토지 A에 자원을 추가로 투입할 것이다. 그런데 토지 A의 한계생산이 토지 B의 현재 단위당 생산량보다 적다면(자원의 추가 투입 때 예상되는 토지 B의 한계생산보다는 크지만), 더 많은 식량을 생산하기 위해 자원을 추가 투입했을 때 조방적 한계 토지 B의 생산량보다

토지 A의 추가 투입에 따른 생산량이 더 적을 것이다.[26] 생산량
이 적다면 단위당 생산비가 더 클 것이고, 이때는 경작이 이루어
지고 있는 토지 중에서 생산비가 가장 큰 토지 A의 마지막 생산
비를 기준으로 하여 생산물의 가격이 결정될 것이므로 그보다는
단위당 생산비가 더 적은 조방적 한계의 토지 B에도 지대가 발생
할 수 있다.

절대지대는 독점적 토지소유권에 기인한 지대이다. 비록 지대
를 발생시킬만한 생산력을 갖지 못하는 한계 토지라도 토지소유
자가 이를 타인에게 임대할 때는 무상으로 하지 않고 사용의 대
가를 요구할 것이다. 따라서 무지대 토지는 존재하지 않는다. 이
런 지대는 인위적으로 만들어진 사유재산 제도하에서 토지소유
권의 행사에 따라 발생하는 지대다. 이것은 순수한 자연력에 대
한 대가인 차액지대 Ⅰ이나 인공적 개량공사 등 자본의 투입에
따른 대가인 차액지대 Ⅱ와는 구별되는, 사회적 제도를 원인으로
하여 발생하는 지대이다.

생산의 한계점에 있는 토지는 최소한 절대지대를 지불할 수 있
는 만큼의 이익이 발생하는 수준으로 생산물의 가격이 형성되어
야 그 토지를 이용할 것이다. 토지소유자가 직접 경작하는 경우
가 아니라면, 지대가 있을 때 한계 선상에 있는 토지가 사용되지

---

[26] A의 현재 생산량이 100, 자원의 추가 투입에 따른 한계생산이 60이고, B의 현재 생산량이
80, 한계생산이 50이면, 자원의 추가 투입은 B가 아닌 A에서 이루어질 것이며, 이 경우 추
가 투입에 따른 생산량이 60으로서 이는 B의 현재 생산량 80보다 적으므로 A의 생산비가
B의 생산비보다 커지게 된다.

못할 가능성은 지대가 없을 때보다 더 커지며, 이것은 토지소유권 제도라는 인위적인 장치가 토지의 활용을 저해하는 요인으로 작용하는 탓이다.

절대지대는 차액지대와는 달리 생산비에 포함되며, 따라서 재화의 가격에 영향을 준다고 마르크스는 주장하였다. 지대에는 생산비에 영향을 주는 지대와 영향을 주지 않는 지대가 존재하는 것이다.

신고전학파의 지대이론

　초기의 신고전학파 경제학자들은 토지의 지대가 다른 생산요소들의 몫을 지불하고 남은 잉여라는 고전학파의 지대론을 수용하지 않았다. 토지의 공급량이 고정되어 있다고 보는 고전학파 경제학자들은 노동이나 자본과 같이 토지의 투입량을 늘려 생산량을 증가시키는 상황을 생각하지 못했다고 보았다. 이들은 토지의 고유한 특성을 부인하고, 고전학파 경제학자들이 토지에 부여한 공급 한정성(부증성)과 비이동성(부동성)이 토지를 다른 생산요소와 구별하여 취급할 특별한 성질이 될 수 없다고 하였다.

　개별 생산자 또는 특정 용도의 입장에서 토지의 공급은 가변적이다. 개량공사 또는 용도의 전환을 통해 그리고 교통수단의 발달로 특정한 위치나 용도를 지닌 토지의 공급이 가능하다. 따라서 노동이나 자본을 고정시키고 토지 투입을 증가시킬 수 있으며, 토지에도 토지 한 단위를 더 투입했을 때 발생하는 생산량의 증가분인 한계생산의 논리를 적용할 수 있다. 토지를 포함한 모든 생산요소 사이에는 상당한 정도의 대체관계가 존재하며, 따라서 토지는 n가지 생산요소 중의 한 가지에 불과하다고 본다.

경쟁 시장에서 생산요소의 한계생산가치가 해당 생산요소의 가격이며, 지대 역시 토지의 한계생산가치에 불과하다. 임금, 이자, 지대 모두 수요공급의 원리에 의해서 결정되는 한계생산가치이기 때문에 지대만 따로 취급할 필요가 없다. 노동의 한계생산가치가 임금이며 임금이 비용으로 계산되듯이, 토지의 한계생산가치인 지대도 비용으로 계산된다고 한다.

그래서 지대도 생산비의 일부를 구성하며, 생산물의 가격에 영향을 준다. 또한, 지대는 임금과 이자가 그렇듯이 불로소득이 아니라 토지의 생산성에 대한 정당한 대가이다.

마셜은 초기의 신고전학파 경제학자들과는 달리 역사적 연속성을 강조하면서 고전학파 이론과 신고전학파 이론의 자연스러운 접속에 헌신하였다. 마셜의 지대론은 기본적으로 한계생산이론에 입각한 고전학파 지대론의 재편성이다.[27]

마셜은 "개별 경제주체의 입장에서는 임대료를 지대라 보아도 무방할 것이나, 사회 전체의 관점에서 논의할 때는 대자연의 무상 공여물로부터 얻는 소득에 한정시키는 것이 유리할 것이다." 라고 하여 지대의 양면성을 인정하고 있다.[28]

마셜은 논의의 범위를 비농업용 토지인 도시 토지 그리고 땅으

---

27) 이정전, 『토지경제학』(서울: 박영사, 2008), pp. 317~318.
28) 이정전, 『토지경제론』(서울: 박영사, 1995), p. 151.

로서의 토지뿐 아니라 고정생산요소로 확대하였다. 토지와 결부된 지대는 순수지대와 사적지대, 위치지대가 있으며, 생산을 위해 사람이 만든 기계나 기구로부터 얻는 소득은 준지대이다.

순수지대는 대자연의 무상 공여물로부터 얻은 소득 중에서 소유자의 경비 지출과 관계없이 발생하면서 또한 이러한 지출에 대한 직접적 동기도 형성하지 않는 소득을 말한다.

그는 토지를 소득을 발생시키는 모든 대자연의 무상 공여물들을 포함하는 것으로 정의하였다. 이때 토지의 본질적인 특성은 그 공급이 자연적으로 정해져 있고 인위적 조작이 불가능하다는 것이다. 지대의 많고 적음은 공급량에 영향을 주지 못하고 그 공급을 이끌어 내는 경제적 동기를 형성하지 못하며, 이것은 임금이나 이자와 다른 점이다.

그리고 리카도와도 달리 자연자원의 이질성을 전제하지 않았다. 열등한 토지란 물리적으로 토지 자체의 질이 열등한 것이 아니라 그 용도와 결부해서 생산성이 낮은 토지를 의미한다. 지대의 결정요인은 토지 자체의 질적인 차이가 아니라 어떤 용도로 사용되고 있는가에 따라 그 용도에 결부된 생산성의 차이이다. 이질적이지 않은 토지가 지대를 발생하는 원인은 그 희소성에 있다. 모든 토지가 동질적이면서 희소하지 않으면 지대가 발생하지 않을 것이나 동질적이라 하더라도 희소성이 있으므로 지대를 발생시킨다.

현재의 모든 토지는 개량공사와 같은 투자의 결과물이며, 토지의 생산력 속에는 자연적인 요소와 인위적인 요소가 섞여 있다. 토지에 귀속되는 소득 중에서 자연적 요소에 대한 대가만이 진정한 의미의 지대이며, 이것이 순수지대다. 현재 존재하는 토지에서는 오히려 순수지대를 찾아보기가 힘들다.

토지의 생산성을 높이기 위한 개량공사와 같이 토지소유자의 노력과 투자에 유래하는 지대는 사적지대다. 농업용 토지의 비옥도도 인위적으로 높일 수 있다. 이같이 소유자의 노력과 희생에 의해 추가적으로 발생한 소득인 사적지대는 마땅히 지불되어야 할 보상이며, 그러한 노력과 희생을 이끌어 내는 직접적 동기를 형성한다.

위치지대는 보다 유리한 장소로부터 얻을 수 있는 추가 소득에 의해 발생한다. 개별 생산자의 생산비는 주로 산업환경의 변화에 영향을 받을 것이며, 그러한 영향은 통상 인구증가나 공공시설의 설치로 인해 발생하므로, 위치지대는 토지소유자의 노력과 희생 없이 주로 공공에 의해 생겨난다. 본인의 노력에 의한 토지개발 투자로 발생하는 이득은 위치지대라기보다 투자에 대한 이윤으로 보는 것이 적절하다.

토지를 이용하여 건축할 때에도 수확체감 현상이 발생한다. 건축의 규모를 키워 해당 토지를 최대한 집약적으로 이용할 것인지 아니면 새로운 토지를 확보하여 이용할 것인지를 비교할 것이며, 이 과정에서 토지의 집약적 이용과 토지의 이용에 대한 경쟁의 발생으로 지가는 상승한다. 생산된 재화의 가격에서 투입된 비용을 뺀 나머지가 잉여로 발생하며, 이 잉여가 토지에 대한 지불능력이다. 다양한 이용 목적을 가진 개별 토지이용자는 지대 지불 능력을 다양한 정도로 갖추게 되고, 자유 경쟁의 결과 그중 최대의 지대를 지불할 수 있는 이용자에게 토지는 배분된다.

교통수단의 발달은 지가 상승에 영향을 미친다. 다만, 새로운 교통수단의 개발이나 교통시설의 설치로 인해 어떤 지역은 독점적으로 누리던 입지적 비교우위가 저하될 수도 있다. 따라서 교통수단의 발달은 대체로 지가를 전반적으로 상승시키며, 동시에 지역 간 지가 격차를 완화하는 방향으로 작용한다고 할 수 있다.

토지 이외의 자원과 결부된 지대를 설명하기 위한 것이 준지대다. 마셜은 준지대를 생산을 위하여 사람이 만든 기계나 기구들로부터 얻는 소득이라고 정의하였다. 준지대는 토지 이외의 생산요소 중 일시적으로 토지와 유사한 성격을 가지는 생산요소에 귀속되는 소득, 즉 일시적으로 지대의 성격을 가지는 소득을 의미한다.

마셜은 재화의 생산에 소요하는 비용을 오늘날의 표현으로 하면 고정비용과 가변비용으로 구분하고, 고정요소가 존재하는지 그 여부에 따라 고정요소가 존재하는 기간은 단기로, 고정요소가 존재하지 않는 기간은 장기로 나누어 분석하였다. 준지대는 단기에 공급량이 일정하게 주어져 있는 고정요소에 대한 보수이다. '준'이라는 말을 붙인 것은 장기에는 공급량을 변화시킬 수 있기 때문이다.

오늘날의 경제학 교과서에 따라 준지대를 설명해 보자. 완전경쟁 기업의 단기 균형은 생산된 재화의 시장가격과 기업의 한계비용이 일치하는 지점($P=MC$)이다. 시장가격이 한계비용보다 크다면 생산을 늘리는 것이 이익이며, 한계비용보다 적다면 생산을 줄이는 것이 합리적인 경제행위이기 때문이다.

단기 균형상태에서 시장가격이 평균비용보다 높으면($P > AC$) 공급자는 초과이윤을 얻을 수 있으며, 평균비용보다는 낮으며 평균가변비용보다는 높다면($AC > P > AVC$) 손실이 발생할 것이나 고정비용에 대한 대가라도 회수하여 손실을 줄이기 위해 조업을 중단하지는 않는다. 시장가격이 평균가변비용보다 낮다면 ($P < AVC$) 조업을 중단하는 것이 합리적이다.

공급자의 총수익은 시장가격과 공급량을 곱한 것이며 ($TR = P \cdot Q$), 총비용은 평균비용과 공급량을 곱한 것이다 ($TC = AC \cdot Q$). 총비용은 고정비용과 가변비용으로 구성되어 있으며($TC = FC + VC$), 평균비용은 평균고정비용과 평균가변비용의 합이다($AC = AFC + AVC$). 공급자의 총수익에서 총비용을 뺀 것 ($TR - TC$)은 초과이윤이다. 여기에서 특별히 총수익에서 가변비용만 뺀 것($TR - VC$)이 바로 준지대다. 준지대는 고정비용과 초과이윤으로 구성된다.

이것은 고정비용이 존재하는 기간, 즉 고정요소의 추가적인 투입을 통해 재화의 공급량을 늘려 시장가격을 낮출 수 없는 단기에는 총수익 중에서 고정요소에 해당하는 보수와 초과이윤이 존재할 수 있다는 것을 의미한다. 단기의 고정요소는 공급이 탄력적이지 못한 토지와 그 특성이 유사하다고 하여 단기에 발생하는 고정요소에 대한 보수와 초과이윤을 일시적인 지대인 준지대로 부르는 것이다.

고전학파 경제학자들은 지대는 대체로 가격에 영향을 미치는 생산비가 될 수 없다고 하였으며, 신고전학파 경제학자들은 지대가 비용의 성격을 가지며 재화의 가격에 영향을 준다고 하였다. 오늘날 두 극단에 대한 타협으로 지대는 개별 생산자의 관점에서는 비용이지만 사회 전체적으로는 가격에 의해 결정되어진 잉여라고 보는 견해가 지배적이다.[29]

마셜은 고전학파 경제학자들의 견해와 신고전학파 경제학자들의 견해를 동시에 제시하고 있다. 다만 지대가 가격에 영향을 주는 양태에 대해서는 신고전학파 학자들과 구별된 해석을 하고 있다. 장기적으로 지대는 가격에 의해 결정되어진 잉여이며, 지대가 개별 생산자의 생산비에는 포함되지 않으나 생산물 가격에는 영향을 준다고 하였다.

우선 토지는 노동이나 다른 생산요소와 같이 조금씩 연속하여 투입하는 것이 아니라 특정 시점에 목돈의 형식으로 투입되며, 개별 생산자에게는 토지를 구입하거나 임차하는 시점에서만 비

---

29) 이정전, 『토지경제론』(서울: 박영사, 1995), p. 164.

용으로 비추어지는 경향이 있다. 그리고 마셜이 말하는 생산비란 지대는 없는 집약적 한계에 있어서의 노동과 자본에 대한 정상적 지출이다. 집약적 한계 이내에서는 잉여로서의 지대도 생산비에 포함되어 있을 것이지만 이렇게 추정된 비용을 이용해서 가격을 지배하는 원인을 설명하는 것은 적절하지 못하다고 한다.

지대는 토지 배분을 주도하는 가격으로서의 역할을 한다. A 용도로 이용되고 있는 어떤 토지의 지대가 상승하였다면 A 용도의 지불 능력이 증가되었다는 것을 의미하며, 그 경우 다른 용도의 토지이용에서 A 용도로의 토지 전용이 이루어지고 다른 용도인 B 용도로 이용되고 있는 토지는 줄어들게 된다. B 용도의 토지는 더욱 집약적으로 사용되어야 하며, 수확체감 법칙으로 인해서 B 용도의 생산비가 인상되고 B 생산물의 가격은 상승하게 된다. 지대가 가격에 영향을 주지만 직접 비용의 일부는 되지 않는다는 논리이다.[30]

장기적으로도 영국과 같이 대부분의 토지에 사람이 정착한 상황에서는 지대가 가격에 의해 결정되는 잉여이나, 미국 서부개척 시대와 같이 미개간 토지가 풍부하게 존재하는 상황에서는 지대가 비용으로 작용하여 토지공급 가격을 결정하며, 지대가 높을수록 토지공급은 증가할 것이라고 하였다.

---

[30] 상게서, pp. 168~170.

지대와 공간구조

    지대이론의 주된 내용은 어느 토지가 비옥도나 위치 또는 사용 용도의 생산성 차이에 따라 다른 토지와 비교해 재화의 생산이나 판매 비용을 낮추어 초과 이익을 발생시킬 수 있다면, 토지를 사용하고자 하는 자들 사이에 경쟁이 발생하여 그 결과 예상하는 모든 초과 이익이 토지소유자에게 이전된다는 것이다. 토지소유자에게 이전되는 초과 이익, 즉 지대의 크기는 토지의 비옥도와 같은 자체 생산성의 차이나 상대적인 위치의 우열에 따라 달라질 것인데, 특히 현대의 도시 지역에서는 토지 자체의 생산성보다 도시의 규모 및 특성이나 중심지와의 거리, 교통의 편의성과 같은 위치의 중요성이 커지고 있다.

    스미스는 지대의 크기가 비옥도뿐 아니라 토지의 위치에 따라서도 달라진다고 하였다. 운송비에 따라 생산비를 제하고 남는 잉여도 달라지기 때문이다. 그리고 건물에 대하여 지불되는 지대를 건물지대와 대지지대로 구분하였으며, 대지지대는 투자에 따른 정상적 이윤을 초과하는 부분으로서 주택의 위치상 이점에 대하여 지불되는 대가라고 하였다.

마셜의 위치지대는 보다 유리한 장소로부터 얻을 수 있는 추가 소득에 의해 발생한다. 생산된 재화의 가격에서 투입된 비용을 뺀 나머지가 잉여로 발생하며, 이 잉여가 토지에 대한 지불 능력이다. 다양한 이용 목적을 가진 개별 토지이용자는 다양한 수준의 지대 지불 능력을 갖추게 되고, 자유 경쟁의 결과 그중 최대의 지대를 지불할 수 있는 이용자에게 토지는 배분된다.

이러한 지대이론을 바탕으로 하여, 또는 유사한 논리로 실제적인 농업입지나 주거입지에 관한 연구가 이루어졌다. 튀넨은 도심과의 접근성에 따라 달라지는 운송비 격차에 의해 지대가 발생하며, 이러한 지대의 차이로 도심과의 거리에 따라 서로 다른 토지이용의 모습이 만들어진다고 하였다. 알론소는 튀넨의 고립국 이론을 도시공간에 적용하여 가장 큰 지불 능력을 가진 용도로 토지이용이 배분되는 용도별 입찰지대곡선으로 도시구조를 설명하였다.

튀넨은 '고립국'에서 운송비에 바탕을 두고 농업의 공간적 분화를 설명하려고 하였다. 먼저 고립국의 가정은, 토지의 자연조건은 동일하다, 운송 수단은 우마차만 이용하며, 운송비는 거리에 비례한다, 농민은 합리적 판단을 하는 경제인이다, 중심 도시가 하나밖에 없으며, 지역에서 생산되는 모든 재화나 용역은 도시에

모였다가 배분된다는 것이다.

재화의 생산비는 고립국의 모든 지점에서 같으며, 다만 도시까지 운송비는 도시와의 거리에 따라 달라진다. 도시에서 가까운 지역에서는 운송비가 상대적으로 적게 들 것이지만, 먼 지역에서의 운송비는 거리에 비례하여 증가할 것이다.

도시에서 판매되는 재화 즉 농산물의 가격은 생산지의 거리와 관계없이 같다. 그리고 재화를 생산하여 판매하는 자의 순수익은 재화의 판매 수익에서 생산비와 운송비를 차감한 금액이다. 재화의 판매 가격과 생산비가 생산 지역과 관계없이 같다면 생산자의 순수익을 결정하는 것은 도시와 생산지와의 거리이다. 도시에서 아주 가까운 지역에서는 운송비가 거의 들지 않을 것이므로 순수익이 커지며, 도시에서 먼 지역은 거리에 비례하여 운송비가 많이 들 것이므로 순수익이 적어진다.

운송비의 절감으로 나타나는 순수익은 토지이용에 따른 대가의 지불 능력이기도 하다. 토지이용자는 순수익의 범위 내에서만 토지사용의 대가를 지불할 수 있다. 순수익이 크게 나타나는 도시와 가까운 거리의 토지는 물리적으로 한정되어 있을 것이지만 이 지역의 토지를 이용하고자 하는 사람은 늘어날 것이므로 이들 사이에는 경쟁이 발생하고 그 결과 이들이 얻을 수 있었던 순수익은 모두 토지소유자에게 이전될 것이다. 도시에 가까운 위치에서 더 큰 순수익을 얻을 수 있었던 자는 더 큰 지불 능력이 있으며, 그 결과 도시에 가까운 토지의 지대는 커진다.

도시로부터의 거리가 멀어짐에 따라 지대는 감소한다. 도시와의 거리에 대응하여 토지이용자가 지불할 수 있는 그 변화하는 지대의 최대액수를 연결하여 놓은 그래프를 지대곡선이라고 한다. 그래프의 종축은 지대의 크기, 횡축은 도심으로부터의 거리이며, 도시로부터의 거리가 멀어질수록 지대의 크기가 작아질 것이므로 지대곡선은 우하향의 기울기를 갖는다. 운송비가 너무커서 순수익이 발생하지 않는 지점, 따라서 지대도 없는 지점은 생산의 한계입지다. 한계입지는 수평인 그래프의 횡축과 우하향하는 지대곡선이 만나는 지점이다.

　재화의 가격이 상승한다면 모든 토지이용자의 예상되는 순수익 또는 지불 능력이 증가할 것이므로, 같은 지점에서 발생하는 지대도 종전과 비교해 상승한다. 또한, 도시에서 원거리에 위치하여 지금까지 지대를 지불할 만한 수익이 발생하지 못했던 지역에서도 얼마만큼의 지불 능력이 생길 것이며, 따라서 지대가 발생하는 지역의 범위인 한계입지도 더욱 밖으로, 도시에서 원거리로 확대될 것이다.

　농업 방식별로 지대의 크기가 다를 것이므로 지대의 크기에 따라 토지이용의 배분이 일어난다. 도시에 가까울수록 지대 지불능력이 있는 단위면적당 수확량이 큰 농산물이나 운송비가 많이드는 것부터 재배하며, 여기에서는 대부분 집약적인 경영방식을 쓴다. 튀넨은 이와 같은 방식으로 도시를 중심으로 6개의 동심원을 상정하여, 각 동심원 지역에 적합한 농업부문이 배치된다고하였다.

알론소는 주택선택 행위로 택지의 지대곡선을 도출하였다. 토지에 지불되는 비용을 제외한 주택건설 및 유지 비용은 모든 지점에서 동일하며, 모든 직장은 도심에 집중되어 있다고 가정한다.

주택 거주자는 직장으로의 출퇴근과 물품 구매 등을 위해 도심으로 이동하여야 하며, 그때는 교통비가 소요된다. 도심에서 가까운 지역에 거주하고 있는 자는 교통비가 적게 들 것이며, 원거리에 거주하고 있는 자는 상대적으로 많은 교통비가 필요하다. 교통비를 절감하기 위해서 도심이나 도심에 가까운 지역에 거주하는 것을 선호할 것이다.

그런데 이 경우에도 교통비의 절감분은 토지소유자에게 이전된다. 도심에 가까울수록 교통비의 절감분은 커지며 교통비 절감분이 커지면 지대 지불 능력도 커질 것이므로, 동시에 토지소유자에게 이전되는 지대의 크기도 커진다. 도심에서 너무 멀어 교통비가 과도하게 소요된다면 아무도 거주하지 않을 것이니, 그 지역은 주거의 한계입지가 될 것이다.

주거의 한계입지 이내에서 거리별로 최대로 지불할 수 있는 지대를 모두 연결하면 지대곡선이 된다. 여기에서도 종축은 지대의 크기, 횡축은 도심으로부터의 거리이며, 도심으로부터 멀어질수록 지대는 적어지기 때문에 지대곡선은 우하향의 기울기를 보인다.

도시에서 일어나는 모든 경제 활동의 지대곡선을 각각 만들어 볼 수 있다. 경제 활동별 각각의 지대곡선은 지대의 크기와 기울기가 모두 다를 것이다. 간단히 상업과 주거, 농업 3가지 활동의 지대곡선을 가정해 보자.

기업 본사나 금융기관의 업무, 각종 판매업과 같이 많은 사람이 모인 곳에서 빈번한 접촉이 필요한 상업 활동은 도심에 가까울수록 큰 이익을 창출할 것이다. 상업 활동은 도심에서 가장 큰 지불 능력을 가지며 도심에서 멀어짐에 따라 급격하게 하락하는 경향이 있다. 지불 능력은 지대로 표시될 것이므로 이것의 지대곡선은 도심에서 가장 높은 위치에 그려지고 도심에서 멀어질수록 가파른 기울기로 낮아진다.

주거 활동도 도심에 가까울수록 교통비 절감에 따른 이익을 창출할 것이나, 상업 활동과 비교해서는 그 이익이 크지 않으며 지불 능력도 덜하다. 도심에서 멀어져도 이익은 감소하겠지만 아주 급격하게 줄지는 않는다. 따라서 주거 활동의 지대곡선은 상업 활동과 비교해 기울기가 가파르지 않으며, 도심에 가까울수록 상업 활동의 지대곡선보다 아래에 위치하나 어느 정도의 위치에 이르면 오히려 상업 활동보다도 위에 위치할 것이다. 상업 활동은 도심에서 멀어짐에 따라 지대가 가파르게 하락하고, 그 한계 입지가 도시 중심부에서 그리 멀지 않을 것이기 때문이다.

농업 활동도 도심에 위치한다면 몇 가지 이점이 있을 것이지만, 그 이점의 크기, 곧 지불 능력은 상업이나 주거의 그것과는 비교할 수준만큼 되지 못한다. 그리고 도심에서 멀어진다고 하여 크게 불리하지도 않을 것이므로, 농업 활동의 지대곡선은 도심이나 도심에서 가까운 곳에서는 상업이나 주거의 지대곡선보다 한참 아래에 위치하며, 비교적 낮은 지대 수준에서 완만한 기울기로 원거리까지 이어진다. 그리고 아주 먼 도시 외곽으로 나가면 오히려 상업이나 주거 활동의 지대보다 높은 수준으로 나타날 수 있다.

이제 세 가지 활동의 지대곡선을 함께 그려보자. 도심에서부터 상업 활동의 한계지역까지는 상업과 주거, 농업 활동 모두 3개의 지대곡선이 있을 것이며, 상업 활동의 한계지역부터 주거 활동의 한계지역까지는 주거와 농업 활동 2개의 지대곡선, 주거 활동의 한계지역을 넘어서면 1개의 농업 활동 지대곡선이 있다. 각 지대곡선의 지대 크기를 비교해 보면, 도심에서 비교적 가까운 위치에서는 3개의 지대곡선 중 상업 활동의 지대가 가장 크며, 가운데쯤 위치에서는 주거 활동의 지대가, 그리고 도심에서 멀리 떨어진 지역에서는 농업 활동의 지대가 가장 크다.

위에서 설명한 지대곡선은 경제 활동별 최대로 지불할 수 있는 지대를 연결한 각각의 지대곡선이다. 토지소유자는 가장 큰 지대를 지불하는 자에게 자신의 토지를 사용하도록 할 것이다. 따라서 도시의 어떤 장소건 특정한 지역의 토지는 가장 큰 지불 능력을 지닌, 가장 큰 지대가 발생하는 활동으로 이용하고자 하는 자에게 배분된다. 가장 큰 금액을 제시한 자에게 이용 권한을 넘기는 입찰의 방식을 적용한 것과 유사하다.

그 결과 도심과 도심에서 가까운 위치의 토지는 상업 활동에,

도심에서 어느 정도 떨어져 있는 중간 지역에서는 주거 활동에, 그리고 가장 먼 지역은 농업 활동에 토지가 이용될 것이다.

이러한 입찰지대곡선을 평면에 표시하면 도심을 중심으로 하여 원형의 토지이용이 나타날 수 있다. 한 도시가 평지에 건설되고 도로망이 거의 유사하며 자연적인 장애물이 없다면, 도심으로부터의 거리에 따라 각각 이루어지는 위의 상업과 주거, 농업 활동은 동심원의 모습으로 나타날 것이다.

도심에서 가까운 위치의 토지는 원형으로 상업지역이 되고 상업지역 밖의 지역은 상업지역을 제외한 도넛 모양으로 주거지역이 될 것이며, 도심에서 가장 먼 지역으로서 주거지역의 밖에서부터 농업의 한계입지까지는 역시 상업지역과 주거지역을 제외한 원형의 도넛 모양으로 농업지역이 될 것이다.

경제 활동별로 도심 접근성의 차이에 따른 지불 능력, 즉 지대의 크기가 다르므로 도시 내 토지의 이용은 가장 큰 지불 능력을 가진 활동으로 배분되며, 그 결과 동심원 모양의 도시구조를 형성하는 것이다.

인구증가 또는 생산성의 향상으로 지대 지불 능력이 커지면 그 결과로 상업지역이나 주거지역의 지대 즉 지가가 상승하고 그 용도의 면적이 확대될 수 있다.

그리고 교통과 운송 수단의 발달은 지대곡선의 기울기를 완만하게 할 수 있다. 이는 도심의 독점력을 완화시키고, 도심과 교외

지역의 지대 격차를 줄일 수도 있다. 상업, 주거, 농업 각각의 활동의 범위가 넓어져서 상업지역의 평면적인 확산, 주거지역의 교외화 현상, 원격지로의 농업지역 확대 등이 나타날 수 있다.

　실제의 도시는 도로망의 형태가 다르고 여러 가지 자연적인 장애물이 있으므로 동심원 모양의 용도별 토지이용 구조를 보이지는 않을 것이다. 그러나 튀넨이나 알론소의 공간구조에 대한 해석은 입지적 우월함이 토지지대로 이전되며 이용자의 지불 능력에 따라 토지이용의 배분이 일어난다는 지대이론을 응용한 것으로서, 여러 가지 가정을 설정하였으나 비교적 현실의 공간구조에 대한 설명력이 높은 편이어서 그 의미가 크다.

지대이론과 감정평가

    지대의 발생과 성격, 그리고 그 크기를 결정하는 여러 가지 요인들에 관해서 이야기하였다. 그동안 논의되었던 내용을 감정평가와 관련지어 보려고 한다.

    지대가 발생하는 것은 그 토지에 무엇인가 우월한 측면이 있다는 것을 의미한다. 우월한 토지를 이용하여 다른 토지를 이용한 자보다 순수익을 크게 할 수 있다면, 그 예상되는 순수익이 토지소유자에게 이전되며 그것이 토지사용의 대가인 지대이다. 따라서 다른 토지보다 더 우월한 무엇인가를 가진 토지는 토지이용자의 지불 능력과 지대가 크고 가격이 높다. 모든 토지의 가격은 이러한 상식적인 논리 속에서 결정되며, 인위적으로 가격을 찾는 감정평가의 과정에서도 이러한 논리가 전제되어야 한다.

    리카도는 지대를 토지의 생산물 중 토양의 원초적이고 파괴할 수 없는 힘을 이용한 대가라고 하였으며, 마셜의 순수지대는 대자연의 무상 공여물로부터 얻은 소득 중에서 소유자의 경비 지출과 관계없이 발생하는 것이라고 하였으나, 이미 노동과 자본이 투하되어 만들어져 있는 현재의 토지에는 리카도 지대나 마셜의 순수지대를 찾아낼 이유나 방법이 없는 것 같다. 그래서, 여기에서 말하는 지대는 순수한 자연으로서의 토지에 대한 리카도 지대 또는 마르크스의 차액지대 I 이나 마셜의 순수지대라기보다는 자연적인 토지에 자본이나 노동이 투입된, 인공적인 토지에 대한 지대라고 할 수 있다.

지대를 현재가치화하면 토지의 가격이 된다. 지대는 토지에 귀속하는 대가이므로 토지소유자의 관점에서는 무한히 얻을 수 있는 소득이다. 토지소유자가 계약에 따라 수취하는 토지임대료는 엄밀한 의미로 보면 순수한 지대라고는 할 수 없다. 자연으로서의 토지에 귀속되는 지대는 아니다. 대부분의 토지는 자본과 노동이 투입되어 현재의 상태가 되었을 것이므로 마르크스의 차액지대 II 또는 마셜의 사적지대가 포함되어 계약지대로 나타난다.

계약지대가 토지지대와 반드시 일치하지는 않을 것이다. 토지시장의 불완전성으로 인해서 모든 요인이 반영되어 토지사용의 계약이 체결될 수는 없을 것이기 때문이다. 그러나 당시의 조건이 최대한 고려되어 나름의 시장 기구를 통해 임대료가 형성되었을 것이므로, 계약지대를 토지의 장래 소득으로 보아도 무방할 것이다.

계약지대를 할인의 과정을 통해 현재가치화하면 토지 가격을 구할 수 있다. 토지는 감가가 되지 않는, 영속성을 갖는 특별한 재화 또는 물건이므로, 장래의 지대가 일정하다고 가정하면 지대를 적정 할인율로 나누어 토지 가격을 산출한다. 무한대로 이어지는 현재가치 계수의 합은 무한등비급수의 합으로 계산되며, 그 계산 값은 할인율의 역수로 나타나기 때문이다.[31] 토지 가액을 산정하는 이 같은 감정평가 방법은 수익방식의 수익환원법이다.

지대 논의를 보면, 토지와 자본이 결합한 부동산에서 지대 즉 지가는 자본의 몫을 제외한 잔여 가치임을 알 수 있다. 토지에 건물이 지어졌다면, 유사한 방법으로 그 전체 부동산 가격에서 건물 가격을 공제하여 토지 가격을 구할 수 있다. 감정평가 기법으로 말하면 이것은 배분법이다.

실무에서도 배분법은 종종 적용된다. 단독주택은 토지와 건물이 일체로 거래된다. 건물의 가격은 원가법으로 구하는데, 원가법에 의한 가격은 비교적 객관적이며 담당자별 편차가 적은 편이다. 단독주택의 실거래가격에서 원가법으로 산출한 건물 가격을 공제한다면 토지만의 가격이 구해진다. 이러한 배분법은 대체로 시장 상황을 적절하게 반영하는 편이다.

기본적으로 토지의 수요는 파생수요이다. 토지를 이용해서 새로운 부동산을 만들었을 때, 그 만들어진 재화의 수요가 많고 가격이 높다면 토지의 수요도 커지고 가격도 오르게 된다. 아파트

---

31) $PV = \frac{a}{(1+r)} + \frac{a}{(1+r)^2} + \frac{a}{(1+r)^3} + \cdots + \frac{a}{(1+r)^\infty} = \frac{a}{r}$.

가격이 오르면 아파트 건설 사업자는 토지를 취득해서 건축하고 분양하여 이익을 얻으려고 한다. 그 과정에서 토지의 수요는 증가하고 가격은 오르게 된다. 신축 아파트의 분양가가 높아 인근의 아파트 가격을 끌어올리는 면도 있지만, 일차적으로는 아파트의 가격이 높기 때문에 높은 분양가격을 책정할 수 있고, 높은 분양가격을 예상하는 건축사업자는 높은 가격으로 토지를 매입한다.

모순되는 말 같지만, 건축사업자의 토지 취득 비용은 아파트와 같이 토지를 사용하여 생산된 재화의 가격을 결정한다. 앞의 말과 상충하는 듯한 것은 지대의 논리와 유사하다. 지대가 사회 전체적으로는 지주계층에 귀속하는 잉여의 성격을 가지지만, 개별 생산자 입장에서는 재화의 생산비를 구성한다는 주장과 같다.

아파트 건축사업자의 상황에서는 토지의 취득 비용이 아파트의 원가를 구성한다. 토지 취득 비용과 건축 비용, 기타 부대비용, 사업자 이윤을 더해서 분양가격을 책정할 수 있다. 분양가격 규제의 논리도 비슷하다. 분양가 상한제하에서는 토지의 취득 비용 또는 토지의 적정 시장가격을 비용으로 인정하고, 여기에 건축과 분양에 소요하는 위의 비용만을 더하여 분양가격을 정하고 있다.

단독주택이나 다가구주택도 마찬가지다. 주택을 건축하여 매각하거나 건축된 주택을 매입할 때, 그 가격은 통상 토지 비용과 건축비, 부대비용, 건축사업자 이윤의 합계로 구성된다. 개별 생산자 관점에서는 지대가 재화의 가격을 결정하거나 영향을 준다고 하는 주장과 같으며, 현실에서도 설득력이 있다.

수익환원법의 순수익 산출 과정에서도 잔여 또는 배분의 원리가 적용될 수 있다. 토지와 건물로 구성된 복합부동산에서 발생하는 수익을 토지와 건물 각각에 귀속하는 수익으로 배분할 수 있으며, 이 같은 배분의 방법으로 순수익을 구하는 것을 잔여법이라 한다. 특히 복합부동산 전체 순수익에서 건물에 귀속하는 순수익을 먼저 공제하여 그 잔여로써 토지에 귀속하는 순수익을 구하는 방법을 토지잔여법이라고 한다.

복합부동산 전체 순수익을 먼저 구한 다음, 원가법으로 산정한 건물 가액에 건물 환원율을 곱하여 건물 귀속 순수익을 구하고 이를 전체 순수익에서 차감하면 토지에 귀속하는 순수익이 산출된다. 이렇게 산출된 토지 귀속 순수익을 토지의 환원율로 나누어 주면 수익환원법에 의한 토지의 수익가격이 산정될 수 있다.

다만, 현실에서는 토지의 가액을 수익환원법으로 감정평가하여야 할 필요성이나 토지만의 순수익을 복합부동산에서 구하여야 할 이유가 거의 없는 편이므로 실무상 토지잔여법이 적용된 사례는 발견되지 않는다.

토지소유자의 지대는 토지이용자의 최대 지불 능력과 같은 말이다. 토지이용자 간의 경쟁이 발생하고 그 결과 가장 큰 이익을 얻을 수 있는 자가 그 이익, 즉 지불 능력 범위에서 지대를 지불하기 때문이다. 다른 말로 바꾸면, 토지의 지대와 가격은 최유효 이용을 전제로 성립한다.

토지는 용도의 다양성이 있으므로 여러 용도가 경합할 것이며, 그 과정에서 가장 많은 지대를 지불할 수 있는 용도 즉 최고의 수익을 발생시킬 수 있는 용도로 배분이 된다. 따라서 지대를 현재 가치로 환원한 지가도 최유효이용을 전제로 정해져야 한다.

감정평가의 과정에서 최유효이용의 판단이 중요한 이유도 여기에 있다. 저가나 고가로 거래된 실거래가격 또는 임대료를 기준으로 하거나 단순히 현재의 상태만을 보고서 판단하여서는 아니 되며, 그 토지의 최유효이용을 가정한 가격으로 감정평가를 하여야 한다.

가격 제 원칙 중 잉여생산성의 원칙 또는 수익 배분의 원칙은, 토지의 가치는 생산요소 중 노동과 자본에 배분되는 몫을 제하고 남은 잉여 가치로 형성된다는 원칙이다. 지대는 생산물의 가치가 배분되는 과정에서 임금과 이자를 지불하고 남은 잉여이며, 이 지대를 환원하면 토지의 가치가 된다. 토지의 가치는 토지이용에 결부된 노동과 자본의 생산성과 그 생산성에 따른 지불 능력에 의해 수동적으로 결정된다.

수익방식의 임대료 감정평가 방법인 수익분석법은 토지이용자의 최대 지불 능력이 곧 토지소유자에게 귀속하는 지대가 되는 원리를 적용한 것이다.

토지 등 부동산을 활용하여 사업 활동을 영위할 때, 그 사업 활동에서 발생하는 총수익은 임차하여 사용하는 부동산, 시설비 등 기타의 투자 자본, 노동력 그리고 경영에 대한 대가로 각각 귀속한다. 총수익 중에서 원가로서의 재료비 및 기타 비용, 투자 자본에 귀속하는 자본 회수분, 노동에 대한 인건비, 경영에 따른 영업 이익 등을 먼저 합계하여 공제하면 그 나머지가 계산될 것이다. 그 나머지가 임차한 부동산에 대한 대가의 지불 능력으로서, 수요자 관점의 최대 임대료가 될 수 있다. 부동산은 그것을 최유효 이용 상태로 사용할 수 있는 사업자에게 배분되며, 그 사업자가 지불할 수 있는 최대의 금액이 임대료가 된다.

가치요소

    요소의 사전적 의미는 사물의 성립이나 효력 발생에 꼭 필요한 성분 또는 근본 조건이다. 국가의 3요소라고 하면 국토와 국민, 주권을, 연극의 3요소는 배우, 관객, 희곡이라고 하여 국가나 연극의 성립에 반드시 있어야 하는 세 가지를 들고 있다. 이 중 하나라도 결여한다면 제대로 된 국가나 연극이라고 할 수 없다. 따라서 가치요소는 가치의 성립이나 유지에 꼭 필요한 성분 또는 조건을 말한다.

    앞에서 가치의 개념을 살펴보았다. 사용가치는 욕망을 충족시키는 재화의 중요 정도를 나타내는 값어치를, 교환가치는 어떤 재화가 다른 재화를 교환의 대상으로 지배하는 힘 또는 다른 재화와 교환될 수 있는 능력을 말한다. 가치는 사용가치와 교환가치 모두를 지칭하지만, 경제학이나 부동산학에서 가치라고 하면 통상 교환가치를 의미한다.

일반 재화 또는 부동산이 가치가 있기 위해 반드시 갖추어야 하는 필수적인 성분이 무엇인지 알아본다. 가치요소는 일반적으로 가치 발생 요인 또는 가격 발생 요인이라고 한다. 그런데 가치나 가격이 '발생'하는 개념이냐 '요인'이라는 표현이 맞느냐 하는 논란이 있으며,[32] 원래의 영문 용어가 value factor 또는 factor of value임을 고려하여 본서에서는 가치요소로 표현하였다.[33]

가치요소는 일반적으로 효용과 상대적 희소성, 유효수요의 3가지를 들고 있다. 재화의 가치, 즉 경제적 가치 또는 교환가치는 이 세 가지의 요소가 결합하여 만들어진 어떤 능력이다. 여기에 이전성을 추가하기도 한다.

효용은 인간의 필요와 욕망을 만족시킬 수 있는 재화의 능력을 말한다. 쓸모가 있다는 의미이다. 공기와 같은 자연은 생존에 필수 불가결하여 그 효용이 헤아릴 수 없을 만큼 클 것이다. 그러나 재화 또는 물건은, 우리나라 「민법」의 규정을 빌리자면 관리가 가능한 자연력만을 포함할 것이므로, 공기나 우주와 같은 자연은 그 큰 효용에도 불구하고 여기에서 논의하는 대상은 아니다.

의, 식, 주와 관련된 재화는 특히 효용이 크다. 의복이나 음식, 주택은 생존에 필수적이므로 이것이 없이는 살 수가 없고, 따라

---

32) 박창수, 『부동산 감정론』(서울: 범론사, 1998), pp. 151~155.
33) AI 12th 번역본은 가치요소라고 하고 있다(Appraisal Institute, 『부동산 감정평가』, ㈜코리아리얼에스테이트웍(역)(서울: 부연사, 2006), p. 29).

서 매우 큰 효용이 있다. 현대에 와서는 자동차, 스마트폰과 같은 문명의 이기들도 의, 식, 주와 차원은 다르지만, 점차 이것들에 못지않게 중요성이 커지며 큰 효용을 주고 있다.

한가지의 효용을 주는 재화도 있고, 하나의 재화가 다양한 효용이 있는 것도 있다. 학용품인 풀이나 가위는 대체로 한가지의 효용이 있다. 그러나 주택은 거주의 쾌적함이라는 효용이 주된 것이겠지만 부의 상징이나 재산의 보전 등 여러 가지의 굵직한 효용이 있다. 자동차도 마찬가지다. 이동의 수단이라는 효용만을 가지고 자동차를 설명할 수는 없을 것이다. 승차감 못지않게 이른바 '하차감'을 중요하게 생각하는 시대다.

그리고 소비재는 한 번의 소비로 그 효용을 다할 것이며, 내구재는 장래에 계속하여 효용이 있다. 내구재인 토지는 지구가 존속하는 한 무한대로, 건물은 내용연수 내에 효용을 발휘할 것이다.

부동산은 용도별로 나타나는 효용에 차이가 있다. 주된 효용의 모습은, 주거용 부동산은 쾌적성, 상업용 부동산은 수익성, 농업용과 공업용 부동산은 생산성이다. 다만, 주거용 부동산도 주거의 쾌적성뿐 아니라 임대료 수익이나 장래의 가격 상승을 기대한다면 수익성이 효용을 제공할 것이며, 다른 용도의 부동산도 마찬가지다.

부의 효용을 주는 것도 있다. 소비할수록 효용이 감소하는 것으로서 이것은 비재화bads라고 한다. 사람들이 싫어하는 쓰레기나 오염 물질 등은 비재화이다.

효용은 사용가치를 결정한다. 효용이 큰 재화는 사용가치가 크다. 효용은 주관적이고 개별적이며 측정이 어렵다. 효용이 반영된 사용가치도 마찬가지로 대체로 주관적이고 개별적이며 측정이 어렵다.

효용은 총효용과 한계효용이 있다. 총효용은 재화를 소비하는 자가 느끼는 효용의 누적된 전체를 말하며, 한계효용은 재화 하나를 더 소비할 때 느끼는 효용의 증가분을 말한다. 총효용과 한계효용의 크기는 대체로 재화의 소비량과 관련이 있다. 여기에서 군이 총효용과 한계효용을 구분하여 논의할 필요는 없으나, 일반적으로 가치요소로서의 효용은 총효용이다. 재화가 가치를 가지기 위해서는 근본적으로 쓸모가 있어야 한다는 의미다.

상대적 희소성은 인간의 욕망에 비해 욕망의 충족수단이 질적·양적으로 한정되어 있어서 부족한 상태를 말한다. 상대적이란 표현은 공급량 또는 존재량의 절대량을 의미하는 것이 아니라 수요에 대비해서 희소하다는 뜻이다. 골동품은 공급 자체가 희소하며, 명품 가방은 공급량을 관리하기도 한다. 그런데 골동품이 아무리 희귀하더라도 찾는 사람이 없다면 희소하다고 할 수 없다.

단순히 총공급량을 가지고 판단할 사항이 아니다. 어떤 지역에서는 빈 토지가 많고 아파트는 미분양이 있지만, 수도권의 토지나 주택은 매우 부족하다. 우리나라 전체로 보면 토지나 주택의 절대량은 희소하지 않더라도 수도권의 기준에서는 상대적으로 희소하다. 서울에 수많은 주택과 아파트가 있지만, 강남 특정 지역의 특정 아파트의 수는 제한적이다. 그 아파트에 살고 싶어 하는 사람이 아파트의 수보다 많다면 상대적으로 희소성을 갖는다.

부동산의 상대적 희소성은 지리적 위치의 고정성과 부증성에 기인하는 바가 크며, 행정적·제도적인 이용규제와 제한이 영향을 미친다. 토지는 이동과 생산이 불가능하며, 개발행위에 의한 용도의 전환을 통해 공급량을 증가시킬 수 있다. 농지나 산지와 같은 토지가 많이 있더라도 주거용 토지로의 전환이 제한을 받는다면, 주거용 토지는 희소성이 있다. 시장에서 요구하는 양만큼 충분히 전환이 이루어질 수 있으면 수요와 공급이 일치하는 수준으로 주거용 토지의 공급이 가능할 것이지만 농지나 산지의 전용이 여러 법률적, 행정적 규제에 따라 제한된다면 주거용 토지는 희소할 수밖에 없다.

희소성이 중요한 것은 한계효용을 결정하기 때문이다. 물과 다이아몬드의 역설에서 보듯이 재화의 총효용이 아무리 크다 하더라도 희소성이 없다면 한계효용은 크지 않다. 하나 더 소유하거나 소비하였다 하여도 총효용의 증가분은 그리 크지 않기 때문이다. 그러나 비록 총효용은 크지 않다고 하더라도 희소성이 매우 커서 그 재화를 얻기가 쉽지 아니하다면 하나를 더 가지거나 소비하였을 때 증가하는 한계효용이 매우 클 것이다.

한계효용의 크기는 재화의 가격을 결정한다. 소비자 관점에서 재화의 가격은 지출하는 비용이며, 한계효용은 그 지출의 대가로 얻는 수익이다. 비용보다 수익이 크다면 소비를 증가시키는 것이 합리적이다.

단순하게 한 개 재화를 대상으로 하여 그 재화의 가격과 한계효용의 관계를 살펴보자. 가격이 100원인 재화를 소비하여 110원의 효용 증가가 있다면 그때는 그 재화를 소비할 것이다. 100원을 비용으로 지불하더라도 10원의 순수익이 발생한다. 그래서 소비를 계속 증가시키면 한계효용체감의 법칙에 따라 한계효용도 점차 적어지게 된다. 몇 개를 더 소비함에 따라 한계효용이 적어져서 100원이 된다면, 비용과 수익은 일치하게 된다. 그리고 그 상태에서 소비를 더 증가시키면 한계효용은 100원 이하로 적어지게 될 것이고, 그때는 비용인 재화 가격 100원보다 수익인 추가로 얻는 효용이 적게 된다. 합리적인 소비자라면 소비를 감소시킬 것이다. 결국, 재화의 가격과 한계효용이 같아지는 지점에서 소비하는 것이 합리적인 경제행위이다.

재화가 시장에 충분히 공급되면 그래서 누구나 쉽게 구하고 소비할 수 있다면 한계효용은 그렇게 크지 않을 것이며, 재화가 희소하다면 한계효용은 커지게 된다. 희소성은 한계효용을 결정하고, 한계효용은 재화의 시장가격을 결정하며, 시장가격은 교환가치를 의미한다. 따라서 재화가 가치를 갖기 위해서는 효용은 물론이고 이것에 더하여 희소성도 있어야 한다.

세 번째 가치요소는 유효수요다. 유효수요는 구매할 의사와 능력이 있는 수요를 말한다. 재화에 대한 소비의 욕구는 있으나 대가를 지불할 능력이 없다면 소비와 같은 경제행위로 연결될 수 없다. 구매력의 뒷받침이 없는 상태에서의 욕구표출은 절대수요라고 하며, 법률의 제약이나 가격통제 등의 이유로 수면 아래에 잠복한 수요는 잠재수요라고 한다.

재화의 가치는 효용이나 상대적 희소성에 변화가 없어도 구매력의 차이에 따라 달라질 수 있다. 손흥민 선수의 국내에서의 몸값과 유럽에서의 몸값은 큰 차이가 있다. 축구 열기와 관련 산업 규모를 고려할 때 손 선수가 주는 총효용은 유럽이 국내보다 클 수 있겠지만 희소성은 선수층이 얇은 국내에서 오히려 더 클 수도 있다. 유럽에서의 손 선수는 비교적 뛰어난 여러 선수 중 한 명에 불과할 수 있다. 그런데 유럽 시장은 국내 시장보다 손 선수에 대한 구매력이 크며, 훨씬 큰 지불 능력이 있다. 효용의 차이도 차이지만 구매력의 차이는 훨씬 크다. 같은 재화라 하더라도 구매력의 차이에 따라 가치는 영향을 받는다.

고전학파 경제학자들은 어떤 재화가 가치를 가지기 위해서는 효용과 획득의 어려움이 존재하여야 한다고 하였다. 유효수요에 관해서, 스미스는 가치에 지불할 의사가 있는 사람들의 수요를 유효수요라고 불렀다. 그 수요가 상품을 시장에 가져오는 것을 유효하게 만들기 때문이다. 맬서스는 소비할 의사나 능력이 부족하여 필연적으로 공급과잉이 발생한다고 하였으며, 세이의 법칙에 대한 비판으로 모든 잠재수요가 시장에서 유효수요로 전환되지는 않는다고 하였다.

케인즈J. M. Keynes는 유효수요의 부족으로 완전고용의 수준에

도달할 수 없다고 보았다. 대공황 시기 이전까지의 고전학파, 신고전학파 경제학자들은 세이의 법칙을 지지하였다. 세이의 법칙 Say's Law은 '공급은 스스로 수요를 창출한다'는 것으로서, 생산된 재화나 노동력은 과잉상태가 아니라는 것을 신봉하는 것이다. 사실 이때까지는 생산된 재화는 수요로 연결되고 노동력은 대체로 완전고용상태를 유지하였다.

그러나 대공황을 겪으면서 생산된 제품은 재고로 쌓이고 노동은 완전고용이 되지 못하여 실업자가 급증하였다. 케인즈는 총공급이 총수요를 초과하는, 자원의 불완전한 고용 상태로 진단하였으며, 총공급이 총수요를 초과하는 상태에서는 국민소득과 고용을 결정하는 것이 공급이 아니라 수요라고 판단하였다. 국민소득과 고용을 증대시키기 위해서는 유효수요를 늘려야 하며, 유효수요를 늘리기 위한 선도적인 방법으로서 국가에 의한 재정지출의 확대를 주장하였다.

케인즈의 유효수요이론은 거시경제 측면의 총수요를 대상으로 하고 있다. 일반적인 의미의, 재화 시장에서의 유효수요는 구매력이 뒷받침되는 구매 의사와 지불 능력이 있는 수요다. 이러한 유효수요는 수요와 공급의 상호작용으로 균형가격이 성립하는 시장을 설명하는 데 매우 중요하다. 잠재적인 수요 또는 단순한 욕구가 아니라 실제 구매력으로 연결될 수 있는 수요이기 때문이다.

이전성을 가치요소로 들기도 한다. 재화가 가치를 가지기 위해서는 소유권 등을 이전할 수 있어야 한다. 시장에서 당사자 간에 매매의 합의가 있을 때 정당하고 합당한 가격이 형성된다. 보존적 가치가 있는 부동산이나 문화재 등 이전이 제한되는 부동산은 일반적인 거래의 대상이 되기 어렵고 시장가격이 형성되지 아니할 것이다.

달을 예로 들어, 효용이나 희소성, 유효수요가 있는 달이 가치를 가질 수 없는 것은 소유권을 이전할 수 있는 적절한 장치가 없기 때문이며, 토지거래허가구역의 지정으로 가치가 감소하는 것은 가치요소인 이전성이 줄어들기 때문이라고 한다.[34]

그러나 달을 예로 들어 이전성을 가치요소로 보는 것에는 의문이 있다. 인간의 관리가 가능하지 않은 달은 재화나 물건이라고 할 수 없을 것이며, 가치의 유무를 판단할 대상이 아니다. 그리고 토지거래허가구역의 지정이 가치에 영향을 주고 있다 하여도 그것은 가치의 본질과 성분에 관련된 것이라기보다 가치의 수준에 영향을 미치는 가치형성요인의 하나라고 보아야 할 것이다.

행정적·법률적 장치로 거래가 제한되어 시장가격이 형성되지 못하는 부동산이 있을 수 있다. 이에 대해 가치 즉 교환가치의 논의는 교환을 전제로 하고 있으므로, 법률적 제한 등으로 교환이 불가하여도 가치는 사라지지 않고 존재할 것이나, 다만 그 가치가 시장의 교환 과정을 통해 드러날 기회를 얻지 못한 상태에 있을 뿐이라는 견해도 있다. 이런 상태의 부동산, 예를 들면 공공재

---

34) 안정근, 전게서, p. 42.

이면서 국유재산으로서 이전성이 없는 도로는 교환가치가 없다고 할 수도 있으며, 동시에 가치가 있되 잠재상태에 있다는 주장도 가능하다.

교환가치라는 단어에서도 보듯이 가치는 교환 즉 소유권 등의 이전 과정에서 성립되고 논의되는 개념이므로, 가치를 갖는 주체는 재화 또는 물건으로서 일반적으로 이미 이전성이 전제되어 있거나 혹은 이전성을 가정할 수 있다. 따라서 교환의 의미에 이미 전제 혹은 가정된 이전성은 가치요소에 굳이 포함하지 않아도 된다는 견해도, 이러한 전제 혹은 가정을 역으로 적용하여 교환의 전제가 되는 이전성은 교환가치의 성분으로서 가치요소에 포함하여야 한다는 견해도 모두 타당하다고 본다.

재화의 특성 또는 외부 여건이 변하면 각각의 가치요소도 변화할 것이며, 가치요소가 변하면 가치도 변할 것이다. 그래서 수요공급 이론으로 가치 또는 시장가격을 설명하는 과정에 가치요소를 연결고리로 사용하기도 한다.

효용과 유효수요는 수요에 영향을 미치며, 상대적 희소성은 수요와 공급 모두에 영향을 미친다. 효용이 증가하거나 구매력이 커지면 수요가 증가할 것이다. 희소성이 커졌다는 것은 공급량이 감소하였다는 의미일 수 있다. 또한, 희소성이 커지면 소비자의 한계효용이 증가할 수 있다. 이같이 가치형성요인은 가치요소에 영향을 미치며, 가치요소는 수요와 공급에 영향을 미쳐 가치를 결정한다는 논리다.

다만 가치요소의 의미에서 보았듯이, 가치요소는 가치의 성립이나 유지에 꼭 필요한 성분 또는 조건을 말한다. 외부 환경 또는 재화 특성 자체의 변화는 가치형성요인의 변화이며, 가치형성요인의 변화는 수요와 공급에 영향을 미치고, 수요공급의 변화는 재화의 시장가격 즉 교환가치를 변화시킨다. 그 변화의 과정에서 가치요소의 변화도 필연적이다. 그러나, 그렇다 하더라도 가치형성요인의 변화와 수요공급에 의한 시장가격의 성립 과정에 가치요소의 변화를 굳이 삽입하여 선과 후의 인과관계로 연결시켜 분석하는 것보다는, 수요공급의 원리가 작동하는 가운데 가치요소인 그 재화 자체의 효용과 시장 내에서의 희소성 그리고 시장 참여자의 유효수요도 필연적으로 함께 변화하고 있다는 정도로 이해하는 것이 적절할 듯하다.

가치형성요인

　부동산의 가치는 효용과 상대적 희소성 그리고 유효수요를 근본 성분으로 하여 성립·유지되며, 시장에서 작용하는 수요의 힘과 공급의 힘에 따라 어떤 수준의 화폐단위로 표현된다. 가치의 수준 즉 가격은 시장에서의 수요와 공급의 상호작용으로 결정될 것인데, 수요와 공급에 각각 영향을 미쳐 가치의 수준을 결정하는 요인 또는 인자들을 가치형성요인이라고 한다.

　부동산시장은 일반 재화의 경우와 달리 온전한 시장이 형성되지 못한다. 그렇다고 하여도 부동산시장에서 수요와 공급에 영향을 미치는 요인은 무궁무진하다. 나비의 작은 날갯짓도 부동산 가격에 영향을 미칠 것 같다. 그 요인은 매우 다양하고, 시장이 불완전한 만큼 각각의 요인이 미치는 영향도 불규칙적이다. 부동산시장의 특성을 먼저 살펴보고, 시장의 수요와 공급에 영향을 미쳐 가격수준을 결정하는 가치형성요인을 나열하고자 한다.

부동산시장은 국지적이고 지역적인 특성이 있다. 개개의 부동산은 고립하여 존재하는 것이 아니고, 다른 부동산과 함께 어떤 지역을 구성하여 이에 속한다. 이것은 근본적으로 움직여 옮길 수 없는 부동산의 부동성을 원인으로 한다. 이에 따라 부동산시장은 전국적인 시장이 될 수 없으며, 지역별·종류별로 세분화하는 경향이 있다.

부동산시장은 가장 비효율적인 시장의 하나로 보편성을 가진 일반적인 시장이 아니다. 상품은 표준화되어 있지 아니하며, 거래는 비공개적이다. 시장은 조직화하지 못하고 유통 구조상 당사자 간 직거래 형태를 띠고 있다.

부동산시장은 수요와 공급에 의한 자율적인 조정 기능이 제대로 작동하지 않는다. 부동산의 수요에는 가수요 또는 투기적 수요가 있을 수 있고, 부동산의 공급은 일반 재화와 달리 상당한 시간을 두고 이루어진다. 공급이 경직되어 있으므로 주로 수요의 영향이 커 심리적 요인이 크게 작용하는 편이다. 거래의 성사에도 비교적 많은 시간이 소요되고 상품의 환금성이 떨어진다. 그리고 부동산은 대체로 고가품이므로 자금 융통의 중요성이 크다. 자금의 원활한 융통은 수요자와 공급자의 시장 참여를 증가시킨다.

부동산을 사용함으로써 효용을 얻는 것과 동시에 단순한 보유를 통해서도 가격 상승에 따른 자본이득이나 정기적인 임대료 수익을 얻을 수 있으므로 투자처로서 매력이 커 항상 전 국민의 관심 대상이 되며 여러 경제 변수들과의 관련성이 큰 편이다. 부동산시장은 금리·통화량과 대체 투자 상품의 수익률 등 전반적인 경제 상황과 긴밀하면서 다양하게 연계되어 있다.

부동산이 갖는 사회성과 공공성을 이유로 부동산시장에는 과도한 법적인 제한이 가해지는 경향이 있다. 부동성의 특성으로 인해 부동산은 법적인 제한을 피할 방법이 없으므로 고스란히 규제의 대상이 될 수밖에 없다. 규제와 조장과 같은 정책적 요인은 부동산시장에 매우 큰 영향을 미친다.

가치형성요인, 여기에서는 토지의 가치형성요인을 일반적 요인과 지역적 요인, 개별적 요인으로 나누어 알아본다.

일반적 요인은 일반적이고 광역적으로 부동산에 영향을 미치는 요인이다. 전국적으로 동일하게 작용하기도 하며, 대체로 유사한 특성을 가진 광역적인 지역을 대상으로 하기도 한다. 일반적 요인은 자연적 요인, 사회적 요인, 경제적 요인, 행정적 요인으로 나누어 볼 수 있다.

자연적 요인은 기후나 강수량, 일조, 강우, 강설 등과 같이 광역적인 범위로 부동산에 영향을 미치는 자연 인자를 말한다. 그리고 지질조건, 광물·동력 자원도 포함되며, 내륙에 위치하는 지역인가 혹은 바다나 강에 접하는 지역인가도 부동산의 이용 용도와 가격에 영향을 준다.

특정의 위치가 자연적 조건인가에 대해서는 논란이 있을 수 있다. 우리나라의 수도권과 비수도권은 토지이용과 지가의 차이가 매우 크다. 이러한 차이는 자연적인 위치로부터 발생하는 것이라고 할 수 있으나, 자연으로서의 위치가 수도권이란 이유로 토지이용과 지가가 달라진다고 하기는 어려운 부분이 있다. 서울에 집중된 행정·경제·사회의 제 요인이 영향을 미치는 것이지 단순히 자연적인 위치의 차이라고 하기는 어렵기 때문이다.

사회적 요인은 인간의 사회 활동과 욕구에 따라 나타나면서 토지 가격에 영향을 미치는 사회적 인자들이다. 산업화에 따라 도시로의 인구집중이 일어나 거대 도시가 생겨났다. 특정 지역으로 인구가 집중하고 지역에 따라 인구 구성과 가구 구성이 달라진다. 사회적 요인은 국가 차원에서 동질적이기보다는 지역적으로 상이하여 지역별 층화가 발생하는 편이다.

총인구, 연령별·직업별 인구 구성, 도시 집중도, 인구밀도, 출산율, 사망률, 가구 수, 가구당 인구수, 가족 구성과 같은 가구 상태, 공공시설의 상태, 생활의 편의성·쾌적성·안전성, 교육 및 문화 시설, 부동산 거래 또는 사용·수익의 관행, 건축 양식 등은 부동산의 수요와 공급에 영향을 미치는 사회적 요인들의 예시이다.

경제적 요인은 부동산의 가격형성에 영향을 주는 경제활동의 변화와 관련되는 인자들이다. 저축·소비·투자 등의 수준 및 국제수지의 상태, 금융 상태, 예금과 대출 관련 금리 수준, 물가·임금·고용 등의 상태, 조세 부담의 상태, 기술 혁신 및 산업 구조의 변화, 교통 체계의 정비 상태 등을 예로 들 수 있다.

행정적 요인은 부동산 가격에 영향을 주는 제도나 정책을 말한다. 부동산은 사회성과 공공성을 갖는 특별한 재화로서 시장의 자율적인 판단에 맡길 수 없는 부분이 많다. 공공복리를 위하여 공적인 규제와 조장의 조치들이 행해지며, 이러한 정부의 간섭은 부동산의 가격에 무엇보다도 큰 영향을 미치고 있다.

토지이용 계획과 규제, 건축물의 구조·용도·규모에 대한 규제, 토지공급과 주택공급 정책, 부동산 세제의 상태, 부동산 가격이나 임대료에 대한 규제 등이 있다.

지역적 요인은 가치형성의 일반적 요인이 특정의 지역 특성과 결합하여 지역별로 서로 다른 부동산 가격수준이 나타나도록 하는 인자들이다. 광역적인 일반적 요인을 특정 지역의 차원으로 축소한 것이라고 할 수 있다. 일반적 요인이 작용하는 힘의 크기는 모두 같은 것이 아니라 적용되는 지역 특성에 따라 달라진다.

지역적 요인은 2가지 체계로 나누어 볼 수 있다. 첫째는 보다 광역적인 지역을 대상으로 하여 일반적 요인이 지역적 특성을 반영하여 적용되는 것이며, 둘째는 부동산 상호 간 대체·경쟁 관계가 성립하여 직접적인 영향을 주는 인근지역 또는 유사지역의 용도지대별 각 요인을 말한다.

첫째의 요인은 둘째의 경우보다 넓은 지역, 예를 들면 어떤 행정구역 단위의 부동산을 대상으로 하는 요인들이다. 자연적 요인은 어떤 지역의 토질과 지반, 자원 상태 등이 있다. 사회적 요인은 특정 지역의 총인구, 연령별·직업별 인구 구성, 인구밀도, 출산율, 사망률, 가구 수, 가구당 인구수, 가족 구성과 같은 가구 상태, 공공시설의 상태, 생활의 편의성·쾌적성·안전성, 교육 및 문화 시설, 건축 양식 등이며, 경제적 요인도 특정 지역의 금융 상태, 물가·임금·고용 등의 상태, 산업 구조의 변화, 교통 체계의 정비 상태 등을 예로 들 수 있다. 행정적 요인은 특정 지역에 적용되는 토지이용 계획과 규제, 건축물의 구조·용도·규모에 대한 규제 등이 있다.

두 번째 경우는 보완·대체 관계에 있으면서 상호 영향을 미치는 인근지역 또는 유사지역 내에서 특정의 용도지대별로 영향을 미치는 요인들이다. 이것은 감정평가의 실무 과정에서 적용되는 것으로서, 보통 지역요인이라고 부른다. 용도지대는 크게 나누어 상업지대, 주택지대, 공업지대, 농경지대, 임야지대, 택지 후보지지대 등이 있다.

용도지대는 법률적 개념인 용도지역과는 달리 자연적으로 또는 개발계획에 의해 형성되어 유사한 토지이용의 양태와 가격수준을 보이는 어떤 범위를 말한다. 용도지대별로 인근지역을 구분하여 지역 내 토지의 가치형성요인을 분석하는 것을 지역분석이라고 하며, 감정평가 과정에서 비교표준지 공시지가 또는 사례가 소재하는 지역과 감정평가 대상이 소재하는 지역의 가치형성요인을 분석·비교하는 것은 지역요인 비교라고 한다.

상업지대는 도심과 부도심, 근린상업지역 등으로 위계화하는 경향이 있으며, 상권의 형성과 고객의 유동성에 따른 수익성이 중요하다. 상업지대의 지역요인은 가로조건(가로의 폭·구조 등의 상태, 가구block의 상태), 접근조건(교통수단 및 공공시설과의 접근성), 환경조건(상업 및 업무시설의 배치상태, 경쟁의 정도, 번화성 정도, 자연환경), 행정적조건(행정상의 규제 정도), 기타조건(장래의 동향 등)이 있다.

주택지대는 주거의 쾌적성과 편의성이 중요하다. 주택지대의 지역요인은 가로조건(가로의 폭·구조 등의 상태), 접근조건(도심과의 거리 및 교통시설의 상태, 상가의 배치상태, 공공 및 편익시설의 배치상태), 환경조건(기상조건, 자연환경, 사회환경, 획지의 상태, 공급 및 처리시설의 상태, 위험 및 혐오 시설, 재해 발생의 위험성, 공해 발생의 정도), 행정적조건(행정상의 규제 정도), 기타조건(장래의 동향 등)이 있다.

공업지대는 원료 또는 생산된 제품의 수송과 인력 확보, 환경적인 규제 사항 등이 중요하다. 공업지대의 지역요인은 가로조건(가로의 폭·구조 등의 상태), 접근조건(판매 및 원료 구입 시장과의 위치 관계, 노동력 확보의 난이, 관련 산업과의 관계), 환경조건(공급 및 처리시설의 상태, 공해 발생의 위험성, 자연환경), 행정적조건(행정상의 조장 및 규제 정도), 기타조건(장래의 동향 등)이 있다.

농경지대는 기상조건과 토질 등 농업 생산에 적합한 자연환경이 중요하다. 그러나 자연환경은 순수한 농업용 토지 중심의 농경지대에 적용될 것이며, 현대 사회에서 대부분의 농경지는 농업용보다는 타 용도, 즉 도시용 토지로의 전용을 전제로 가치가 결정된다고 보아야 할 것이다. 현재 농업용으로 이용되고 있다 하더라도 도시용 토지로의 전환이 이루어지고 있거나 전환이 예상된 지역이라면, 그러한 지역은 농경지대라기 보다는 주거지대 또는 택지 후보지지대일 가능성이 크다. 농경지대의 지역요인은 접근조건(교통의 편부), 자연조건(기상조건, 지세, 토양·토질, 관개·배수, 재해의 위험성), 행정적조건(행정상의 조장 및 규제 정도), 기타조건(장래의 동향 등)이 있다.

임야지대도 영림을 위한 편의성과 수목의 생육에 적합한 자연적인 환경이 중요하다. 임야지대의 지역요인은 접근조건(교통의 편부), 자연조건(기상조건, 지세, 토양·토질), 행정적조건(행정상의 조장 및 규제 정도), 기타조건(장래의 동향 등)이 있다. 다만, 농업용 토지와 마찬가지로 임업용으로 이용되고 있다 하더라도 도시용 토지로의 용도 전환을 전제로 가치가 결정되는 경우가 많다.

택지 후보지지대는 현재는 농경지 등의 상태이나 상업지대 또는 주택지대 등으로의 전환이 예정되어 있거나 전환이 진행 중인 곳을 말한다. 주로 대도시 인근의 미개발지역이 해당하며, 인구 증가 등에 따른 도시 팽창으로 대규모 신도시가 건설되거나 중소규모의 개발사업이 진행된다.

택지 후보지지대의 지역요인은 접근조건(도심과의 거리 및 교통시설의 상태, 상가의 배치상태, 공공 및 편익시설의 배치상태, 주변 가로의 상태), 환경조건(기상조건, 자연환경, 공급 및 처리시설의 상태, 인근 환경, 시가화 정도, 도시의 규모 및 성격, 위험 및 혐오 시설, 재해 발생의 위험성, 공해 발생의 정도), 택지 조성조건(택지 조성의 난이 및 유용성), 행정적조건(행정상의 규제 정도), 기타조건(장래의 동향 등)이 있다.

가격형성의 개별적 요인은 부동산 가격형성에 영향을 주는 각 부동산이 가지고 있는 제반 특성들을 말한다. 가격형성의 일반적 요인과 지역적 요인이 형성될 수 있는 가격의 수준 대를 결정하였다면, 그 수준의 범위 내에서 개별요인의 차이에 따라 수요자와 공급자의 합의가 가능한 최종 가격이 결정될 것이다. 부동산의 개별성으로 인해 같은 부동산은 존재하지 않는다. 개별요인은 모두 다른 부동산의 개별적 특성을 말한다.

감정평가의 대상은 개별 부동산이므로, 감정평가는 개별요인을 분석하고 3방식을 적용하는 과정이라고 할 수 있다. 개별요인은 시장에서 가격을 결정하는 인자들이며, 감정평가는 역으로 그 인자들을 분석하여 시장에서 형성될 수 있는 가격을 찾는 작업이다. 특히 비교방식은 가치형성요인이 유사한 인근지역 또는 유사지역의 표준지공시지가나 거래사례 가격을 기준으로 하여 개별요인의 비교를 통해 대상 부동산의 가격을 구하는 방식이다. 일반적으로 감정평가 과정에서의 개별요인 분석과 개별요인의 비교는 용도지대별 가치형성요인을 중심으로 이루어진다.

상업지대의 개별요인은 가로조건(가로의 폭·구조 등의 상태), 접근조건(상업지역 중심 및 교통시설과의 편의성), 환경조건(고객 유동성과의 적합성, 인근 환경, 자연환경), 획지조건(면적, 접면 너비, 깊이, 형상, 방위, 고저 등), 행정적조건(행정상의 규제 정도), 기타조건(장래의 동향 등)이다.

주택지대의 개별요인은 가로조건(가로의 폭·구조 등의 상태), 접근조건(교통시설과의 접근성, 상가와의 접근성, 공공 및 편익시설과의 접근성), 환경조건(일조, 자연환경, 인근 환경, 공급 및 처리시설의 상태, 위험 및 혐오 시설), 획지조건(면적, 접면 너비, 깊이, 형상, 방위, 고저 등), 행정적조건(행정상의 규제 정도), 기타조건(장래의 동향 등)이 있다.

공업지대의 개별요인은 가로조건(가로의 폭·구조 등의 상태), 접근조건(교통시설과의 접근성), 환경조건(공급 및 처리시설의 상태, 자연환경), 획지조건(면적, 형상 등), 행정적조건(행정상의 조장 및 규제 정도), 기타조건(장래의 동향 등)이 있다.

농경지대의 개별요인은 접근조건(교통의 편부), 자연조건(일조, 토양·토질, 관개·배수, 재해의 위험성), 획지조건(면적, 경사, 경작의 편부 등), 행정적조건(행정상의 조장 및 규제 정도), 기타조건(장래의 동향 등)이 있다.

임야지대의 개별요인은 접근조건(교통의 편부), 자연조건(일조, 지세, 방위, 토양·토질), 행정적조건(행정상의 조장 및 규제 정도), 기타조건(장래의 동향 등)이 있다.

택지 후보지지대의 개별요인은 접근조건(교통시설과의 접근성, 공공 및 편익시설과의 접근성, 주변 가로의 상태), 환경조건(일조, 자연환경, 공급 및 처리시설의 상태, 위험 및 혐오 시설), 획지조건(면적, 형상, 방위, 고저 등), 택지 조성조건(택지 조성의 난이 및 유용성), 행정적조건(행정상의 규제 정도), 기타조건(장래의 동향 등)이다.

지금까지 토지를 중심으로 그 가격형성 과정에서 수요와 공급에 영향을 미치는 요인들을 일반적 요인, 지역적 요인, 개별요인으로 나누어 살펴보았다. 국가 전체적인 차원의 여러 변수, 부동산이 속한 지역적 차원의 변수, 그리고 개별 토지 또는 건물의 특성인 개별요인의 종합적인 결합을 통해, 즉 이들이 수요와 공급에 영향을 미치고 본질적으로는 효용과 상대적 희소성, 유효수요의 변화를 가져와 부동산 가격은 어떤 수준으로 결정된다.

부동산의 가격은 이같이 수많은 복잡한 요인들의 결합으로 형성될 것이지만 엄밀히 말하면, 그 가격형성의 과정은 명확하지 않다. 누구도 수많은 복잡·다양한 요인들의 영향력을 측정하거나 파악할 수 없다. 완전하지는 않지만, 여기에서도 시장의 '보이지 않는 손'이 작동하는 것으로 추정을 할 뿐이다.

일반 재화의 가격형성은 어떨까? 경제 이론에서는 단순히 수요량과 공급량은 종속변수로서 가격이라는 독립변수에 따라 결정되고, 시장에서의 수요와 공급의 상호작용으로 균형가격과 균형수급량이 정해진다고 한다. 그러나 이렇게 만들어진 이론은 복잡하고 다양한 현실 세계를 단순화 추상화시킨 것에 불과하다.

일반 재화의 경우도 수많은 일반적 요인, 개별적 요인에 영향을 받아 가격이 결정될 것이다. 이론의 정립 과정에서 가격이란 변수를 제외한 '다른 모든 것은 일정하다'라는 세터리스 패리버스ceteris paribus의 가정을 설정하여 단순화할 뿐이다.

다만, 소비재인 일반 재화는 토지와 같은 부동산과 비교해 그 가치형성요인이 복잡하거나 다양하거나 하지는 않는 것 같으며, 세터리스 패리버스의 가정을 통해 단순화 추상화시킨 경제 이론이 현실의 시장을 비교적 잘 설명하고 있는 것이 사실이다.

가격의 제 원칙

　가격의 제 원칙은 부동산의 가격이 형성되고 유지되는 과정에서 나타나는 일정한 법칙성을 말한다. 이는 시장에서의 공급자와 수요자의 전형적인 행동 양식과 경제적인 합리성에 바탕을 두고 있으며, 일반 재화와 구별되는 부동산의 특성을 반영하고 있다. 각 원칙은 상호 간에 유기적으로 연결되어 있는데, 특히 많은 원칙이 최유효이용의 원칙을 중심으로 하여 이를 보완, 설명하는 모습으로 나타난다.

　그런데 감정평가는 시장에서 형성되는 가격을 찾는 작업이므로 감정평가 과정은 시장에서 가격이 형성되는 원리와 법칙성을 추적하는 것이라고 할 수 있다. 따라서 객체인 재화의 위치에서는 가격이 형성되는 원칙이지만 감정평가를 하는 주체의 관점에서는 감정평가의 기본적인 원리가 될 수 있다.[35] 가격 제 원칙과

---

35)　안정근, 전게서, p. 88부터는 부동산평가 원리라고 표현하고 있다.

감정평가 원리 또는 평가원리는 표현의 초점이 대상의 가격형성 과정에 있는가 아니면 주체의 감정평가 활동에 있는가에 따라, 같은 내용을 달리 표현한 것으로 보인다. 본서에서는 가격 제 원칙, 그리고 각각의 원칙으로 표현한다.

대체의 원칙은 부동산의 가격은 대체 가능한 다른 부동산이나 재화의 가격과 상호 관련되어 형성된다는 원칙이다. 대체성을 갖는 둘 이상의 재화가 존재할 때, 이들 재화의 가격은 서로 영향을 미치며 결정된다.

수요공급이론에서 한 재화의 가격변동은 다른 재화와의 상대적인 가격변동을 가져와 재화의 수요량에 영향을 미치며, 이를 대체효과라고 한다. 사과와 배가 있는 시장에서 사과의 가격이 변동하면 대체효과와 소득효과로 인해 사과와 배의 수요량에 변화가 발생한다. 이 중에서 사과의 가격이 상승하면 상대적으로 배의 가격이 낮아지는 효과가 있으므로 사과의 수요량은 감소하고 배의 수요량이 증가하게 되는데, 이것을 대체효과라 한다. 대체의 원칙은 이러한 수요공급이론의 대체효과뿐 아니라 보다 광범위한 의미로 재화 상호 간에 서로 영향을 미친다고 하는 것으로 이해해야 할 것 같다.

구조와 규모가 유사한 아파트라면, 하나의 거래사례는 다른 아파트 거래 과정에 직접 영향을 준다. 사례보다 낮은 가격으로는 팔지 않을 것이며, 사례보다 높은 가격으로는 사지 않을 것이기 때문이다. 유사한 부동산뿐 아니라 성격이 다른 부동산 또는 재화와도 대체관계가 성립한다. 아파트와 연립주택, 토지와 상가, 부동산과 주식 또는 예금 등 각각의 효용과 수익률 및 위험률을 기준으로 관련을 맺는 여러 가지 대체 가능한 조합이 만들어질 수 있으며, 이들은 서로 영향을 미치고 있다. 서울의 아파트값이 상승하면 상대적으로 저렴해진 다른 지역의 아파트값도 어느 정도 시간의 차이를 두고 상승한다. 이것을 부동산 업계의 용어로 보통 '갭 메우기' 또는 '키 맞추기'라고 한다.

아파트 분양가격이 시장가격을 끌어올린다는 주장도 대체의 원칙에 바탕을 두고 있다. 일차적으로는 시장가격과 비교하여 적절하게 분양이 될 수 있는 가격으로 최초 분양가격을 책정하지만, 아파트가 완공되어 시장에 등장하면 그 가격은 인근지역 시장가격의 새로운 기준이 된다. 즉, 신규 아파트 가격 대비 적절하다고 판단되는 가격으로 기존 아파트의 새로운 시장가격이 형성된다. 분양가격이 시장가격을 끌어올렸다면 그것은 시장에서 대체의 원칙이 작동하여 상대적인 '키 맞추기'가 일어나 '갭을 메운 것'이라고 할 수 있다.

다만, 부동산의 가격에 직접 영향을 주는 것은 동일 시장 내의 유사 부동산이다. 특히 감정평가 과정에서 인근지역이나 유사지역이 아닌 지역의 사례를 기준으로 하여 서로 비교하거나 가격변동을 예측한다는 것은 쉽지 않을 것이다. 감정평가 과정에서의 지역분석이나 사례의 선정은 인근지역이나 유사지역과 같이 직접적인 대체성이 존재하는 범위로 한정하는 것이 적절하다.

수요공급의 원칙은, 부동산의 가격도 일반 재화와 마찬가지로 수요와 공급의 상호작용으로 결정된다는 원칙이다. 수요가 공급을 초과하면 가격이 상승하고, 공급이 수요를 초과한다면 가격은 하락한다.

다만 부동산시장은 부동성과 같은 부동산 그 자체의 특성과 정보의 부족, 부족한 거래 빈도 등으로 인해 시장이 온전하게 형성되지는 못한다. 또한, 부증성으로 인해 공급이 매우 비탄력적이어서 단기적으로는 수요의 변화에 따라 가격이 영향을 크게 받는다.

보통의 소비재인 재화와 부동산의 차이는, 한번 시장에 출품된 부동산은 소비되어 없어지는 것이 아니라 언제든지 다시 시장에 등장할 수 있다는 점이다. 그래서 시장에서 매수하고자 또는 매도하고자 등장한 수요 공급량보다 시장에 존재하는 수요 공급량이 매우 중요하다. 한 단지 700세대의 아파트 중 5세대가 매물로 나왔다면, 5세대에 대응하는 수요가 몇 세대냐 보다는 전체 700세대에 대한 수요량이 얼마인가가 그 단지의 아파트 가격형성에 더욱 중요하다.

부동산 시장 분석에서 수요공급이론이 쉽게 적용되지 않고 정치한 이론이 등장하지 못하는 것은 주로 이론의 성립 과정에서 설정하는 가정의 차이에 원인이 있다. 경제 이론은 복잡한 시장의 변수들을 단순화시켜 만들어진다. 예를 들면 수요공급이론에서 수요량과 공급량에 영향을 주는 요인은 매우 다양하지만, 그중에서 가격을 제외한 다른 모든 요인은 일정하다는 세터리스 패리버스의 가정을 두어 만든 단순한 모형으로 가격과 수요량 또는 공급량의 상관관계를 분석한다.

그러나 부동산의 경우는 수요량과 공급량에 영향을 주는 요인 중에서 가격이 비중이 낮은 편이기에, 즉 다른 변수들의 영향이 상대적으로 크기 때문에 세터리스 패리버스의 가정을 쉽게 설정하지 못한다. 수요와 공급으로 부동산시장을 설명하지만, 가격과 수급량만으로는 현실에 대한 설명력이 떨어지므로 가치형성요인이란 이름으로 다양한 변수의 영향력을 고려하지 않을 수 없고 그 결과 단순하고 명쾌한, 정치화된 이론이 만들어지지 못하는 것이다.

최유효이용의 원칙은 합리적이고 합법적이면서 최대의 생산성을 내는 이용을 전제로 가격이 형성된다는 원칙이다. 감정평가도 최유효이용을 전제로 해야 하며, 감정평가의 원리로서 이를 최고 최선의 이용의 원리라고도 한다. 지대이론에서도 토지이용은 최대의 지대를 지불할 수 있는 용도에 배분되며, 토지의 가격도 그 용도를 전제로 형성된다고 하였다. 토지의 인문적 특성인 용도의 다양성으로 인해 토지이용 간에 경합이 발생하고, 그중에서 최대의 지대를 지불할 수 있는 용도로 배분된 결과가 최유효이용이다.

최유효이용 또는 최고 최선의 이용은 물리적 가능성, 경제적 타당성, 법률적 허용성을 갖춘 이용 가운데 최고의 가치를 창출하는 이용이다.

아파트 건설을 예로 들어보자. 우선 해당 토지가 물리적으로 고층 건물의 건축이 가능하여야 한다. 지반이 연약하여 고층 건축물을 세울 수 없다면 아파트부지로의 이용은 최유효이용이 될 수 없다. 그리고 토지 가격과 아파트 건축을 위한 투입비용보다 아파트를 분양하여 얻을 수 있는 수익이 커야만 경제적 타당성을 갖는다. 또한, 법률적인 한계도 고려하여야 한다. 비록 물리적으로 가능하고 경제적인 타당성이 있다 하더라도 최종 이용 방안은 법률적 제한, 즉 용적률과 건폐율 등의 범위 내에서 이루어져야 한다. 이 세 가지 조건을 모두 충족하면서 가장 많은 수익을 발생시킬 수 있는 이용이 최유효이용이며, 토지의 가격은 그 최유효이용을 전제로 형성된다.

위 예에서 아파트는 어느 규모로 건축하는 것이 가장 적절할까? 바다를 메꾸어 조성한 연약 지반 위에는 초고층 아파트의 건축이 어려울 것이나, 우리나라의 경우 대부분 지역에서 물리적인 한계는 없는 것 같다. 경제적인 타당성은 지역에 따라 상이하다. 용적률이 층수에 비례한다고 할 때, 70층 규모의 아파트도 모두 분양이 가능한 지역도 있는가 하면 5층 규모로도 분양이 어려운 지역도 있다. 경제적인 타당성을 갖춘 지역이라면 보통 용적률이나 최고 층수와 같은 법률적 규제가 그 한계가 될 가능성이 크다.

경제 이론으로 보면 한계수익과 한계비용이 일치하는 규모일 것이다. 건축 규모가 커질 때 분양가격 책정에 따른 한계수익이 일정하거나 혹은 고층화에 따른 쾌적성의 저하 등으로 체감하면, 그리고 좁은 토지에 고층으로 건축하는 과정에서 분양면적의 확대에 따른 한계비용이 체증한다면, 한계수익과 한계비용이 일치하는 지점($MR = MC$)이 수익과 비용의 차이가 가장 큰, 적정 건축 규모가 될 것이다.

변동의 원칙은 시간의 흐름에 따라 부동산의 가격이 변동한다는 원칙이다. 부동산의 가격은 외부적인 환경의 변화와 부동산 자체의 변화에 따라 함께 변동한다.

가치형성요인, 즉 자연적 요인, 경제적 요인, 사회적 요인, 행정적 요인의 변화는 부동산의 가격을 끊임없이 변동시킨다. 인구증가나 인구 구성의 변화, 이자율이나 통화량 등 경제 요인의 변동, 도로·철도 등 사회간접자본의 설치, 규제나 조장의 정도와 같은 행정적 요인 등 모든 시장 환경의 변화는 부동산의 수요와 공급에 영향을 미치며, 가격을 변동시킨다. 이른바 나비효과가 발생할 수도 있다. 작은 정책의 변화나 경제 변수의 이상 현상이 의외의 시점, 의외의 장소에서 가격변동을 가져올 수도 있다.

부동산 자체의 변화로도 가격은 변동한다. 지세를 완만하게 한다든가, 분할·합병을 통해 형상을 반듯하게 만들면, 용도지역이 녹지지역에서 주거지역으로 바뀌면 토지 가격이 상승한다.

가격은 저량의 성질을 지닌다. 일정 기간에 측정되는 값이 아니라 한 시점에서의 값이기 때문이다. 엄밀하게 말하면, 가격은 그 특정의 시점에서만 의미가 있다. 가격은 항상 변동하고 있으므로 감정평가의 결과물도 어느 특정의 시점에서만 타당성을 갖는다. 감정평가 과정에서 기준시점 또는 가격시점이 필요한 이유다.

　예측의 원칙 또는 예상의 원리는 부동산의 가격은 예상되는 장
래의 최유효이용을 전제로 성립된다는 것이다. 도시 근교에 있
는 농경지의 가격은 농사용 토지의 가격으로는 설명되지 않는 고
가다. 부동산의 가치는 장래 예상되는 수익을 현재가치화한 것
이다. 현재는 농사를 짓고 있는 토지라 하더라도 언젠가는 상업
용 또는 주거용으로 개발될 것을 예측하고, 그 예측을 기준으로
하여 가격이 형성된다.

　감정평가 과정에서도 예측과 예상은 필수적이다. 부동산시장
환경이나 부동산 자체는 항상 변화하고 있으며 가격도 변동하
고 있으므로 예측이 필요하다. 다만, 예측은 매우 불확실한 작
업으로서 최첨단 컴퓨터나 인공지능을 동원하여도 정확성에 한
계가 있다. 현행 실무상 사용되는 예측의 방법으로서 과거의 추
세를 활용하는 것이 있다. 공시지가 공시기준일 또는 사례의 거
래 시점부터 기준시점까지의 지가변동률 추세, 물가상승률 추
세 등을 적용하여 가격변동을 추정하는 것은 가장 단순한 예측
의 방법이다.

　경쟁의 원칙은 수요자 간의 경쟁에 의해 부동산 가격이 결정
된다는 원칙이다. 부동산은 본질적인 특성인 부동성으로 인해
독점적 지위를 갖는 경우가 많다. 독점적 지위는 부동산 이용자
에게 초과 이익을 발생시킨다. 그런데 지대이론에서 보았듯이

토지 등 부동산 이용자가 얻을 수 있는 초과 이익은 이용자들 사이의 경쟁으로 인해 모두 부동산 소유자에게 이전하게 된다. 소유자에게 이전하는 지대 또는 임대료는 그 부동산의 가격을 결정한다.

부동산은 용도가 다양하다. 가장 많은 수익을 창출하는 이용자가 가장 큰 지불 능력이 있으며, 가장 큰 지불 능력을 가진 자에게 부동산은 배분된다. 초과 이익이 있는 한 이용자 간의 경쟁은 불가피하며, 그 결과 예상되었던 모든 초과 이익은 소유자에게 이전하고, 그것을 기준으로 하여 대상 부동산의 가격이 결정된다.

기회비용의 원칙은 부동산의 가격이 그 부동산을 선택함으로써 포기하게 되는 가장 큰 수익을 기준으로 결정된다는 원칙이다. 기회비용은 어떤 대안을 선택함으로써 선택되지 않는 다른 기회를 희생한 대가를 의미한다. 수험 생활의 기회비용은 단순히 수험 기간 지출된 비용을 의미하는 것이 아니라, 시험을 위해 포기한 다른 취업 활동을 통해 얻을 수 있었던 최대의 수익이 될 것이다.

부동산도 마찬가지다. 도심 상업지역에 소재하는 단독주택의 부지는 단독주택용으로 이용됨으로써 상업용으로 이용하지 못하는 상태에 있다. 이 토지의 기회비용은 최유효이용인 상업용으로 이용될 때 형성되는 가격일 것이며, 따라서 이 토지의 가격도 상업용을 전제로 한 가격이어야 한다.

투자자의 관점에서는 A 부동산을 위해 포기한 것들은 B 부동산이 될 수도 있고, 예금이나 주식이 될 수도 있다. A 부동산의 가격은 그것을 위해 포기한 다른 수단의 최대 수익률을 반영하여 결정된다. 기회비용은 부동산 투자에 대한 요구수익률의 기준이 될 수 있다.

가장 기본적이면서 중요한 기회비용의 기준은 시중 금리다. 부동산과 예금을 비교했을 때, 확정 금리가 보장되는 예금보다 부동산의 수익률이 낮거나 혹은 같다면 굳이 부동산에 투자하지 않을 것이다. 따라서 부동산의 요구수익률은 예금금리보다는 높은 수준이어야 한다. 시중의 예금금리가 인상되면 부동산의 요구수익률도 높아져야 한다. 부동산의 요구수익률이 높아지면, 임대료는 인상되지 못할 상태라고 할 때 그 높아진 요구수익률을 맞출 수 있는 수준으로 부동산의 가격이 하락한다. 임대료를 기준으로 한 실제의 수익률이 요구수익률보다 낮다면 시장에서 수요가 감소할 것이기 때문이다.

이같이 이자율과 부동산 가격은 대체로 역의 관계에 있다. 이자율은 기본적인 기회비용의 기준으로서, 부동산 가격변동에 가장 큰 영향을 미치는 변수의 하나라고 할 수 있다.

균형의 원칙은 부동산의 내부 구성요소들이 적절한 균형을 이루고 있을 때 최유효이용이 된다는 원칙이다. 내부 구성요소는 토지와 건물이 될 수도 있으며, 건물 내에서의 각 부분이 되기도 한다.

토지와 건물의 균형상태는 일차적으로 적정 건축 규모가 될 것이다. 최유효이용에서 보았듯이 일정한 토지에 건축의 규모를 과도하게 키운다면 경제적 타당성이 저하될 우려도 있다. 이론상의 적정 건축 규모는 한계수익과 한계비용이 일치하는 지점이다. 고밀도 상업지역에 저층의 상가 건물이 있다거나 상권이 그다지 발달하지 않은 지역에 대규모 상업 시설을 건축하여 대량의 공실이 해소되지 못한다면 그 부동산은 최유효이용 상태라고 할 수 없다. 생산요소 측면의 균형이란 토지와 자본의 적절한 결합을 의미한다.

　건물 자체의 균형도 필요하다. 용도나 규모에 맞는 설비, 구성부분별 각각의 적정 면적, 적절한 자재 및 치장 등 모든 부분에서의 균형이 중요하다. 고층 아파트 3개 라인에 엘리베이터가 1개만 있다면, 대형 아파트에 화장실이 1개만 있다든가, 소형 아파트에 작은 규모의 방이 4개가 배치되는 경우 등은 모두 적절한 균형을 이루지 못한 상태다. 원가방식에 의한 건물의 감정평가 과정에서는 이럴 때 기능적 감가라는 수단으로 최유효이용에 이르지 못한 것에 따른 가격 조정이 있어야 할 것이다.

　적합의 원칙은 부동산의 효용이 최고가 되기 위해서는 그 이용방법이 주위환경에 적합하여야 한다는 원칙이다. 이것은 부동산의 자연적 특성인 부동성에 기인한다. 부동산은 움직여 옮길 수 없으므로 주위 환경과의 조화가 중요하며, 주위환경은 가격의 형성에 영향을 미친다.

감정평가 과정에서 적합성의 판단은 인근지역의 표준적인 이용 상황을 기준으로 하여야 한다. 고급 단독주택이 상업지역에 소재하면 적합한 토지이용이라고 할 수 없다. 평범한 외딴 지역에 고급스러운 숙박 시설을 만들었다면, 아마 처음에는 어느 정도 수익성이 있을 것이나 조금만 시일이 지나면 그 가치가 급격하게 하락할 것이다. 이런 건물은 주위 환경과 조화를 이루지 못하여 최유효이용이 되지 못한다.

주위환경에 적합하지 못한 부동산에 대해 원가방식을 적용하여 감정평가를 한다면 고평가될 우려가 있다. 적합의 원칙에 어긋나 효용을 충분히 발휘하지 못하는 건물은 경제적 감가를 통해 적정가격을 산출하여야 한다.

기여의 원칙은 부동산의 가격은 그것을 구성하고 있는 각 요소가 가치에 기여하는 정도를 모두 합한 것으로 결정된다는 원칙이다. 부동산은 여러 구성 부분들이 만들어 낸 복합적 재화다. 크게는 토지와 건물로 구성된다. 그리고 토지도 여러 가지 개량공사를 통해 만들어질 것이며, 건물 또한 수많은 구성 부분들이 합해져서 건축된다.

각 구성요소는 가치의 형성에 어느 정도 기여할 것이지만 기여하는 정도는 모두 다를 것이며, 오히려 마이너스의 기여를 하는 것도 있을 것이다. 또한, 각 구성품의 원가를 모두 합한다고 하여 가격이 되지는 않는다. 원가 즉 실제 투입된 비용보다는 부동산의 가치에 대한 기여가 기준이 되어야 한다.

감정평가 과정에서 자주 만날 수 있는 사례가 있다. 500만 원을 들여 창틀을 교체하였을 때 감정평가 금액은 500만 원 혹은 그 이상 증가할까? 소유자 입장에서는 최소한 500만 원은 증가하는 것이 타당하겠지만 이때도 원가보다는 새로운 창틀의 기여도가 기준이 되어야 할 것이다. 기존의 창틀이 미흡하지만 100만 원의 가치를 하고 있었다면, 500만 원의 원가가 기여한 가치는 500만 원이 아닌 400만일 가능성이 크다. 가격 결정은 구성 부분에 투입된 원가가 아니라 가치에 대한 기여도를 기준으로 하여야 한다.

번화한 상업지역에 소재하는 단독주택이라면, 건물 자체는 토지와 건물로 구성된 복합부동산의 가치형성에 기여하지 못할 가능성이 크다. 기여하지 못할 뿐 아니라 토지의 최유효이용에 장애가 될 수도 있다. 이때는 건물이 부의 기여를 하고 있으며, 이 복합부동산의 가격은 토지 가격과 건물 가격의 합계로 이루어지는 것이 아니라 나지 상태의 토지 가격에서 건물의 철거비를 공제하여 산출되는 금액 수준으로 결정하는 것이 적절하다.[36]

잉여 생산성의 원칙은, 토지의 가치는 생산요소 중 노동과 자본에 배분되는 몫을 제하고 남은 잉여 가치로 형성된다는 원칙이다. 토지와 노동, 자본의 대가는 각각 지대와 임금, 이자이다. 지대는 생산물의 가치가 배분되는 과정에서 임금과 이자를 지불하

---

[36] 실무에서는 통상 개별 물건 기준 원칙에 따라 각각 산출된 토지 가액과 건물 가액의 합계로 계산된다. 논리상으로는 토지의 적정가격은 건부 감가를 반영하여 산정될 것이다.

고 남은 잉여이며, 이 지대를 환원하면 토지의 가격이 된다. 이 원칙을 수익 배분의 원칙이라고도 한다.

토지의 가치가 잉여 부분일 수밖에 없는 것은 토지의 특성인 부동성 때문이다. 이동이 용이한 노동과 자본은 수익성이 높은 곳을 향해 쉽게 이전해 갈 수 있으나 토지는 그렇지 못하다. 토지의 가치는 토지이용에 결부된 노동과 자본의 생산성과 그 생산성에 따른 지불 능력에 의해 수동적으로 결정된다.

외부성의 원칙은 부동산의 가격은 외부의 요인에 의해 영향을 받는다는 원칙이다. 움직여 옮길 수 없는 부동성으로 인해 부동산은 외부의 영향을 피할 수 없으며, 입지와 환경 등 외부의 요인은 부동산의 가격을 결정하는 중요한 요인이 된다.

경제 이론의 외부경제 혹은 외부불경제는 시장 밖의 다른 경제주체의 경제활동에 의해 소비자 또는 생산자가 무상으로 유리한, 또는 불리한 영향을 받는 것을 말한다. 외부성의 원칙은 이러한 외부효과도 포함할 것이나, 외부효과가 시장 밖에서의 의도하지 않은 원인으로부터 발생하는 것이라면, 외부성의 원칙은 이보다 더 넓고 느슨한 의미로 부동산의 가격이 외부의 요인에 의해 영향을 받는다는 것을 표현한 것으로 이해하는 것이 적절할 듯하다.

외부성의 원칙은 외부 환경과의 관계에 따라 가격이 결정된다고 하는 점에서 적합의 원칙과 유사한 면이 있다. 다만 적합의 원칙은 부동산의 이용이 주위환경에 적합할 때 최유효이용이 된다

는 것이며 외부성의 원칙은 부동산의 가격이 주위환경에 영향을
받아 형성된다는 것으로서, 주위환경의 영향이라는 공통 요인의
방향을 서로 달리하여 표현한 것이라고 할 수 있다.

수익 체증·체감의 원칙은 일정 규모의 부동산에 대한 투자액이
계속 증가하면 투자액에 대응한 수익이 어느 점까지는 점점 더
많이, 증가하는 정도가 커지면서 증가하지만, 그 이후는 수익이
증가는 하더라도 증가하는 정도는 감소한다는 원칙이다. 이는
재화 생산과정의 수확체증 현상과 수확체감 현상을 부동산에 적
용한 것이다.

수확체증과 수확체감은 고정요소와 가변요소가 존재하는 단기
의 생산과정에서 나타나는 현상이다. 큰 규모의 고정요소에 비
해 가변요소의 투입량이 적을 때는 가변요소의 투입량을 늘릴수
록 적절하지 못했던 생산요소 간의 관계가 점차 해소되면서 수확
체증 현상이 발생한다. 그런데 투입량을 계속 증가시키면 고정
요소와 비교해 가변요소가 과다하여 생산요소들 사이에 불완전
한 대체관계가 새로이 생기면서, 생산량은 증가하되 그 증가하는
정도는 점차 감소한다는 것이다.

수확체증이 일어나는 구간, 즉 고정요소와 비교해 가변요소의
투입량이 과소한 구간에서는 계속하여 가변요소를 투입하고 생
산량을 증가시키는 것이 경제적이다. 이 구간에서는 투입량을
증가시키는 것이 항상 경제적이므로 적정 투입량에 대한 논의가
불필요하다. 따라서 일반적으로 적정 투입량에 관한 논의가 이

루어지는 구간은 수확체감 현상이 나타나는 곳이다.

일정한 토지에 자본을 투입하여 건축할 때는 토지가 고정요소가 되며 투입되는 건축 비용은 가변요소가 된다. 수익이 체증하는 구간에서는 최유효이용의 상태가 아니다. 넓은 토지에 작은 점포 하나를 운영한다면 점포의 크기를 키웠을 때 증가하는 수익이 더 큰 폭으로 커질 수 있다. 토지에 대한 대가는 고정비용으로서, 점포를 키울수록 점포의 단위당 면적에 대응하는 토지 비용 또는 생산된 산출물의 단위당 고정비용이 감소하기 때문이다.

적정 건축 규모는 수익이 체감하는 어느 구간에 있으며, 그것은 한계수익과 한계비용이 일치하는 규모일 것이다. 한계수익이 일정하거나 혹은 체감하며 한계비용이 체증한다면, 한계수익과 한계비용이 일치하는 지점($MR = MC$)이 수익과 비용의 차이가 가장 큰, 가장 큰 이익을 창출하는 적정 건축 규모가 될 것이다.

지금까지 가격의 제 원칙을 살펴보았다. 그중에서 독립적인 원칙은 대체의 원칙, 수요공급의 원칙, 최유효이용의 원칙, 변동과 예측의 원칙, 외부성의 원칙 등이며, 나머지의 원칙들은 주로 최유효이용의 원칙을 설명하는 것이라고 할 수 있다.

감정평가 대상 가격

　감정평가는 부동산 등이 갖는 경제적 가치를 분석·판정하고 그 결과를 가액으로 표시하는 활동이다. 추상적 개념인 가치를 구체적인 숫자 즉 가액으로 나타낸 것이 가격이며, 따라서 감정평가를 통해 구하고자 하는 것은 가치의 화폐적 표현인 가격이다.

　그런데 가치의 다원적 개념 또는 가격 다원론에서 보듯이 가치와 가격이라는 용어 속에는 여러 가지 다양한 의미가 포함되어 있으므로 감정평가의 대상으로서의 가격도 그 개념을 분명하게 해야 할 필요성이 있다. 교환가치, 담보가치, 적정가격, 시장가격 등과 같이 대체로 수식어를 붙여 좀 더 구체적인, 특정의 의미를 지닌 가치와 가격으로 나타내고 있다. 가치와 가격의 여러 의미 중에서 감정평가의 기준 또는 대상이 되는 가치, 감정평가를 통해 산출하는 가격이 어떤 것인지에 대해 생각해 볼 예정이다.

　감정평가의 기준가치는 시장가치다. 따라서 감정평가의 대상이 되는 가격은 원칙적으로 시장가치를 기준으로 한 가격이다.

　시장가치는 감정평가의 대상이 되는 토지 등이 통상적인 시장에서 충분한 기간 동안 거래를 위하여 공개된 후 그 대상 물건의 내용에 정통한 당사자 사이에 신중하고 자발적인 거래가 있을 경우 성립될 가능성이 가장 높다고 인정되는 대상 물건의 가액을 말한다(「감정평가에 관한 규칙」 제2조 제1호).

　위 문장에서 가운데 부분을 줄이고 머리와 꼬리 부분만 남겨두면, "시장가치는 대상 물건의 가액을 말한다."가 된다. 즉, 시장가치가 곧 가액이 되며, 이는 애매한 용어 사용으로 인한 혼란을 보여 주고 있다. 감정평가의 기준가치는 '시장가치'이며, 따라서 감정평가의 대상이 되는 가격은 '시장가치를 기준으로 한 가격'이라고 하는 것이 적절할 것이다.

　'통상적인 시장'이란 당사자의 자발성과 거래의 반복성이라는 요건을 갖춘 일반적인 거래 과정을 말한다. 통상적인 시장은 일반적인 교환행위가 이루어지는, 현실의 거래 과정이다. '충분한 기간 동안 거래를 위하여 공개된 후'란 출품 기간의 합리성을 말한다. '대상 물건의 내용에 정통한 당사자'는 매수인과 매도인 모두 거래 예정 물건의 속성에 대해 잘 알고 거래한다는 의미이다. '신중하고 자발적인 거래'는 매도인과 매수인 모두 충분한 분석 과정을 거치고 나서 각각의 이익을 위해 자발적으로 거래하는 통상적인 교환 과정을 말한다. '성립될 가능성이 가장 높다고 인정되는 가액'은 거래 가능 가격 중에서 일어날 빈도수가 가장 높은 가액을 의미한다.

따라서 시장가치를 기준으로 한 가격은 통상적인 시장에서 거래가 성립될 수 있는 가격이다. 다만, 그 통상적인 시장은 완전한 현실의 시장이라기보다는 당사자의 합리성과 공개된 정보와 같은 몇 가지 가정이 가미된 시장이다. 시장기능이 온전하게 작동하지 않고 가격형성에 일관성이 결여할 가능성이 큰 불완전한 현실의 시장을 전제로 하면서도, 그 속에서 작동하는 수요와 공급의 상호작용으로 성립될 수 있는 균형가격이 시장가치를 기준으로 한 가격이다.

시장가치를 기준으로 한 가격과 유사한 용어는 적정가격이다. 적정가격은 「부동산 가격공시에 관한 법률」에서 명문으로 규정하고 있다. 위 법률은 부동산의 적정가격 공시에 관한 사항을 정하고 있으며(위 법률 제1조), 적정가격은 토지, 주택 및 비주거용 부동산에 대하여 통상적인 시장에서 정상적인 거래가 이루어지는 경우 성립될 가능성이 가장 높다고 인정되는 가격을 말한다고 정의한다(위 법률 제2조 제5호).

법률의 조문으로만 보면 시장가치를 기준으로 한 가격과 적정가격은 유사하거나 동일한 것 같다. 그러나 위 법률에서 정하고 있는 공시가격은 과세 또는 기타 정책 수행을 목적으로 국가가 결정 공시하는 가격으로서, 일반적인 감정평가의 대상이 되는 시장가치를 기준으로 한 가격과 같은 의미라고 할 수는 없을 것이다. 적정가격이라는 표현과 법률상의 용어 정의에도 불구하고 시장가치를 기준으로 한 가격과 공시가격의 적정가격은 서로 다른 개념이며, 현실에서도 상당한 차이가 있는 것으로 알려져 있다.

감정평가를 통해 시장가치 외의 가치를 기준으로 한 가격을 구할 수도 있다. 시장가치 외의 가치는 시장가치의 요건을 충족하지 못하는 경우의 가치라고 할 수 있다. 시장가치의 요건이 충족되지 못하다면 감정평가의 특수한 목적 또는 감정평가에 붙는 조건, 감정평가 대상 물건의 특수한 성격과 관련될 수 있다.

과세나 기타 여러 정책 목적을 위해 감정평가 방법을 적용하는 표준지공시지가의 결정, 공용수용 목적의 보상 감정평가 등은 시장가치 외의 가치를 기준으로 한 감정평가라고 보아야 하며, 이러한 감정평가는 모두 감정평가의 기준과 방법, 조건 등이 관계 법령에 규정되어 있는 경우이다. 사적 목적의 감정평가에서 의뢰인의 요청에 의한 경우로는 특수한 조건이 부가된 조건부 감정평가가 있을 수 있다.

조건부 감정평가의 일종이면서 특정 상황에 수반하는 특정 가격도 있다. 개발사업부지 내에 현황 도로인 국유지가 존재할 때, 그 국유지는 감정평가를 통해 사업자에게 매각된다. 현황 도로로서 토지보상 관련 법률을 적용하여 인근 토지 가격의 1/3 이내로 감정평가한다든가, 좁고 기다란 형상이어서 가치가 없다고 판단하여 저가로 감정평가하면 적절하지 못하다. '알박기'된 토지라고 말할 수는 없지만, 이 토지의 가격은 개발사업부지 전체에 대한 기여도를 고려하여 감정평가하여야 한다.

특정 가격의 하나로서, 시장이 한정되어 있을 때 그 한정된 경제 가치로 표시하는 가격은 한정가격이라고 한다. 일반적으로 감정평가 과정에서 한정가격은 고려하지 아니하며, 예외 또한 있다.

예를 들어 보자. 본인의 토지는 도로에 접하는 부분이 없는 맹지다. 본인 토지와 도로 사이에 좁고 기다란 형태의 타인 토지가 끼어 존재한다. 이 토지만 확보한다면 본인 토지의 가격은 크게 상승할 것이므로 그 도로변에 소재하는 보통의 토지와 비교해 훨씬 높은 가격으로 후면 토지소유자가 이 토지를 매수할 수 있을 것이다. 후면 토지소유자가 아닌 자는 그 가격으로 거래할 이유가 없다. 다른 토지와 비교해 높은 가격으로 거래가 성립한 것은 한정된 수요자를 대상으로 하는, 특정의 교환 과정에서만 가능하다. 그렇다 하더라도 이런 특수한 가격은 감정평가에서 고려되지 아니한다.

다만, 여러 개의 의원이 개업하고 있는 고층 건물의 1층에 소재하는 약국용 점포는 인근 건물의 다른 1층 점포들과 비교해 임대료의 수준이 매우 높을 것이며, 이 점포에 대한 임대료를 감정평가할 때는 그 특수한 사정을 고려하기도 한다. 약국의 독점적 운영권을 보장하는 임대차 계약의 내역과 이러한 건물 임대 관리 방침이 확인된다면 바로 인접한 다른 용도의 상가와 비교해 고가로 감정평가하기도 한다.

정리하면, 감정평가의 대상이 되는 가격은 시장가치를 기준으로 한 가격이어야 한다. 다만, 예외적으로 의뢰인의 요청에 따라 합리적이고 합법적이며 실현 가능한 조건을 부가하거나, 특정한 상황에서 특정 토지에 대한 기여도를 고려하여, 그리고 감정평가의 특별한 기준과 방법을 정하고 있는 관계 법령의 규정에 따라 시장가치 외의 가치를 기준으로 한 가격으로도 감정평가할 수 있다.

감정평가의 목적에 따라 기준가치 또는 가격수준이 달라져야 하는가 하는 논란이 있다. 담보 감정평가는 담보물의 안전성과 환가성을 고려하여 시장에서 형성될 수 있는 가격보다 낮은 수준의 가액으로 정하는 것이 적절할까? 그러나 현행 규정 및 실무 관행을 고려할 때, 담보는 물론이고 경매, 일반거래, 자산평가, 시가 산정 등 일반적인 감정평가의 기준가치는 시장가치이며, 시장가치를 기준으로 한 가격인 감정평가액은 시장에서의 가격 이른바 시가의 수준으로 결정되고 있다고 보아야 할 것 같다.

보상액을 산정하는 경우는 법정 감정평가로서 시장가치를 기준으로 한다고 할 수 없다. 다만, 그 결과물인 보상 감정평가액은 법규에 규정된 예외적인 경우를 제외하고는 시가의 수준에서 결정된다고 보는 것이 적절하다. 헌법에서 정하고 있는 정당한 보상을 실현시키기 위한 과정이기 때문이다.

감정평가의 대상으로서 혹은 그 결과물로서의 가격이 존재sein 가격인가 당위sollen가격인가 하는 논란이 있다. 존재가격은 통상적인 시장을 상정한, 있는 상태 그대로의 가격이며, 당위가격은 합리적인 시장을 상정한, 있어야 할 가격이다. 용어의 뜻대로 풀어서 말하면, "시장에서의 가격이 이러이러하니 이런 가격이다."라는 가격 결론은 존재가격일 것이며, "대상의 상태와 조건이 이러이러하니 정상적인 시장이라면 이런 가격이 되어야 한다."의 경우는 당위가격이다.

존재가격은 거래사례를 기준으로 한 현실가격으로서, 설득력이 있다. 감정평가는 시장 참여자들의 집단적 가치판단을 존중하여야 하며, 감정평가 과정에 감정평가사의 주장을 가미하면 혼란에 빠질 우려가 있으므로 시장에서 수집되는 가격을 기준으로 하여 감정평가하는 것이 적절하다고 한다.

당위가격은 이상적, 규범적 가격으로, 시장이 균형을 회복했을 때를 상정한 균형가격이다. 존재가격은 항상 불합리한 요소를 내포하는 가격일 가능성이 크기 때문이다. 불합리한 실거래가격으로 인한 혼란을 방지하고 거래질서를 바로잡기 위해서 감정평가가 필요한 것이며, 따라서 감정평가를 한다는 것은 당위가격을 구하는 것이다. 그리고 감정평가 과정에서 합리적인 시장 조건이나 수요자와 공급자의 합리적인 행위를 전제하는 것 그 자체가 당위가격을 요구하는 것이라는 의견이다.

두 가지 가격은 감정평가의 방법론적인 차이를 각각 반영하고도 있다.

존재가격은 시장의 사례가 뒷받침되는 가격으로서, 귀납적인 방법으로 구해지는 가격이다. 예를 들면, "a 아파트 가격이 얼마, b 아파트 가격이 얼마, c 아파트 가격이 얼마이므로 이 가격으로 감정평가한다."고 할 때 그 결과는 존재가격일 수 있다.

당위가격은 보통 부동산의 고유한 내재가치를 기준으로 하는 것으로서, 논리적인 흐름을 통해 연역적으로 결론에 도달하는 가격이다. "매년 1000만 원의 수익이 발생하는 상가이므로 2억 원의 가치를 갖는다."고 결론을 이끌어 낼 때 그 결과는 당위가격이다.

그러나 방법론만으로 명확하게 구분되는 것은 아니다. 감정평가 과정에서는 귀납적인 가격 자료 수집이 필수적이며, 가격 결론은 항상 연역적으로 이루어지기 때문이다. "a 아파트 가격이 얼마, b 아파트 가격이 얼마, c 아파트 가격이 얼마이므로 이런 아파트와 얼마의 가격 격차를 반영한 것이 타당하므로 이 가격이 되어야 한다."고 존재가격을 전제로 하면서 당위적으로 표현한다. 대부분의 감정평가 과정은 귀납적인 방법으로 존재가격을 찾아내고, 아울러 연역적인 방법으로 가격 결론을 도출하여 당위가격으로 표현하고 있다.

실제의 감정평가는 시장에서의 집단적인 가치판단을 존중하되 합리적인 시장 조건과 시장 참여자의 행위를 일부 가정함으로써 존재가격과 당위가격의 결합이 이루어진다고 보아야 할 것 같다.

실거래 사례나 원가 사례, 수익사례를 시장에서 구하는 것은 존재가격에 의한 가격수준을 확인하는 절차일 것이다. 그리고 시장에서 수집된 여러 사례 중에서 적정한 사례를 선택하고 사정보정을 실시하며 지역요인과 개별요인의 비교, 감가수정 또는 기대이율의 결정, 환원율과 할인율을 결정하는 것 등은 가정된 합리적인 시장 조건과 시장 참여자의 행위를 현실화하여 당위가격을 구하는 과정이라고 생각된다. 그 결과물은 존재가격의 수준에서 감정평가 주체의 개별적 판단과 논리로 확정한 당위가격일 것이다.

존재가격과 당위가격의 논란은 논리가 대립하여 양립할 수 없는 주장들이 아니다. 따라서 감정평가의 대상 가격이 반드시 존재가격이어야 하거나 당위가격이어야 하는 것은 아니다. 비록 실익이 없는 이론적인 논쟁이라 하더라도, 감정평가 과정에서 구하고자 하는 가격의 성격을 파악해 보면서 필요한 근거의 수준, 그리고 가격 결론에 대한 논리를 확인해 볼 수 있다는 데 논의의 의미가 있다.

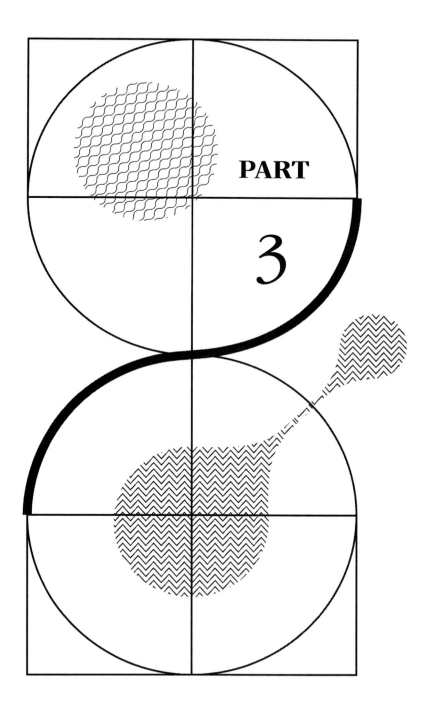

PART

3

감정평가 방식

감정평가의 3방식과 6방법

　감정평가는 부동산 등 감정평가의 대상 재화가 가지고 있는 본원적 능력인 가치를 판정하여 이를 가격으로 표현하는 작업이며 과정이다. 재화의 가치를 판정하고 가격으로 표시하기 위해서는 그 재화가 가지고 있는 능력의 본질을 탐구하고 분석, 측정하여야 한다.

　재화의 가치는 효용과 상대적 희소성, 유효수요를 기본 성분으로 하여 성립하며, 이러한 성분이 결합하여 시장에서 다른 재화와 교환이 되고 수익을 창출시키거나 비용 투입을 가능하게 한다. 그런데 효용이나 상대적 희소성, 유효수요와 같은 가치의 본질적인 요소는 수치화할 수 없는 추상적인 개념이므로, 이 같은 가치요소를 기초로 재화의 가치를 직접 측정할 수는 없다. 수요와 공급의 상호작용으로 균형가격이 결정된다고 하는 것은 복잡하고 다양한 현실을 일반화·추상화시킨 이론적인 분석의 틀일 뿐이다. 이러한 개념이나 분석을 이용하여 현실 세계에서 가치를 판정하고 가액으로 표시하는 것은 불가능하다.

따라서 본질적인 가치의 요소 또는 수요와 공급에 의한 균형가격이 어떻게, 어떠한 표현 형태로 시장에서 드러나는지 찾아내어야 하며, 그 드러난 양태를 정량적으로 포착할 수 있는 수단이 필요하다. 논리적인 타당성과 현실에서 적용할 수 있는 실효성을 갖춘 수단을 통해 재화가 가진 객관적인 능력, 즉 재화의 가치를 구체적으로 판단·측정할 수 있다.

재화의 가치가 시장에서 드러나는 방식은 크게 3가지가 있다. 가치는 시장성, 비용성, 수익성 등 3가지 측면으로 시장에서 그 능력이 표현된다.

첫째는, 시장에서 다른 재화 또는 화폐를 교환의 대상으로 지배하는 능력이다. 효용이 크다든가 혹은 수요와 비교해 공급이 적다면, 더 많은 능력 있는 수요자들이 대기하고 있다면, 그 재화는 다른 재화나 화폐를 지배하는 능력이 클 것이다. 시장에서 다른 재화나 화폐와 교환되는 비율을 찾을 수 있다면 효용이나 희소성, 유효수요의 구체적인 크기를 측정할 필요 없이 그 재화의 객관적 능력인 가치를 판정할 수 있다. 시장에서 3층 상가 건물 1개가 어떤 토지 300제곱 미터와 교환되면 그 상가는 토지 300제곱 미터의 가치를 가지며, 10억 원과 교환된다면 10억 원의 가치를 갖는 것으로 볼 수 있다.

둘째는 비용 투입을 가능하게 하는 능력이다. 제조·개발·건축 등의 과정을 통해 만들어진 생산물이 어떤 일정한 정도의 가치를 가질 것으로 예상하기에 비용의 투입이 이루어진다. 새로 건축하는 3층 상가 건물 1개가 시장에서 10억 원의 가치가 있는 것으로 인정받을 것을 예상하면서 토지를 포함하여 10억 원이라는 비용을 투입한다. 새로 지어지는 상가 건물은 그 효용이나 희소성, 시장에서의 유효수요 등이 모두 종합되어 10억 원의 비용 투입을 가능하게 하는 능력이 있을 것이며, 그 능력이 새로운 상가 건물이 갖는 가치이다. 가치 발생을 전제로 하여 비용 투입이 이루어지므로, 바꾸어 말하면 생산된 물건의 가치는 투입되었거나 되어야 할 비용과 밀접한 관계를 갖는다.

셋째는 수익을 창출하는 능력이다. 3층 상가 건물에서는 매월 500만 원의 임대료 수익이 발생한다고 해 보자. 노동력의 투입 없이 매월 임대료 수익을 발생시킬 수 있는 것이 상가가 가진 능력이며, 따라서 발생하는 임대료 수익은 상가의 가치를 결정하는 중요 요인이다. 임대료와 그 임대료를 만들어 내는 부동산의 가치 사이에 일정한 상관관계가 존재한다면, 임대료를 파악함으로써 부동산의 가치를 판단할 수 있을 것이다. 임대료 수익 외에도 보유하는 동안 예상되는 가격의 상승분도 상가 건물에서 발생하는 수익이다. 임대료 수익 또는 가격 상승 예상액은 그 상가 건물이 가지고 있는 능력이 표현된 것이다.

재화의 본질적인 가치가 다른 재화 또는 화폐를 교환의 대상으로 지배할 수 있는 능력, 비용 투입을 가능하게 하는 능력, 수익을 창출할 수 있는 능력으로 시장에서 표현되며, 이러한 표현 형태를 찾아내고 그 표현 형태와 가치와의 상관관계를 규명하여 화폐의 단위로 표시할 수 있다면 효용이나 상대적 희소성, 유효수요와 같은 추상적인 개념을 사용하지 않으면서, 그리고 수요와 공급의 상호작용으로 균형가격이 결정된다는 이론적인 분석의 틀을 적용하지 않고서도 재화의 가치를 판정하여 이를 가격으로 표시할 수 있을 것이다. 다행스럽게도 이 세 가지 능력은 모두 구체적인 수량적 표현으로 측정 가능한 것들이다.

재화가 갖는 시장성, 비용성, 수익성의 능력을 찾아내고 구체적인 금액으로 표현하는 것이 현실적인 감정평가의 방식이다. 시장성의 능력을 찾기 위해서는 감정평가의 대상 물건과 유사한 물건의 과거 거래사례로부터 본건의 가치를 유추하는 방법이 사용된다. 사례와 본건의 비교가 가능하고 그 비교의 타당성이 인정된다면 과거의 거래사례로부터 기준시점의 본건 가치를 적절하게 추계할 수 있다.

비용성의 능력은 감정평가 대상이나 유사한 물건의 제조·개발·건축 등에 소요할 것으로 예상하는 비용으로부터 추산할 수 있다. 주의할 것은, 과거에 투입된 비용이 물건의 가치를 직접 결정하는 것은 아니라는 점이다. 과거의 비용이 기준시점 현재의 가치를 반영하는 것은 아니기에 사례나 대상 물건에 직접 투입된 비용이 추산의 기초가 되는 것이 아니라, 대상 물건의 상태로 보아 기준시점 현재 투입되어야 할 것으로 예상하는 비용이 기준이 되어야 한다.

수익성의 능력은 감정평가 대상 물건이 장래에 얻을 것으로 기대되는 수익을 기준으로 판단된다. 장래의 수익도 과거부터 현재까지의 추세로부터 추산할 수밖에 없을지라도 재화가 가지고 있는 능력 판정의 기준이 되는 수익은 과거가 아닌 장래의 수익이어야 한다.

시장성 및 비용성의 능력과 수익성의 능력에는 본질적인 차이가 존재한다. 시장성과 비용성은 시장에서의 집단적인 판단 결과에 따라 드러나는 것인데 비해, 수익성은 물건의 내재적 속성을 원천으로 하는 능력이다. 물건의 내재적 속성은 장래에 기대되는 수익 또는 넓게 보면 장래의 모든 편익을 의미하며, 그 편익을 획득하기 위한 수단으로 시장에서 교환이나 생산 활동이 전개되면서 시장성이나 비용성의 능력이 생기는 것이다.

다른 재화 또는 화폐를 교환의 대상으로 지배할 수 있는 능력이나 비용 투입을 가능하게 하는 능력은 수익 또는 편익 창출 능력이 있기에 발생하는 2차적 능력인 것이다. 시장성과 비용성의 능력은 물건의 교환가치를 반영하며, 수익성의 능력은 그 내재가치를 반영하는 속성이 있다.

비용성의 능력도 시장성이나 수익성과는 그 속성에 차이가 있다. 시장성과 수익성은 대상 물건에 실재하면서 직접 발현되는 능력인 반면, 비용성은 새롭게 건축 또는 제조되는 가상의 대상으로부터 유추되어 측정되는 능력이라는 점이다.

소모품인 재화는 그 가치가 투입이 예상되는 비용과 직접 상관관계가 있을 것이며 따라서 예상 비용을 기준으로 하여 가치의 판정이 가능할 것이다. 그러나 내구재인 부동산은 건축 또는 제조 이후의 재고품이 다시 시장에 등장하므로 이미 만들어진 감정평가의 대상으로부터 직접 비용성의 능력을 측정하는 것이 곤란하다. 이에 따라 대상과 유사한, 같은 가치를 가질 것으로 추정되는 가상의 물건을 상정하고 이것으로부터 비용성의 능력을 유추한 다음 감가수정의 과정을 거쳐 대상이 갖는 가치를 판정하는 방법이 적용된다.

감정평가는 재화가 가지고 있는 능력을 찾아 이를 구체적인 금액으로 표시하는 작업이다. 시장성의 능력을 찾는 방식을 비교방식 또는 시장접근법market approach이라고 하며, 비용성의 능력을 찾는 방식을 원가방식 또는 비용접근법cost approach, 수익성의 능력을 찾는 방식을 수익방식 또는 소득접근법income approach이라고 한다. 이 기본적인 세 가지 방식을 감정평가의 3방식이라고 한다.

넓은 의미로서의 부동산 가격은 교환의 대가인 가격과 사용의 대가인 임대료로 구분된다. 감정평가의 방식도 가격을 구하는 데 사용될 수 있으며 아울러 임대료를 구하는 데 사용될 수도 있다. 비교방식을 통해 가격을 구하거나 임대료를 구할 수 있으며, 원가방식이나 수익방식도 마찬가지다. 따라서 3방식은 6가지의 방법으로 나누어진다.

비교방식으로 가격을 구하는 방법은 거래사례비교법, 임대료를 구하는 방법은 임대사례비교법이라고 한다. 원가방식으로 가격을 구하는 방법은 원가법, 임대료를 구하는 방법은 적산법이라고 하며, 수익방식으로 가격을 구하는 방법은 수익환원법, 임대료를 구하는 방법은 수익분석법이라고 한다.

가격과 임대료를 구하는 이 같은 6가지 방법을 감정평가의 6방법이라고 한다. 6방법은 성격이 서로 달라 구별되는 6가지의 감정평가 방법이라기보다는 감정평가의 3방식을 가격을 구하는 방법과 임대료를 구하는 방법으로 각각 구분한 것일 뿐이다.

비교방식 중 거래사례비교법으로 산출한 감정평가액은 비준가격, 임대사례비교법으로 산출한 임대료의 감정평가액은 비준임대료라고 한다. 원가방식 중 원가법에 의한 가격의 감정평가액은 적산가격, 적산법에 의한 임대료의 감정평가액은 적산임대료라 하며, 수익방식 중 수익환원법에 의한 가격의 감정평가액은 수익가격, 수익분석법에 의한 임대료의 감정평가액은 수익임대료라고 한다.

비교방식에 의해 산정된 감정평가액은 시장 균형가격의 성격을 갖는다. 비록 과거에 이루어진 것이지만 시장 참여자들의 집단적인 의사결정의 결과로, 즉 시장에서의 수요와 공급의 상호작용으로 만들어진 사례의 거래 성립가격을 기준으로 하여 구해진 감정평가액이므로 수요자와 공급자의 의사 합치가 반영된 시장 균형가격의 성격을 갖는다.

원가방식에 의해 산정된 감정평가액은 공급자 중심의 가격이라고 할 수 있다. 공급자가 투입할 것으로 예상이 되는 비용을 물건이 갖는 능력인 가치의 판단기준으로 하기 때문이다. 공급자는 시장에서 인정될 수 있는 재화의 가치를 추정하고, 추정된 그 가치의 범위 내에서 비용을 투입할 것이기에 비용이 생산된 재화의 시장가치에 근접할 것이며, 그러한 이유로 원가방식이 타당성을 갖는다.

특히 마셜의 언급과 같이, 단기적으로는 시장가치가 수요자의 판단에 따라 결정되겠지만 공급자의 진입이 자유로운 장기에서는 시장 참여자의 초과이윤이나 손실이 발생하지 않는 수준으로 공급이 이루어질 것이므로, 장기적 측면에서 시장가치는 비용 또는 원가의 수준으로 수렴해 간다.

수익방식에 의한 가격은 수요자 가격의 성격이 있다. 감정평가 대상 물건이 발생시키는 수익인 임대료 또는 가격변동액 수준의 판단이 수요자에 의해 이루어지기 때문이다. 특히 수익용 부동산의 거래 과정에서는 대부분 임대료 수익을 전제로 하여 그 수요가 발생한다. 대상 물건의 실제 임대료 또는 적정 임대료는 임대 대상 물건을 사용하여 이루어지는 주거나 영업 등 이용 활동의 성과에 의해 결정되며, 이용 활동의 성과는 다른 대상에 비해 대상 물건이 갖는 여러 가지 우월한 이점이 반영되어 나타난다.

즉 임대가 이루어지는 물건의 수요는 파생적 수요로서, 임대를 통해 영위되는 이용 활동의 예상 성과에 대한 물건 수요자인 실제 이용자의 판단이 임대료라는 수익을 결정한다.

감정평가 3방식에 의한 가격이 각각 시장 균형가격, 공급자 가격, 수요자 가격의 성격을 지니고 있다면, 이 3방식에 의해 산정된 가격은 서로 괴리될 가능성이 있다. 시장 균형가격은 수요자와 공급자의 의사가 합치되어 거래가 성립된 가격을 기준으로 한 가격이지만, 공급자는 원가방식에 의한 가격보다 저렴하게 매도하지는 않을 것이며, 수요자는 임대료를 기준으로 한 가격보다 높게 매수하지는 않을 것이므로 시장 참여자 각각의 상황이 반영된 가격은 서로 일치하지 않을 것이다.

가치 논란에서 보았듯이, 생산비를 기준으로 한 가격이 가치를 반영한 적정한 가격일 수 있다. 반면에 재화를 생산하는 데 아무리 큰 비용이 들었다 하더라도 일단 시장에 도착하면 재화의 가격은 소비자들이 그 재화를 구매 소비함으로써 얻으리라고 기대하는 효용에 의존하게 된다고 할 수도 있다.

그러나 자원의 자유로운 진입이 허용되는 장기적인 측면에서는 이러한 불일치가 해소될 가능성이 있다. 이렇게 비준가격(비준임대료), 적산가격(적산임대료), 수익가격(수익임대료) 등 3가지 측면의 가격이 일치하거나 근접하게 되는 것을 3면 등가의 원리라고 한다.

비준가격과 적산가격이 불일치할 때, 비준가격이 적산가격보다 높다면 투입비용보다 시장에서의 거래 가능 가격이 높으므로 이익을 예상하는 공급자는 생산을 증가시켜 추가적인 공급이 이루어지고, 공급의 증가는 비준가격을 하락시킬 것이다. 공급자는 시장의 가격을 보고서 더 큰 비용을 투입할 수도 있다. 적산가격이 높다면 신규 공급이 중단되면서 공급 부족 현상이 발생하고 공급이 부족하면 비준가격이 상승할 것이므로, 결국은 그 불일치가 해소되고 비준가격과 적산가격은 일치하거나 근접하게 된다.

비준가격이 수익가격보다 높다면 물건의 가격 대비 임대료가 낮은 상태이므로 수익성이 낮아지게 되고, 수익성이 낮아지면 그 물건에 대한 수요가 감소하게 되어 그 결과 비준가격이 낮아지게 된다. 반대의 경우는 가격 대비 임대료가 높은 수준이므로 수익성이 양호해지면서 수요가 증가하고 비준가격은 높아진다. 그 과정을 거쳐 비준가격과 수익가격은 같아지게 된다.

적산가격보다 수익가격이 높다면, 즉 임대료가 높아 수익성이 양호하다면 더 큰 비용을 투입하여서라도 공급이 이루어질 것이므로 적산가격은 상승하게 된다. 아울러 신규 공급의 증가는 임대료를 낮추는 효과를 가져와 수익가격이 낮아질 수도 있다. 적산가격보다 수익가격이 낮다면, 신규 공급이 중단되고 공급의 부족이 발생하여 임대료가 상승하고, 임대료가 상승하면 수익성이 높아지면서 수익가격은 상승하게 된다.

이같이 자원의 자유로운 진입과 진출이 가능한 장기의 상황에서는 시장성, 비용성, 수익성을 반영한 3방식으로 각각 산정한 감정평가액은 서로 일치하거나 근접하게 된다. 3가지 가격이 일치하는 것은 보이지 않는 손, 즉 시장의 자율적인 조정 기능에 의한 것이다.

단기적으로는 시장가치가 수요자의 판단에 따라 결정되겠지만 공급자의 진입이 자유로운 장기에서는 시장 참여자의 초과이윤이나 손실이 발생하지 않는 수준으로 공급이 이루어질 것이므로, 시장가치는 비용 또는 원가의 수준 및 장래의 수익 창출 능력이 반영된 내재가치 수준으로 수렴해 가면서 3가지 측면의 가격은 서로 일치하게 되는 3면 등가가 이루어진다.

감정평가의 대상이 주로 시장의 기능이 제대로 작동하지 않는 부동산임을 고려할 때, 현실의 세계에서는 3면 등가가 항상 이루어지는 것은 아니다. 일반 재화와 구별되는 감정평가 대상의 특성뿐 아니라 여러 가지 사정이 개입된 다양한 사례의 존재, 자료 수집의 어려움, 주관이 개입되는 사례자료의 선택, 장래 시장 환경 변화 예측의 한계 등은 3면 등가의 성립을 어렵게 하는 요인들이다. 이에 따라 최종 감정평가액의 결정 단계에서는 각 방법에 의해 시험적으로 산정된 가액, 즉 시산가액의 검토 및 조정이 필요하다.

시산가액의 검토와 조정은 감정평가의 각 방법으로 산정된 가액을 비교 검토하여 최적의 가격 결론을 도출하는 과정이다. 시산가액의 검토는 둘 이상의 방법으로 산정된 시산가액을 비교하거나 추가적인 가격자료를 사용하여 그 적정성을 판단하는 것이며, 시산가액의 조정은 각 방법으로 산정된 시산가액을 평균하거나 가감하여 새로운 적정 감정평가액을 결정하는 작업이다.

현행 「감정평가에 관한 규칙」과 실무기준에서는 대상별로 가장 적절한 감정평가의 방법을 제시하고, 제시된 주된 방법으로 산정된 시산가액을 주된 방법이 아닌 다른 방법으로 산정된 가액으로 그 합리성을 검토하도록 하고 있다.[37] 검토 결과 합리성이 인정된다면 주된 방법에 의한 가액을 최종 감정평가액으로 하며, 합리성이 없다고 판단된 경우에는 주된 방법 및 다른 감정평가방법으로 산출한 시산가액을 조정하여 감정평가액을 결정할 수 있다.

이때는 감정평가의 목적, 대상 물건의 특성, 수집한 자료의 신뢰성, 시장 상황 등을 종합적으로 고려하여 각 시산가액에 적절한 가중치를 두어 감정평가액을 결정하여야 한다. 그러나 주된 감정평가 방법으로 산정된 시산가액이 합리성이 결여한다는 결론에 이른다면 이는 중대한 감정평가의 오류일 가능성이 크므로, 실무상 주된 감정평가 방법을 적용하고도 그 방법으로 산출한 가액이 아닌 다른 금액으로 감정평가액을 정한 사례는 거의 없는 편이다.

아울러 「감정평가에 관한 규칙」과 실무기준에 따르면, 주된 방법을 적용하는 것이 곤란하거나 부적절한 경우에는 다른 감정평가 방법을 적용할 수 있으며, 대상 물건의 특성 등으로 인하여 주

---

[37] 공시지가기준법과 그 밖의 비교방식에 속한 감정평가 방식은 서로 다른 감정평가 방식으로 본다(「감정평가에 관한 규칙」).

된 방법 외의 감정평가 방법을 적용하는 것이 곤란하거나 불필요
한 경우에는 합리성 검토를 생략할 수 있다.

비교방식

재화의 본질적인 가치는 다른 재화 또는 화폐를 교환의 대상으로 지배할 수 있는 능력으로 표현된다. 다른 재화나 화폐를 지배하는 능력이 큰 재화는 가치도 클 것이며 능력이 적은 재화는 가치도 적을 것이므로, 시장에서 다른 재화나 화폐와 교환되는 비율을 찾는다면 그 재화의 능력인 가치를 객관적으로 측정할 수 있다. 시장에서 다른 재화나 화폐와 교환되는 비율은 유사한 재화의 과거 거래사례를 통해 판정할 수밖에 없다. 비교방식은 이미 거래가 이루어진 사례와 감정평가 대상의 비교를 통해, 즉 유사한 사례의 교환비율을 감정평가 대상에 적용하여 대상의 가격 또는 임대료를 구하는 감정평가 방식이다.

비교방식은, 재화의 가치는 시장에서 다른 재화 또는 화폐와 교환되는 능력으로 표현되므로 거래 과정에서 유사한 물건이 거래된 사례에 영향을 받게 된다는 시장성과 부동산의 가격은 대체 가능한 다른 부동산 또는 재화의 가격과 동등한 수준에서 결정된다는 대체의 원칙, 시장에 참여하는 수요자 간의 경쟁과 공급자 간의 경쟁으로 초과이윤이 소멸하고 균형가격이 성립한다는 경쟁의 원칙에 기초를 두고 있다.

초과이윤이 존재하는 동안 공급자 간 또는 수요자 간 경쟁은 불가피하며. 경쟁과 대체의 역학 관계 속에서 시장 참여자의 초과이윤은 소멸하고 균형상태를 찾아가면서 재화 간 교환비율은 일정하게 유지된다. 유사한 물건이라면, 그동안 시장에서 거래되었거나 앞으로 거래가 성립될 가격들은 서로 근접해질 가능성이 커진다.

비교방식을 가격과 임대료를 구하는 방법으로 나누어 보면, 가격을 구하는 방법은 거래사례비교법, 임대료를 구하는 방법은 임대사례비교법이라고 하며, 거래사례비교법으로 산출한 감정평가액은 비준가격, 임대사례비교법으로 산출한 임대료의 감정평가액은 비준임대료라고 한다.

거래사례비교법과 임대사례비교법에 더하여 표준지공시지가를 기준으로 한 토지의 감정평가 방법도 비교방식의 하나라고 할 수 있다. 현행 「감정평가 및 감정평가사에 관한 법률」, 「공익사업을 위한 토지 등의 취득 및 보상에 관한 법률」, 「감정평가에 관한 규칙」 및 감정평가 실무기준은 표준지공시지가를 기준으로 한 감정평가 방법인 공시지가기준법을 토지의 주된 감정평가 방법으로 규정하고 있다.

거래사례비교법과 임대사례비교법은 감정평가의 대상이 가격이냐 임대료이냐의 차이만 있을 뿐 적용 방법은 동일하므로 여기에서는 거래사례비교법을 중심으로 설명한다. 임대사례비교법과 토지의 감정평가 방법인 공시지가기준법은 별도로 다룰 예정이다.

재화의 거래는 매도인의 생산자잉여, 매수인의 소비자잉여와 같은 공동의 이익 발생으로 인해 자발적으로 이루어진다. 보유 재화에 대해 남들보다 낮은 가치를 부여하고 있거나 혹은 낮은 가격으로 매도하여야 할 특별한 사정이 있는 매도인은 본인이 마음속으로 생각하는 가격보다 시장에서 만들어진 균형가격이 더 높으므로 매도를 결정한다. 반면에, 매입하고자 하는 재화에 대해 남들보다 높은 가치를 부여하고 있거나 혹은 더 높은 가격으로 매수하여야 할 사정이 있는 매수인은 본인이 생각하는 가격보다 시장의 균형가격이 더 낮으므로 기꺼이 매수를 결정한다. 이같은 의사결정은 시장의 성립으로 모든 참여자에게 이익이 발생하여 만들어지는 자연스러운 현상이다.

그러나 부동산의 경우는 부동산이 갖는 고유한 특성으로 인해 시장기능이 온전히 작동하지 못하며, 시장의 균형가격도 명확하거나 일관적이지 못한 경향이 있다. 거래 과정에서 매도인이든 매수인이든 개개의 가치판단이 상이할 뿐 아니라, 거래 동기가 다양하고 여러 가지 개별적인 사정이 개입할 가능성이 매우 크다. 그 결과 일반적인 일물일가一物一價가 성립하지 않으며, 하나의 거래사례 가격이 시장의 균형가격이라고 성급히 단정할 수 없다.

따라서 부동산의 거래사례를 분석하는 과정에서 사례의 적정성과 거래 당사자의 개별적인 동기를 파악하는 것이 중요하다. 적정하지 않은 사례는 비교의 기준에서 제외하거나 보정을 하여야 하며, 파악된 개별적인 동기는 사례와 대상의 비교 과정에 반영하는 작업이 필요하다.

 가격이 일정 금액 이하인 1주택 소유자라면, 2년 이상 보유하거나 보유 주택에 2년 이상을 거주하고 매도하는 경우 양도차익에 대해 부과되는 양도소득세를 감면받으며, 이 1가구 1주택자가 새로운 주택을 추가로 매입하였다 하더라도 기존의 주택을 신규 주택 매입 후 3년 이내에 매도한다면 이때도 조세 감면의 대상이 된다. 1주택 보유자가 새로운 주택을 매입한 이후 3년이 거의 다 되어 기존의 주택을 매도하는 상황이라면, 이 매도인은 조기에 거래를 성립시켜 얻을 수 있는 양도소득세의 감면 혜택과 다소 저렴하게 매도하여 손해를 보는 금액을 비교하여 의사결정을 할 것이다. 양도소득세를 생각하면 저렴한 금액이라도 조기에 매도하는 것이 유리할 것이며, 이때의 거래금액은 매도인의 사정이 반영된 저가의 사례가 된다.
 반대로, 거주 주택을 이미 매도하여 이사 날짜가 가까워진 자가 새로 이사할 신규 주택을 매수하려는 경우라면 매도인과의 '힘겨루기'에서 양보할 가능성이 크며, 다소 고가의 매수 금액이라도 감수를 하여 계약을 성사시킬 것이다. 이때의 거래금액은 고가의 사례일 수 있다.

위와 같은 사례는 부동산의 거래에 통상 발생하는 일반적인 사정이 반영된 것으로 보아야 하며, 비정상적인 사례이거나 사정보정이 필요할 정도의 특별한 동기가 개입되었다고 하기는 어렵다. 부동산의 거래는 항상 다양한 동기와 사정 속에서 이루어지며, 그러한 이유로 성립된 많은 거래가격이 정상적인 내재가치나 시장가치를 온전하게 반영하지는 못한다는 예시일 뿐이다.

거래사례비교법은 사례의 수집 및 선택, 사례자료의 정상화, 요인 비교의 과정으로 이루어진다.

거래사례비교법으로 감정평가할 때에는 거래사례를 수집하여 적정성 여부를 검토한 후 하나 또는 둘 이상의 적절한 사례를 선택하여야 한다. 거래사례의 선택은 적정가격 산정의 출발점이므로 매우 중요한 과정이며, 이는 가격 결정에 가장 큰 영향을 미친다. 거래사례비교법에 의한 비준가액은 증거의 질과 양에 의존한다. 신뢰할 수 있는 많은 거래사례를 확보하는 것은 비준가액의 정확성과 신뢰성을 담보할 수 있는 가장 중요한 조건이다.

살인이나 자살 등 큰 사건 사고가 발생한 주거용 건물의 거래라든가, 위의 예에서 양도차익이 매우 클 때 이루어지는 급매의 경우, 가족 간 거래 등은 정상적인 가격과 차이가 현저한 사례로서, 이 같은 거래사례는 적정한 사례라고 할 수 없다.

거래사례는 다음의 요건을 갖춘 사례이어야 한다.

첫째, 거래 사정이 정상이라고 인정되는 사례나 정상적인 것으로 보정이 가능한 사례이어야 한다. 보정이 가능하다는 것은 거래 당시 사정의 개입으로 시장가치와 괴리될 경우, 그것으로 인한 차이를 계량화할 수 있는 것을 말한다.

둘째, 기준시점으로 시점수정이 가능한 사례로서, 거래 시점이 분명하여야 하며, 거래 시점부터 기준시점까지 가격변동이 있다면 그 차이를 보정 할 수 있어야 한다.

셋째, 감정평가 대상 물건과 위치의 유사성이나 물적 유사성이 있어 가치형성요인의 비교가 가능한 사례이어야 한다. 위치의 유사성은 인근지역 또는 동일수급권 내의 유사지역에서 거래된 사례를 수집하여야 한다는 것으로서, 지역 격차를 계량화하는 지역요인의 비교가 가능한 것을 의미한다. 물적 유사성은 토지의 경우 용도지역, 지목, 획지 상태, 이용 상황 등이 유사하고, 건물은 구조, 건축재료, 용도, 면적 등 가치형성요인이 유사하여 개별요인의 비교가 가능한 사례를 수집하여야 한다는 것을 뜻한다.

가치형성요인의 유사성이 떨어진다고 하여 감정평가가 불가능한 것은 아니다. 그러나 사례와 대상의 유사성이 낮을 경우, 우열의 비교와 격차율의 판단에 주관이 과도하게 개입할 가능성이 있어 감정평가사별 또는 상황별 가격 결론의 편차가 크게 나타나 신뢰성이 저하될 우려가 있다.

감정평가 대상 본건의 거래사례를 기준으로 하여 비준가격을 구할 수 있는가 하는 논의가 있다. 그러나 둘 이상의 대상을 두고 공통점이나 차이점 또는 우열을 밝히는 행위인 '비교'의 의미에서 보듯이, 본건의 가치 판정을 위해서는 당해 물건이 아닌 다른 물건의 사례를 기준으로 하여 가치형성요인의 비교가 이루어져야 한다. 자신의 과거 거래가격으로부터 다시 본건의 가격을 유추하는 것은, 일종의 순환 논증의 오류일 수 있으므로 적절하지 않다는 것이 일반적인 견해다.

사례자료의 정상화는 사례의 거래 과정에 개입된 특별한 사정을 찾아 이를 정상화하는 사정보정과 사례의 거래 시점과 기준시점과의 시간적 차이를 정상화하는 시점수정이 있다.

사정보정은 사례의 거래 과정에 매도인이나 매수인의 특별한 사정이 있었는지를 찾아 이를 정상화하는 과정이다.

실무기준은, 거래사례에 특수한 사정이나 개별적 동기가 반영되어 있거나 거래 당사자가 시장에 정통하지 않은 등 수집된 거래사례의 가격이 적절하지 못한 경우에는 사정보정을 통해 그러한 사정이 없었을 경우의 적절한 가격수준으로 정상화하여야 한다고 규정하고 있다.

실무에서는 일반적인 거래사례와 격차가 커서 사정보정이 필요한 것으로 판단되는 사례는 사례의 선정 대상에서 처음부터 배제하는 것이 일반적이다.

사례의 거래 시점과 기준시점과의 시간적 차이를 정상화하는 조치를 시점수정이라 한다. 비교의 대상이 되는 사례는 과거에 만들어진 것이다.[38] 그런데, 시장의 상황은 항상 변화하고 있다. 거래사례비교법의 특성상 사례의 시점은 기준시점과 같은 날짜이거나 기준시점보다 과거이므로 변화된 시장 상황을 반영하여야 적정한 감정평가액이 산정될 수 있다.

시점수정은 사례 물건의 가격변동률로 한다. 다만, 사례 물건의 가격변동률을 구할 수 없거나 사례 물건의 변동률로 시점수정하는 것이 적절하지 않을 때는 지가변동률, 건축비지수, 임대료지수, 생산자물가지수, 주택가격동향지수 등을 고려하여 가격변동률을 구할 수 있다.

실무상 물건의 가격변동률을 사례나 대상 자체에서 구하는 것은 불가능하므로 관계 기관을 통해 공표되는 공식적인 통계자료를 활용한다. 토지는 국토교통부 발표 지가변동률, 구분건물은 한국부동산원이 조사 발표하는 아파트매매가격지수, 연립주택매매가격지수, 비주거용 건물의 자본수익률 등 감정평가 대상별 각각의 변동률로 시점수정을 한다. 그런데 통계자료에 의한 변동률은 지역이나 대상별 가격변동의 큰 흐름을 보여 줄 수는 있으나, 이를 대상 물건에 적용할 경우 통계 기법을 통해 가공된 공식적 자료의 성격상 실제의 변동 폭보다 그 정도가 대부분 축소되어 나타난다는 한계가 있다.

---

38) 기준시점 이후의 거래사례를 적용하면서 역진적인 시점수정이 가능한지에 대해 논란이 있으나, 감정평가액은 기준시점 당시에만 타당성을 가지며 그 이후 시점의 상황은 보증할 수 없는데, 기준시점 당시에 존재하지 아니하는 사례는 보증할 수 없는 시점의 사례이므로 이를 적용하는 것은 적절하지 않다는 것이 일반적인 견해다.

요인 비교 과정은 거래사례와 감정평가 대상 간의 제반 가치형성요인을 비교하여 적정한 감정평가액을 산정하는 과정이다. 사정보정과 시점수정과 같은 사례의 정상화 과정을 거친 후, 사례와 본건의 우열에 따른 격차율을 적용하여 대상의 적정가격을 산정한다.

부동산은 지리적 위치의 고정성으로 인해 먼저 지역 차원에서 가격수준이 형성되고, 그에 영향을 받아 개개의 부동산 가격이 구체화한다. 지역적 격차에 의한 가격수준의 차이는 지역요인의 비교를 통해 수정하여야 한다.

거래사례를 인근지역에서 구했을 때는 지역요인의 비교가 불필요하며, 사례를 동일수급권 내의 유사지역에서 구했을 때는 지역 간 격차를 수정하여야 한다. 이때는 지리적 거리보다도 용도적, 기능적 비교가 중요하다. 유사한 토지이용이 많지 아니하여 대체로 넓은 지역에 개별적으로 또는 소수의 집단으로 산재한 양어장이나 소규모 공장부지, 골프장 등은 인근지역에서 거래사례를 찾기가 쉽지 않으므로 동일수급권의 유사지역에서 사례를 구하는 경우가 많다. 이때는 지리적 근접성보다 양어장 또는 공장부지, 골프장으로서의 가치형성요인이 중요한 비교사항이 된다.

인근지역은 감정평가의 대상이 된 부동산이 속한 지역으로서, 부동산의 이용이 동질적이고 가격형성에 직접 영향을 주는 지역이다. 인근지역의 범위는 객관적으로 구분되는 것이 아니라 가치형성요인의 분석을 통해 설정될 것이므로 자연적·인문적으로 명확히 구분되기도 하고 구분이 어려울 수도 있다. 상업지역의 노선상가지대나 후면 상가지대, 주거지역의 전용 주거지대 혹은 주상 혼용지대와 같이 용도지역과 지구단위계획 등으로 토지이용이 구별되는 신개발지에서는 비교적 분명하게 구별되기도 한다.

인근지역의 파악 과정에는 대상 부동산이 속한 지역인가, 실제 용도지대에 따른 구분인가, 가격수준이 유사한 지역인가 하는 점이 고려되어야 한다. 인근지역은 가치형성요인 중 지역요인을 공유하는 지역이므로 인근지역 내에서는 지역요인의 비교가 불필요하다.

유사지역은 대상 부동산이 속하지 않는 지역이면서 인근지역과 유사한 특성을 갖는 지역을 말한다. 유사지역의 판단은 지리적 근접성보다는 지역 특성의 유사성을 기준으로 하여야 한다.

동일수급권은 대상 부동산과 대체·경쟁 관계가 성립하고 가치형성에 서로 영향을 미치는 관계에 있는 다른 부동산이 존재하는 권역을 말한다. 이 권역은 인근지역을 포함하는 광역적인 것으로 인근지역과 유사한 특성을 갖는 유사지역을 포함한다.

다만, 동일수급권은 인근지역과 유사지역으로 구성된다는 설명은 적절하지 않다. 동일수급권은 인근지역보다 광역적인 지리적 범위이며, 그 범위 내에는 인근지역 그리고 인근지역과 용도적, 기능적으로 유사한 지역뿐만 아니라 다양한 특성을 가진 지역들이 함께 존재할 것이다. 그중에서 인근지역은 아니면서 인근지역과 가치형성요인이 유사한 지역이 동일수급권 내 유사지역이다. 동일수급권 밖에도 인근지역과 유사한 특성이 있는 지역이 있을 것이나, 이러한 지역은 인근지역과 대체·경쟁 관계가 성립한다고 할 수 없다.

　사례 물건과 감정평가 대상은 지역적인 격차 외에도 가로, 접근, 환경, 자연, 획지, 행정 등의 조건에 따라 개별적 격차가 존재한다. 따라서 거래사례비교법으로 감정평가할 때에는 사례와 대상 간의 비교를 통해 여러 가지 조건들의 우열을 판단하고 우열의 비교치를 수치화하여야 한다. 이러한 작업을 개별요인 비교라고 한다.

　토지의 감정평가에 있어 개별요인 비교는 실제 용도지대별 비교 조건을 설정하고, 각 조건별로 우열에 따른 비교 수치를 부여하는 방법으로 할 수 있다.[39] 비교 내용의 예를 들어 보면, 상업지대는 가로조건(가로의 폭·구조 등의 상태), 접근조건(상업지역 중심 및 교통시설과의 접근성), 환경조건(고객의 유동성과의 적합성, 인근 환경, 자연환경), 획지조건(면적·접면너비·깊이·형상, 방위·고저, 접면도로 상태), 행정적조건(행정상의 규제 정도), 기타조건이 있다. 그리고 농경지대 중 답 지대는 접근조건(교통의 편부), 자연조건(일조, 토양·토질, 관개·배수, 재해의 위험성), 획지조건(면적·경사, 경작의 편부), 행정적조건(행정상의 규제 정도), 기타조건 등이다.

---

[39]　실무상 토지의 주된 감정평가 방법은 공시지가기준법이며, 거래사례비교법은 공시지가기준법으로 산정된 시산가액의 타당성 검증에 주로 적용된다. 공시지가기준법의 개별요인 비교 시 적용되는 조건 및 항목도 거래사례비교법과 동일하다.

「감정평가에 관한 규칙」에서 아파트 등 구분건물은 거래사례비교법을 주된 감정평가 방법으로 적용하도록 하였다. 실무상 자주 이루어지는 주거용 구분건물은 외부요인, 건물요인, 개별요인, 기타요인의 조건을 두고 있다. 조건별 가치형성요인 비교항목은, 외부요인(대중교통의 편의성, 교육시설 등의 배치, 도심지 및 상업·업무시설과의 접근성, 차량 이용의 편리성, 공공시설 및 편의시설 등의 배치, 자연환경), 건물요인(시공업체의 브랜드, 단지 내 총 세대수 및 최고 층수, 건물의 구조 및 마감 상태, 경과 연수에 따른 노후도, 단지 내 면적구성, 통로구조), 개별요인(층별 효용, 향별 효용, 위치별 효용, 전유면적·공용부분의 면적 및 대지권의 크기, 내부 평면방식, 간선도로 및 철도 등에 의한 소음), 기타요인(기타 가치에 영향을 미치는 요인) 등이다.

실무 적용 사례를 들어 보자. 구분건물 아파트의 사례 가격이 9억 원, 사례는 특별한 사정이 개입된 것이 아닌 정상 거래인 것으로 판단되며, 사례의 거래 시점부터 기준시점까지의 아파트 매매가격지수는 2퍼센트 상승, 사례와 본건은 같은 단지 내 아파트로서, 본건은 15층 중 12층으로 2층 사례 대비 3퍼센트 우세하다.

사례 가격 9억 원, 사정보정은 1.00, 시점수정치 1.02, 개별요인은 1.03으로서, 모두 곱하여 산출된 아파트의 시산가액은 약 9억 4500만 원이다.

비교방식은 실제 거래가 성립된 사례를 기준으로 한다는 점에서 매우 실증적이며, 변화하는 시장의 상황과 추세를 비교적 정확하게 반영할 수 있다는 장점이 있다. 거래사례만 있으면 모든 물건에 적용 가능하므로 다른 감정평가 방식을 적용할 수 없는 경우 유용성이 높다.

그러나 역사적 가격인 과거의 거래사례 가격을 기준으로 하여 대상의 가격을 구하므로 논리성이 떨어지며 비합리적이고, 장래에 기대되는 수익을 현재가치화한 것이라는 가치의 설명에도 부합하지 않는 면이 있다. 사례가 없거나 매매의 대상이 아닌 부동산에는 적용이 곤란하며, 사례의 선택이나 요인 비교 과정에 주관이 개입될 가능성이 커서 객관성과 과학성을 결할 우려도 있다.

「감정평가에 관한 규칙」에서 거래사례비교법을 주된 감정평가 방법으로 정하고 있는 대상 물건은, 구분소유권의 대상이 되는 건물 부분과 그 대지사용권을 일괄한 구분건물, 산림 중 입목, 산지와 입목을 일괄하는 경우, 과수원, 자동차, 동산, 상장주식, 상장채권 등이다.

공시지가기준법

    비교방식은 다른 물건의 과거 거래사례를 기준으로 사례의 정상화와 요인 비교의 과정을 거쳐 대상의 가격을 구하는 감정평가 방식이다. 그런데, 비교의 형식을 취하면서도 그 기준이 과거의 사례 가격이 아니라 공시지가라는 국가에서 조사·발표하는 공적 지가를 기준으로 하는 토지의 감정평가 방법이 있으니 이를 공시지가기준법이라고 한다. 공시지가기준법은 법률에서 정하고 있는 비교방식의 토지 감정평가 방법이다.

    공시지가기준법이란 감정평가의 대상이 된 토지와 가치형성요인이 같거나 비슷하여 유사한 이용가치를 지닌다고 인정되는 표준지의 공시지가를 기준으로 대상 토지의 현황에 맞게 시점수정, 지역요인 및 개별요인 비교, 그 밖의 요인의 보정을 거쳐 대상 토지의 가액을 산정하는 감정평가 방법이다.

    공시지가기준법은, 공시지가의 결정 과정에서 일반 토지의 감정평가 수준으로 조사·분석·가격 결정 작업이 이루어졌다면, 토지의 감정평가 때마다 사례의 선정이나 사정보정과 같은 절차를 거치지 아니하고도 표준지와 감정평가 대상 토지의 가치형성요인 비교만을 통해 적정가격의 산정이 가능하다는 논리에서 출발한다.

「감정평가 및 감정평가사에 관한 법률」 제3조(기준) (조문 일부 수정)

① 감정평가법인 등이 토지를 감정평가하는 경우에는 그 토지와 이용가치가 비슷하다고 인정되는 「부동산 가격공시에 관한 법률」에 따른 표준지공시지가를 기준으로 하여야 한다. 다만, 적정한 실거래가가 있는 경우에는 이를 기준으로 할 수 있다.

「공익사업을 위한 토지 등의 취득 및 보상에 관한 법률」 제70조 (취득하는 토지의 보상) (조문 일부 수정)

① 협의나 재결에 의하여 취득하는 토지에 대하여는 「부동산 가격공시에 관한 법률」에 따른 공시지가를 기준으로 하여 보상하되, 그 공시기준일로부터 가격시점까지의 관계 법령에 따른 그 토지의 이용계획, 해당 공익사업으로 인한 지가의 영향을 받지 아니하는 지역의 지가변동률, 생산자물가상승률과 그 밖의 토지의 위치·형상·환경·이용 상황 등을 고려하여 평가한 적정가격으로 보상하여야 한다.

「감정평가에 관한 규칙」 제14조(토지의 감정평가)

① 감정평가법인 등은 법 제3조 제1항 본문에 따라 토지를 감정평가
할 때에는 공시지가기준법을 적용하여야 한다.

이같이 감정평가 관련 법령은, 일부 예외를 제외하고 토지의
감정평가는 원칙적으로 공시지가기준법을 적용하도록 하고 있
다. 실무상 법령의 예외 조항을 적용하는 것은 적지 않은 부담이
있을 것이므로 현재 우리나라의 거의 모든 토지 감정평가는 공시
지가기준법을 적용하고 있다고 보아야 한다.

공시지가를 기준으로 토지를 감정평가한다는 말은 많은 오해
를 불러일으키기도 한다. 공시지가는 주로 조세징수 등 정책 수
행을 위한 수단으로 사용하기 위해 국가에서 결정하여 발표하는
지가다. 따라서 시가와는 어느 정도 괴리가 있다고 알려져 있으
며, 보통 시세보다 공시지가가 낮은 것이 일반적이다. 그런데 이
같은 공시지가를 기준으로 토지 가액을 산정한다고 하니 항상 저
가로 감정평가될 가능성이 크다는 우려이다.

그러나 법령을 자세히 보면, 대상 토지의 공시지가 수준으로
감정평가액을 결정한다는 의미는 아닌 것 같다. 공시지가를 기
준으로 한다는 것은, 공시지가 수준에서 감정평가액을 정해야 한
다는 것이 아니라 가격을 산정하는 데 있어 그 계산의 출발점을
표준지공시지가로 하면서 표준지와 감정평가 대상 토지의 여러

가치형성요인을 비교하여 적정가격을 산정한다는 의미로서, 이는 감정평가의 기술적인 방법론을 정한 것이다. 그러므로 공시지가기준법으로 산정된 감정평가액이 공시지가 수준의 저가로 단순히 결정된다고 하는 것은 맞지 않는 예상이다.

공시지가에는 표준지공시지가와 개별공시지가가 있다. 여러 토지 중에서 대표가 되는 몇 개 필지의 토지를 표준지로 선정하고, 이 표준지의 가격을 국토교통부 장관이 공시하는 것을 표준지공시지가라고 한다. 우리나라 전체 토지의 약 1.6퍼센트인 50만 필지 정도가 현재 표준지로 선정되어 있다. 표준지공시지가는 일반 토지의 감정평가와 개별공시지가 산정의 기준이 된다.

개별공시지가는 표준지공시지가에 표준지와 개별 토지 간 토지특성의 차이에 따른 가격 배율[40]을 곱하여 시장·군수·구청장이 결정·공시하는 지가다. 표준지공시지가는 감정평가와 유사한 절차와 방식에 의해 가격이 결정되나, 개별공시지가는 그 과정을 거치지 않고 컴퓨터 프로그램에 따라 기계적으로 계산된다. 개별공시지가는 전국 거의 모든 토지를 대상으로 하여 산정한다.

감정평가 관련 법령에서 말하는 공시지가는 표준지공시지가이다. 감정평가 과정에서 인근 지역을 대표하여 선정된 표준지의 가격으로서 국토교통부 장관이 공시한 이 표준지공시지가를 계산의 출발점으로 하여 표준지와 개별 토지의 가치형성요인에

---

[40] 토지특성의 차이에 따른 가격 배율을 정해 놓은 것을 토지가격비준표라고 한다.

대한 비교를 통해 감정평가액을 산정한다. 개별 토지별로 결정·공시되는 개별공시지가는 감정평가 과정에 영향을 준다고 할 수 없다.

  토지의 감정평가 과정을 살펴보자. 제일 먼저 가격 산정의 기준이 되는 적정 표준지를 선정한다. 지리적으로 근접하여 소재하는가, 용도지역이 같은가, 지목과 이용 상황·도로상태 등이 유사한가 등 가치형성의 주요 요인을 기준으로 대상 토지와 가장 유사한 표준지를 비교표준지로 선정한다. 거래사례비교법의 사례 선정에 대비되는 과정이다.

  가끔 적절하지 못한 비교표준지가 선정되어 감정평가액이 잘못 산정되었다고 이해관계자가 문제를 제기하기도 하는데, 법적으로는 이런 주장이 대부분 인정되지 않는 것 같다. 논리상 어떤 표준지를 선정하든 적절한 요인 비교가 전제된다면 모두 유사하거나 같은 액수의 감정평가액이 산정될 수 있기 때문이다.

    비교표준지는 특별한 사정이 없는 한 도시계획구역 내에서는 용도지역을 우선으로 하고, 도시계획구역 외에서는 현실적 이용 상황에 따른 실제 지목을 우선으로 하여 선정하여야 하나, 이러한 토지가 없다면 지목, 용도, 주위환경, 위치 등의 제반 특성을 참작하여 그 자연적, 사회적 조건이 감정 대상 토지와 동일 또는 가장 유사한 토지를 선정하여야 하고, 표준지와 감정 대상 토지의 용도지역이나 주변 환경 등에 다소 상이한 점이 있더라도 이러한 점은 지역요인이나 개별요인의 분석 등 품등비교에서 참작하면 되는 것이지 그러한 표준지의 선정 자체가 잘못된 것으로 단정할 수는 없다. [41)]

표준지공시지가는 매년 공시된다. 따라서 공시지가기준법을 적용하기 위해서는 연도별 공시지가를 선택하여야 한다. 적용할 공시지가는 원칙적으로 기준시점에 이미 공시가 되어있는 표준지공시지가 중에서 기준시점에 가까운 시점의 것을 선택하여야 하며, 감정평가 시점이 공시지가 공시일 이후이고 기준시점이 공시기준일과 공시지가 공시일 사이인 경우는 기준시점 해당 연도의 공시지가를 기준으로 한다.

기준시점과 감정평가 시점이 2022년 5월 1일이면, 2022년 1월 1일을 공시기준일로 하는 2022년 공시지가를 적용한다. 그런데 기준시점과 감정평가 시점이 1월 20일이라면 2022년이 아닌 2021년 공시지가를 기준으로 해야 할 가능성이 크다. 공시지가는 매년 1월 1일을 공시기준일로 하지만 실제 지가를 조사·결정하여 그 결과를 공시하는 것은 보통 매년 2월 중에 이루어진다. 2022년 1월 20일 전후에는 2022년도의 공시지가가 공시되지 아니할 가능성이 매우 크므로, 불가피하게 2021년 공시지가를 적용할 수밖에 없다. 다만, 감정평가의 시점이 2022년 3월 10일이면서 기준시점이 1월 20일이라면, 감정평가 시점 당시에는

[41)] 대법원 2009. 9. 10. 선고 2006다64627 판결 [손해배상].

이미 새로운 공시지가가 공시되어 있을 것이므로 2022년 공시지가를 적용하여야 한다.

보상액을 산정하는 감정평가에서는 「공익사업을 위한 토지 등의 취득 및 보상에 관한 법률」에서 정한 바에 따라 연도별 공시지가를 적용한다. 사업인정이 없는 때에는 보상액의 가격시점(기준시점) 직전 시점에 공시된 공시지가를, 사업인정이 있는 경우에는 사업인정고시일이나 기타 공익사업의 시행이 일반에게 공개된 시점 직전에 공시된 공시지가를 기준으로 하여야 한다. 공익사업의 시행에 따라 발생하는 사업지구 내 토지의 가치 변동 이른바 개발이익을 배제하기 위한 장치이다.

공시지가기준법에는 사정보정의 절차가 없다. 감정평가의 출발점이 되는 기준가격이 여러 가지 개별적 동기와 사정이 개입되어 거래가 성립한 과거의 거래사례가 아니라 국가에서 결정한 공적 목적의 표준지공시지가이므로 이런 보정의 과정은 필요하지 않다.

그 이후의 시점수정, 그리고 가치형성요인 비교 과정인 지역요인과 개별요인의 비교는 거래사례비교법의 경우와 유사하다. 다만 시점수정의 시작 시점은, 거래사례비교법이 사례의 계약이 이루어진 날인 반면, 공시지가기준법은 표준지공시지가가 공시된 해의 1월 1일이 된다. 표준지공시지가의 공시기준일이 매년 1월 1일이기 때문이다.

표준지공시지가를 기준으로 시점수정과 지역요인 및 개별요인의 비교를 거쳐 감정평가한다면 한가지 문제가 발생한다. 공적지가인 표준지공시지가는 시가를 제대로 반영하지 못하는 경향이 있는데, 시가에 못 미치는 공시지가를 가지고 단순히 시점수정과 요인 비교의 작업만 한다면 감정평가액이 낮은 수준으로 결정될 가능성이 크다. 감정평가의 결과가 현실과 괴리되고 적절하지 못하다면 이해관계인의 재산권을 침해하는 것은 물론 국가행정이나 경제의 흐름에 불합리한 상황이 만들어질 수 있다.

그래서 대법원 판례, 감정평가 실무기준과 국토교통부의 유권해석 등에서 표준지공시지가가 적정 시세를 반영하지 못할 때 이를 적절히 바로잡는 보정을 할 수 있다고 인정하고 있다.

이에 따라 감정평가 과정에서 그 밖의 요인 보정 또는 기타요인 보정이라는 이름으로 표준지공시지가의 이른바 시세반영률 또는 현실화율을 고려한 일정 비율의 보정을 하고 있다.[42] 이 보정이 가해져 감정평가된 가액은 표준지공시지가에서 시점수정과 요인 비교만을 거친 가격에 비해 높게 결정될 것이며, 그 상향 정도는 공시지가의 현실화율이 고려된 그 밖의 요인 보정치에 따라 달라진다. 그 밖의 요인 보정은 표준지공시지가를 기준으로 하면서도 적정가격을 감정평가액으로 책정하기 위해 만든 불가피한 장치이다.

---

[42] 예를 들어 표준지공시지가의 이른바 현실화율이 80퍼센트라면, 그 밖의 요인 보정치는 1.25(1÷0.8=1.25)가 될 가능성이 크다.

예를 들어 보면 쉽게 이해될 것 같다. A 토지의 감정평가액을 개략적으로 책정해 보자. A 토지의 인근지역에 소재하며 용도지역과 지목이 같아 비교표준지가 될 수 있는 표준지의 공시지가가 제곱미터 당 100만 원이다. 이 표준지공시지가 공시 이후 기준시점까지 지가는 2퍼센트 상승하여 지가변동률에 반영됐다. 감정평가 대상 A 토지와 비교표준지의 가로조건, 접근조건, 환경조건, 획지조건, 행정적조건, 기타조건 등 제반 개별요인을 비교해 보니 A 토지가 표준지와 비교해 5퍼센트 열세하다. 그런데 위 비교표준지를 포함한 인근지역의 표준지공시지가는 인근의 감정평가 사례, 실거래가 등에 비해 낮은 수준이며, 따라서 적정가격 산정을 위해 35퍼센트 상향 보정을 할 필요성이 있다.

기준이 되는 표준지공시지가는 100만 원, 시점수정치는 지가변동률이 2퍼센트 상승이므로 1.02, 지역요인 비교치는 지역요인이 같은 인근지역이므로 1.00, 개별요인 비교치는 대상 토지가 5퍼센트 열세하므로 0.95, 그 밖의 요인 보정치는 35퍼센트를 상향 보정 하니 1.35다. 모두 곱해보면 제곱미터 당 약 131만 원이다. 이렇게 산정된 금액이 대상 A 토지의 감정평가액 단가다.

표준지보다 열세한 상태의 토지로서 단순히 시점수정과 지역요인 및 개별요인의 비교만을 거친다면 제곱미터 당 97만 원 수준으로 결정될 것이고 해당 토지의 개별공시지가는 그 요인 비교치가 토지가격비준표의 가격 배율과 같을 때 시점수정은 고려되지 아니한 95만 원 정도이겠지만, 감정평가액은 그 밖의 요인 보정을 거쳐 표준지공시지가나 개별공시지가보다 높은 가격인 제곱미터 당 131만 원으로 결정된다.

　토지의 감정평가는 원칙적으로 공시지가기준법에 의하지만, 예외적으로 다른 방법을 사용할 수 있다. 「주식회사의 외부 감사에 관한 법률」에 따른 재무제표 작성에 필요한 감정평가, 「자산재평가법」에 의한 감정평가, 법원에 계속 중인 소송(보상 관련 감정평가 제외)이나 경매를 위한 감정평가, 금융기관·보험회사·신탁회사 등 타인의 의뢰에 따른 토지의 감정평가 때에는 해당 토지의 임대료, 조성비용 등을 고려하여 감정평가를 할 수 있다.

　이에 따라 위에서 열거한 감정평가는 원칙적으로 공시지가기준법을 적용하되, 공시지가기준법의 합리성이 인정되지 않을 때는 거래사례비교법이나 원가법, 수익환원법 등으로 구한 시산가액과 비교·검토하고 시산가액의 조정 과정을 거친 후 최종 감정평가액을 결정할 수 있다.

　위의 예외적인 감정평가에는 보상 감정평가, 국공유지의 처분 등을 목적으로 하는 감정평가는 포함되어 있지 않다. 이때는 공시지가기준법을 적용하여야 한다는 강행 규정으로 인해 다른 감정평가 방법으로 구한 가액으로 최종적인 감정평가액을 결정하기 곤란하다는 의견이 있다.

　그러나 「공익사업을 위한 토지 등의 취득 및 보상에 관한 법률 시행규칙」에 '이 규칙에서 정하는 방법으로 평가하는 경우 평가가 크게 부적정하게 될 요인이 있는 경우에는 적정하다고 판단되

는 다른 방법으로 평가할 수 있다'는 규정을 두고 있으며,43) 「감
정평가에 관한 규칙」이나 실무기준에서 적정가격의 산정을 위해
다양한 감정평가 방법을 권장하고 있는 취지 등을 감안할 때 공
시지가기준법에 의한 감정평가가 크게 부적정할 경우 공시지가
기준법 외의 감정평가 방법의 적용이 가능하다는 것이 실무기준
해설서의 견해다.

실무상 보상이나 국공유지의 처분 감정평가에서 공시지가기준
법이 아닌 다른 감정평가 방법이 적용된 사례는 발견되지 않은
것 같다.

공시지가기준법은 표준지공시지가의 신뢰를 바탕으로 하여 감
정평가 활동이 단순하고 쉽게 이루어질 수 있도록 하는 법정 감
정평가 방법이다. 그러나 첫 출발인 표준지공시지가의 신뢰에서
부터 문제가 발생하고 있다.

공시지가의 성격과 기준가치의 불명확성, 공시지가 사용 목적
의 다양성, 협력과 조정을 어렵게 하는 복잡하게 얽힌 관련 행정
기관의 역할, 이해관계에 따라 다양하게 분출되는 토지소유자 등
의 민원, 예산 절감을 위해 낮게 책정된 산정 보수 및 이를 이유
로 한 담당 감정평가사의 관성적인 업무처리, 자율적인 가격 결
정을 어렵게 하는 공시업무 절차와 지도 감독 등은 공시지가의
신뢰 확보를 어렵게 하는 요인들이다.

---

43)   「공익사업을 위한 토지 등의 취득 및 보상에 관한 법률 시행규칙」 제18조.

표준지공시지가는 감정평가사에 의해 조사와 가격 산정업무가 이루어지며, 국토교통부에서 결정·공시한다. 그 과정에는 소유자 등 이해관계인과 지방자치단체의 의견 청취, 부동산가격공시위원회의 심의 절차와 주무 부처인 국토교통부의 지도 감독 등이 있다. 의견 청취와 심의 과정, 그리고 지도 감독을 거치는 중에 현장조사와 가격 결정을 담당하는 감정평가사의 의견이 왜곡 또는 강요되거나 감정평가사 스스로 업무의 편의를 위해 자발적으로 순응하는 행태를 보이면서 표준지공시지가는 현실의 지가와 많이 괴리된 상태에 있다.

이런 문제점이 노출되자 공시지가기준법을 유지하면서도 적정가격이 산정될 수 있도록, 관행적으로 이루어지던 그 밖의 요인이라는 이름의 보정 작업이 판례나 실무기준을 통해 인정되었다. 그 결과 공시지가기준법은 시장가치를 반영하는 적정 가액을 결정할 수 있는 감정평가 방법으로 자리매김할 수 있었다.

다만, 그 밖의 요인 보정치의 산정에 주관이 개입할 수 있어 가격 결론을 쉽게 왜곡할 가능성이 있다. 그리고 표준지공시지가의 수준이나 시점수정치 또는 요인 비교치보다도 그 밖의 요인 보정치의 가격 결론에 대한 영향력이 훨씬 커지게 되어 표준지공시지가를 기준으로 한다는 개념은 형해화形骸化 상태가 되었다고 보는 견해도 있다.

공시지가기준법이 타당성을 갖기 위해서는 표준지공시지가의 신뢰 확보가 무엇보다도 중요하다. 그러나 감정평가의 기준이 되는 것 외에도 여러 가지 국가 행정의 목적으로 사용되는 공적

지가의 수준이 쉽게 시장가치를 반영하는 정도로 바뀌기는 어려운 상황이다. 장기적으로는 공시지가의 성격과 기준가치에 대한 재검토가 필요할 것이나, 당장은 다소의 문제점이 있다 하더라도 그 밖의 요인 보정과 같은 현행의 방법을 사용하면서 적정가격이 산정되도록 할 수밖에 없을 것 같다.

공시지가기준법은 거래사례의 선정이나 사정보정의 절차를 거치지 않음으로써 쉽고 단순하게 토지를 감정평가할 수 있다고 하나, 실제 그 밖의 요인 보정치를 결정하는 과정이 오히려 더 어렵고 복잡한 면이 있어 실무상 편의점이 있다고 하기는 어렵다.

그런데 공시지가기준법을 적용하지 않는다면, 또한 여러 문제점이 있을 것이다. 토지의 감정평가에는 원가법이나 수익환원법을 사용하기 어렵다. 거래사례비교법이 토지의 주된 감정평가 방법이 된다면 거래가 드물어 사례의 선정이 어려운 특정 지역이나 용도의 토지에 대한 감정평가가 쉽지 않을 것이며, 주된 감정평가 방법으로 산정된 가격을 다른 방법의 가격으로 그 타당성을 검토하도록 규정하는 현행 제도에서 실무상 토지 비준가격에 대한 타당성의 검토는 불가능할 것이다.

원가방식

   재화의 가치가 가진 능력 중 하나는 비용 투입을 가능하게 하는 것이다. 제조·개발·건축 등의 과정을 통해 만들어지는 생산물이 가치를 가질 것으로 예상하기에 비용을 투입한다. 가치 발생을 전제로 하여 그에 상응하는 비용이 투입되므로 생산된 물건의 가치는 투입되었거나 되어야 할 비용, 즉 원가와 밀접한 관계를 갖는다.

   이런 비용성의 능력은 감정평가 대상이나 유사한 물건의 제조·개발·건축 등에 소요할 것으로 예상이 되는 비용으로부터 추산할 수 있다. 비용이 예상되는 시장가치보다 적다면 비용을 추가 투입하여 공급을 증가시킬 것이고, 공급이 증가하면 시장가치가 하락한다. 예상 비용이 시장가치보다 크다면 신규 공급이 중단되면서 공급 부족 현상이 발생하고 공급이 부족하면 시장가치가 상승할 것이다.

   일반적인 상황에서 매입이냐 신축이냐를 고민할 때, 이미 건축된 주택의 매입가격이 신축할 때의 원가보다도 높다면 기존 주택의 매입보다는 신축을 선택할 것이다. 자원의 투입이 자유로운 장기에는 결국 시장가치와 투입비용은 일치하거나 근접하게 된다. 경쟁을 통해 초과이윤을 소멸시키는 이러한 시장의 자율적인 조절 기능으로 인해 재화의 생산 원가를 기준으로 가치를 측정하는 원가방식이 성립한다.

원가방식으로 가격을 감정평가하는 방법은 원가법, 임대료를 감정평가하는 방법은 적산법이라고 한다. 그리고 원가법에 의한 감정평가액은 적산가격, 적산법으로 결정한 임대료는 적산임대료라 한다.

원가법은 감정평가 대상 물건의 재조달원가에 감가수정을 하여 대상 물건의 가액을 산정하는 감정평가 방법이다. 적산법은 대상 물건의 기초가액에 기대이율을 곱하여 산정된 기대수익에, 대상 물건을 계속하여 임대하는 데 필요한 경비를 더하여 대상 물건의 임대료를 산정하는 감정평가 방법을 말한다.

원가법은 투입이 예상되는 비용, 즉 물건의 추정 원가를 기준으로 가격을 산정하므로, 그 대상은 건물, 공작물, 기계 기구 등 주로 생산이 가능한 물건이다. 생산이 가능한 물건은 대체로 시간의 경과에 따라 그 가치가 하락하는 속성이 있다.

토지는 원칙적으로 원가법의 대상이 될 수 없을 것이나, 농경지나 임야 등 개발 전 토지 이른바 소지素地에 비용을 투입하여

기반시설을 설치하고 획지의 정지작업을 하는 개발행위를 할 경우, 소지 가격과 개발 비용을 합산하여 토지 가격을 산정할 수 있다. 이러한 원가방식의 토지 감정평가 방법을 개발법이라고 한다.

원가법은 재조달원가에서 감가수정액을 차감하여 대상 물건의 가격을 산정한다. 따라서 재조달원가의 결정과 감가수정의 방법이 매우 중요하다.

재조달원가는 감정평가 대상 물건을 기준시점에 재생산하거나 재취득하는 데 필요한 적정한 원가의 총액을 말한다. 재생산은 건물과 같이 직접 생산이 가능한 물건에 해당하며, 재취득은 해외로부터 수입하는 기계 등 직접 생산이 불가능할 때 이를 구매하여 취득하는 경우에 적용된다. 재조달원가를 판단하는 시점은 대상이 건축되거나 생산된 시점이 아니라 감정평가의 기준시점이다.

여기에서 주목할 글자는 재조달, 재생산, 재취득에 공통으로 들어가는 '재再'이다. 조달하거나 생산 또는 취득한 비용이 아니라 '다시' 조달하거나 생산, 취득하는 데 소요할 비용임을 말하고 있다. 과거에 투입된 비용이 물건의 가치를 직접 결정하는 것은 아니라, 물건의 가치에 상응하는 비용을 투입할 것이므로 투입되어야 할 비용을 기준으로 하여 현재의 가치를 판단해 보는 것이다.

재생산원가는 복제원가reproduction cost와 대체원가replacement cost로 구분될 수 있다. 복제원가는 대상 물건과 같은 모양, 구조, 노동의 질, 원자재를 가지고 있는 복제품을 기준시점 현재 만드는 데 소요되는 원가이며, 대체원가는 대상 물건과 같은 효용을 가진 물건을 기준시점에 만드는 데 소요되는 원가다. 재조달원가는 대체원가를 기준으로 하는 것이 타당하다. 원가를 판단하는 기준이 되는 시점이 현재의 기준시점이며, 재화의 가치는 물리적인 구조나 형태보다도 경제적 효용에 따라 결정되기 때문이다.

재조달원가는, 표준적인 공사비 또는 건축비, 통상적인 부대비용 그리고 이윤의 합계로 구성된다. 만약 조성지 또는 매립지라면 소지의 표준적인 취득가격과 위의 여러 가지 비용의 합계가 될 것이다.

자료의 출처를 기준으로 할 때는, 원가 자료를 대상 물건에서 직접 구하는 방법인 직접법과 원가 자료를 대체 물건에서 구하는 간접법이 있다.

총가격적산법(총량조사법)은 대상 물건 전반에 대한 자재비, 노무비, 부대비용 등을 구하여 집계하는 방법이며, 부문별단가적용법(구성단위법)은 지붕, 기둥, 바닥, 벽, 기초 등의 구성 부분에 따라 표준단가를 먼저 구하고 이를 집계하는 방법이다. 변동률적용법(비용지수법)은 실제의 비용을 파악할 수 있는 경우에 그 내역을 분석하고 적절하게 보정을 한 후 건축 또는 제조 시점 이후부터 기준시점까지의 변동률을 적용한 시점수정을 하여 재조달원가를 구하는 방법이다. 총량단가적용법(단위비교법)은 물건의 유형별로 가장 전형적인 표준 건축물을 설정하여 미리 적정 원가를 산정해 두고 대상 물건에 따라 서로 비교해 원가를 추정하는 방법이다.

실무에서는, 건축물의 경우 주로 총량단가적용법을 사용한다. 한국감정평가사협회나 한국부동산원 등에서 용도별, 구조별로 그리고 건물의 질을 고려한 급수별로 구성 부분에 따른 제반 비용을 조사하고 이를 합계하여, 즉 총가격적산법이나 부문별단가적용법을 적용한 표준건축비 자료를 만들어 제공하며, 개별 감정평가 과정에서는 제공된 이 자료의 표준적인 상태와 감정평가 대상의 질적 상태를 비교하여 감정평가 대상에 적용할 재조달원가를 결정한다.

감가수정은 대상 물건에 대한 재조달원가를 감액하여야 할 요인이 있는 경우에 물리적 감가, 기능적 감가 또는 경제적 감가 등 가치 하락요인에 해당하는 금액을 재조달원가에서 공제하여 기준시점에서의 대상 물건의 가액을 적정화하는 작업을 말한다.

감가수정이 필요한 이유는 가치가 갖는 비용성의 능력이 감정평가 대상 물건 자체에서 직접 발현되지 않기 때문이다. 소비재와 달리 부동산 등 내구재는 과거 시점에 신축이나 제조된 이후 중고품의 모습으로 시장에 등장하는 사례가 많으며, 그 중고품으로부터는 직접 비용성의 능력을 측정할 수 없다. 그러므로 비용성의 능력은 중고품인 감정평가 대상이 아닌 대상과 유사한 가상의 신품을 상정하고 이것으로부터 유추하여야 한다.

중고품은 시간의 경과나 사용 등에 따라 신품과 가치의 차이가 발생하며, 가치가 하락하는 것이 일반적이다. 가상으로 설정된 신품으로부터 찾아진 비용성의 능력은 재조달원가로 표현되며, 따라서 감정평가 대상인 중고품의 적정 가치를 판정하기 위해서는 가상의 신품과 비교하여 가치 하락분을 반영하는 절차가 필요하다. 감가수정은 가상의 신품과 중고품인 대상의 가치 비교 절차이다.

감가란 신규 또는 최유효이용 상태 원가로부터 가치가 하락하는 것이다. 가치 하락요인은 물리적 상태 변화에 따른 물리적 감가, 기능적 효용 변화에 따른 기능적 감가, 인근지역의 경제적 상태·주위 환경·시장 상황 등 가치에 영향을 미치는 경제적 요소들의 변화에 따른 경제적 감가 등이 있다.

물리적 감가 요인은 시간의 경과, 사용으로 인한 마모 또는 훼손, 재해 등 우발적 사고로 인한 손상, 기타 물리적인 하자 등이 있다. 감가는 시간의 경과에 따라 자연적으로 발생하기도 하며, 사용 과정 또는 외부의 비정기적인 요인으로 발생하기도 한다.

기능적 감가 요인은 건축이나 제조 당시의 설계와 같은 인위적인 요소가 작용한 것으로, 형식의 구식화, 설비의 부족 또는 과잉, 설계의 불량, 능률의 저하, 기타 기능적인 하자 또는 부적합 등이 있다. 기능적 감가 요인은 균형의 원칙에 어긋남으로 인한 것이다.

단독주택의 경우, 방 수 대비 부족한 화장실, 지나치게 높거나 낮은 천장, 일상생활에 꼭 필요하다고 하기 어려운 실내 엘리베이터 등은 원가에 대비해 그 기능을 제대로 발휘하지 못할 수 있으며, 기능을 제대로 발휘하지 못한다면 투입되었거나 되어야 할 원가를 감액하여야 할 사유가 된다.

경제적 감가 요인은 부동산이 갖는 물리적 특성인 지리적 위치의 고정성으로 발생하는 것으로, 주위 환경과의 부적합, 인근 지역의 쇠퇴, 시장성의 감퇴, 기타 경제적인 하자 등이 있다. 외부의 요인에 의한 가치의 상실은 치유 불가능한 것이 일반적이다. 외부 환경의 변화로 인한 것일 수도 있으며, 처음부터 적절하지 않은 환경에 입지한 것일 수도 있다. 경제적 감가 요인은 적합의 원칙에 어긋남으로 인한 것이다.

외딴 지역에 건축된 숙박 시설을 예로 들면, 인근에 혐오 시설이 새롭게 들어와 가치가 하락할 수도 있으며, 건축 당시 사업성에 대한 분석을 잘못하여 장래 가치 대비 과도한 원가를 투입하였을 수도 있다. 이때 단순히 정상적인 원가를 투입하였다 하여 재조달원가를 그대로 인정한다면 그 경제적 가치에 비교해 과도한 감정평가액이 산정될 수 있다. 경제적 감가는 물리적 또는 기능적 감가 이외의 추가적인 감가 요인에 대한 분석을 통해 적정가격이 산정되도록 마련한 장치다.

감가수정depreciation은 재조달원가를 감액하여야 할 요인이 있을 때 이를 반영하여 대상 물건의 가액을 적정화하는 작업이다. 명칭이나 방법으로 볼 때 이는 아마도 회계 목적의 감가상각depreciation을 유추 적용한 것으로 추정이 된다.

회계 목적의 감가상각은 비용의 배분, 자본 회수, 원가 계산을 목적으로 초기에 지출된 비용 전부를 바로 회계상 비용으로 처리하지 않고 일정 기간에 걸쳐 배분하는 것이다. 따라서 지출된 비용인 취득원가를 기준으로 하며, 법령에서 정한 내용연수와 상각 방법에 따라 비교적 엄격하게 이루어지고 있다. 사업체의 매년 결산이익 및 조세액의 규모와 관련되기 때문이다.

그런데, 원가법에서의 감가수정은 잔존가치의 적정화를 목적으로 실제의 가치 손실을 반영하는 작업이다. 그 기준이 되는 원가는 기준시점에서 지출되어야 할 신규 비용인 재조달원가이며, 감가를 계산하는 내용연수는 경제적 수명이다. 그리고 적정한 가격을 산정하는 것이 목적이므로 다양한 감가의 방법을 선택할 수 있다.

감가수정 시 고려하여야 할 사항은 어떠한 원인에 의해 효용 또는 가치가 감소 되었는가, 경제적 내용연수는 얼마인가, 내용연수 만료 때 그 물건으로부터 회수되는 잔존가치는 얼마나 되는가, 가치 감소의 패턴은 어떤 것인가 등이다. 위와 같은 사항을 고려하여 대상 물건에 가장 적절한, 즉 기준시점 현재의 가치를 가장 적정하게 반영하여 가격으로 표시할 수 있는 감가수정의 방법을 선택하여야 한다.

감가수정의 방법은 내용연수법, 관찰감가법, 그리고 기타의 다른 방법이 있다. 내용연수법은 정액법, 정률법, 상환기금법이 있으며, 기타의 다른 방법은 분해법, 시장추출법, 임대료손실환원법이 있다.

적산가격을 산정하는 계산 방식은 재조달원가에서 감가수정액을 차감하는 방식과 재조달원가에 잔가율을 곱하는 방식이 있다. 감가수정액을 차감하는 방식은 감가수정액을 먼저 구한 다음 재조달원가에서 이를 공제하는 것이다. 잔가율을 곱하는 방식은 감가수정액을 먼저 구하지 아니하고, 재조달원가와 감가수정액 차감 후의 가치 비율, 즉 잔가율을 구하여 이를 재조달원가에 직접 곱하는 방법이다. 실무에서는 주로 잔가율을 곱하는 방식을 사용하여 한 번의 작업으로 적산가격을 계산한다.

내용연수법은 시간의 경과나 정상적인 사용에 따라 마모 또는 훼손, 손상 등이 발생하고 이것을 원인으로 자연스럽게 물건의 가치가 하락한다는 것에 착안하여, 처음 건축·제조가 이루어진 이후부터의 시간 경과를 기준으로 감가액을 산정하는 감가수정 방법이다. 대상 물건별로 시간 경과에 따라 감가가 발생하는 추이가 상이하며, 따라서 그 상이한 패턴을 적절하게 반영하는 방법을 적용하는 것이 매우 중요하다.

내용연수법이 실무에 적용되는 것은 그 방법이 이론상 타당성을 갖기 때문인 것이 아니다. 논리적 타당성보다도 현실에서 나타나는 가치 변동의 패턴을 비교적 적절하게 표현하여 감정평가의 신뢰성을 인정받을 수 있으므로 이러한 방법이 적용되고 있다.

기준이 되는 감가의 기간은 대상 물건의 경제적 내용연수다. 즉 물리적 형태를 유지하면서 경제적인 효용을 제공해 줄 수 있는 상태까지의 기간이어야 한다. 물리적인 상태가 훼손되면 경제적 효용도 발휘하지 못할 가능성이 크며, 또한 물리적인 상태는 유지되고 있다 하여도 경제적 효용이 없다면 내용연수가 다 했다고 보아야 한다.

정액법은 매 기간, 통상 1년 동안 일정한 액수의 가치 하락이 발생한다고 보아 전 내용연수 동안 매년 일정한 액수로 감가하는 방법이다. 매년의 감가액이 일정하므로 감가수정액은 경과 연수에 정비례하여 증가하며, 반대로 감정평가액은 경과 연수에 비례하여 감소한다.

예를 들어 콘크리트 건물의 내용연수가 50년이라면, 매년 2퍼센트씩 감가가 발생하는 것으로 본다. 그 건물의 재조달원가가 10억 원이면 매년 2000만 원의 감가수정이 이루어진다. 건축한 지 10년이 지난 건물은 매년 2000만 원씩 모두 2억 원의 감가가 발생하고, 그 건물의 가격은 10억 원에서 2억 원을 차감한 8억 원이 될 것이다. 건물의 내용연수 말 잔존가치는 없는 것으로 보는 것이 일반적이다.

실무에서는 주로 재조달원가에 잔가율을 곱하여 건물 가격을 산정한다. 내용연수가 50년인데 10년이 지난 건물이라면, 잔가율은 50분의 40이 될 것이다. 따라서 원가법으로 계산된 상기 건물의 적산가격은 재조달원가 10억 원에 잔가율 0.80을 곱한 8억 원이다.

어떤 대상에 정액법을 적용하는가 하는 것은 대상 물건의 가치 감소의 패턴에 영향을 받는다. 정액법은 매년 일정한 금액으로 감가되므로, 시간 경과에 따라 매기 일정한 가치 감소가 발생하는 대상에 적용한다. 일반적으로 건축물과 구축물을 원가법으로 감정평가할 때 정액법이 사용된다.

정률법은 매년 일정한 비율로 감가수정 하는 방법이다. 매년 말의 잔존가치에 일정한 감가율을 곱하여 매년의 감가액을 구한다. 잔존가치가 큰 초기에 크게 감가되며, 시간이 경과 할수록 잔존가치가 감소하므로 여기에 비례하여 감가액도 줄어드는 패턴을 보인다.

만약 그 정률이 0.20이라면, 첫해는 감가율 0.20(1.00×0.20) 잔가율 0.80(1.00-0.20), 2번째 해는 감가율 0.16(0.80×0.20) 잔가율 0.64(0.80-0.16), 3번째 해는 감가율 0.128(0.64×0.20) 잔가율 0.512(0.64-0.128)로 계산된다.

기계 기구나 동산은 초기에 큰 효용을 보여 줄 뿐 아니라, 신품이라는 매력으로 높은 가치를 인정받는 경향이 있다. 신품이 중고품으로 되는 순간 가장 큰 가치 하락이 발생하며, 그 이후는 가치하락은 발생하면서도 물건의 효용은 어느 정도 유지되기 때문에, 그 하락 폭은 점점 줄어드는 패턴을 보이는 것이다.

정률법을 적용하기 위해서는 내용연수 말의 잔존가치가 있어야한다. 전체를 표시하는 1에서 일정한 감가율 즉 정률을 차감하여 산정한 첫해 말의 잔가율을 내용연수의 해 수만큼 계속 제곱했을 때 그 결과가 내용연수 말의 잔존가치 비율이 되어야 하는데, 잔존가치가 0이라면 0이 아닌 숫자끼리의 곱이 0이 되어야 하므로 이러한 계산은 수학적으로 불가능하기 때문이다.[44]

실무에서는 보통 재조달원가의 10퍼센트를 내용연수 말의 잔존가치로 보고 있다. 기계 기구나 동산 등은 내용연수가 다되었다고 하여도 어느 정도의 폐품 가치가 남아 있는 경우가 많아서일 수도 있으며, 계산의 편의를 위한 이유도 있다.

정률법을 적용하는 과정도 재조달원가에서 감가액의 누적 합계액을 차감하는 방법과 재조달원가에 재조달원가와 잔존가치의 비율인 잔가율을 곱하는 방법이 있다. 실무에서는 재조달원가에 잔가율을 곱하는 방법이 사용된다. 이 방법이 더 간편하기 때문이다.

정률인 감가율이 0.20인 앞의 예에서의 잔가율은, 첫해는 0.80(1.00×0.80), 2번째 해는 0.64(0.80×0.80=0.80²), 3번째 해는 0.512(0.80×0.80×0.80=0.80³)가 된다.

내용연수 말 잔존가치 비율이 10퍼센트로 정해져 있을 때, 매년의 감가율 또는 잔가율을 결정하는 것은 내용연수다. 0보다 크고 1보다 작은 어떤 숫자가 있는데, 그 소수점으로 표시되는 숫자를 내용연수만큼 계속 곱해 주면 그 결과가 0.1, 즉 10퍼센트라는 잔

---

[44] 감가율이 d, 내용연수 말의 잔존가치 비율(내용연수 말 잔존가치/재조달원가)이 e, 내용연수가 n년이라면, $d = 1 - \sqrt[n]{e}$, $(1-d) = \sqrt[n]{e}$, $(1-d)^n = e$, $e \neq 0$이다.

가율이 된다.

내용연수가 10년이라면, 어떤 숫자를 10번 곱해 주면 0.1이 될까? 그 숫자는 대략 0.794다.[45] 1에서 이 숫자 0.794를 뺀 0.206이 '정률'의 감가율이다.[46] 잔존가치에서 이 일정한 정률 0.206 비율만큼 매년 감가가 이루어진다. 재조달원가에 감가율을 곱하여 감가액을 구하지 않고, 매년의 잔존가치에 일정한 정률의 감가율을 적용하며, 이로써 매년의 감가액은 시간이 지날수록 잔존가치의 감소와 함께 줄어들게 된다.

실무에서는 매년의 감가액을 구하지 아니하고 주로 잔가율만을 사용하여 계산한다. 내용연수가 10년, 내용연수 말 잔존가치 비율이 10퍼센트라면, 1년이 지난 물건의 잔가율은 0.794이며, 2년이 지난 물건의 잔가율은 0.794를 제곱한(0.794^2) 약 0.631, 5년이 경과한 물건의 잔가율은 그 0.794를 5번 곱해 준(0.794^5) 약 0.316이다. 내용연수에 따른 잔가율이 계산된 이런 잔가율 표를 만들어놓고, 재조달원가에 미리 계산된 잔가율을 곱해 주기만 하면 쉽게 적산가격을 구할 수 있다.

재조달원가 1억 원, 내용연수 10년, 사용 연수 2년, 내용연수 말의 잔존가치 1000만 원인 어떤 기계의 적산가격을 정률법에 의한 감가수정을 통해 구해 보자. 간단히, 2년 경과 시 잔가율이 0.631이므로 이 물건의 적산가격은 6310만 원이다. 1년이 지난

---

[45] $\sqrt[10]{0.1} \approx 0.794$ 그리고 $0.794^{10} \approx 0.1$이다.

[46] 감가율 $d = 1 - \sqrt[10]{0.1}$ 이다.

물건이라면 적산가격 7940만 원으로 첫해의 감가액은 2060만 원이며, 2년이 지난 본건은 적산가격 6310만 원으로 2년째의 감가액은 1630만 원, 누계 감가액 3690만 원이다. 2번째 해에도 감가가 발생했지만, 그 액수는 첫해와 비교해 줄어들었음을 알 수 있다.

정률법은 초기의 감가액이 크고 시간이 경과 할수록 감가는 발생하되 그 액수는 줄어드는 패턴을 보이는 물건, 즉 기계나 기구 기타의 동산에 주로 사용된다.

상환기금법은 대상 물건의 내용연수 만료 시에 기준시점에서의 상태와 동일 가치를 지닌 물건을 재취득하기 위하여 매년의 감가액을 외부에 축적(투자)하고, 그에 따른 복리의 이자도 발생한다는 것을 전제로, 내용연수 만료 시에 감가 누계액 및 그에 따른 복리이자 상당액의 합계액이 감가 총액과 같아지도록 매년 일정액을 감가하는 방법을 말한다. 현행 실무기준은 상환기금법을 감가수정의 한 가지 방법으로 정하고 있으며, 위의 내용은 한국감정평가사협회 등에 의한 실무기준 해설서의 내용이다.

상환기금 또는 감채기금은 장래의 어떤 확정된 금액을 상환하기 위해 또는 부채를 감하기 위해 매기, 예를 들면 매년, 같은 액수로 축적·적립해야 하는 일정액을 말한다. 그런데 매년 일정액을 적립한다면 필연적으로 그 적립된 금액에 대해 이자가 발생할 것이므로, 이자 발생액을 고려하여 상환하여야 할 금액보다 적은 금액을 축적하여도 될 것이다.[47] 따라서 매년의 적립액은 단순히 상환하여야 할 총액을 상환 연수로 나눈 금액보다 적을 것이며, 매년의 실제 적립액을 모은 총액도 상환하여야 할 총액보다 적을 것이다. 상환금액의 총액은 매년의 실제 적립액과 적립액에 발생한 것으로 가정하는 이자의 합계다.

상환기금법은 위와 같은 상환기금의 방법을 감가수정에 적용한 것이다. 복잡해 보이지만 정리를 해 보면, 첫째 매년 일정액을 감가하는 정액법이다, 둘째 매년의 축적된 감가액으로부터 발생하는 이자 상당액을 내용연수 기간 균등하게 계산하여 정액법에 따른 매년의 감가수정액에서 차감한다는 것이다.

정액법과 비교하면, 매년 일정한 금액을 감가하는 방법이라는 점에서 정액법의 일종이라고 할 수 있으나, 매년의 감가액은 정액법의 경우보다 다소 줄어든 금액이다. 줄어든 정도는 축적을 가정하는 상환기금에 적용된 이자율에 따라 달라질 것이다.

그런데 감가수정의 방법으로서 상환기금법이 적정한지에 대해서 의문이 있다. 이자 상당액을 반영하여야 하는 논리가 불분명하며, 왜 굳이 다른 형태의 정액법이 필요한지에 대해 뚜렷한 이유가 없기 때문이다.

상환기금법은 회계 목적의 감가상각에서 등장하는 감가상각의 한 방법이다. 초기에 투자된 비용을 장래에 발생하는 수익에 대응

---

[47] 상환기금률SFF은 상환 기간 n년, 이자율 일 때 $\frac{i}{(1+i)^n-1}$이다.

시키기 위해, 지출된 모든 금액을 즉시 회계상 비용으로 처리하지 않고 장래의 비용으로 배분하는 것이 감가상각이다. 매년 일부씩 비용으로 처리되는 감가상각비는 현금의 지출을 수반하지 않는 회계상의 비용이다. 비용으로 처리는 하되 현금 지출이 없으므로 축적 또는 투자한다는 의미가 성립하며, 그에 따라 이자의 발생을 가정할 수 있다.

그런데 적정가격을 산정하기 위해 재조달원가의 가치 하락분을 반영하는 감가수정에서는 비용의 축적이나 이자 발생을 가정할 이유가 없다. 오히려 감가상각의 방법을 차용하여 감가수정에 적용하는 과정에서 특별한 검토 없이 도입한 것이 아닌가 하는 의구심이 있을 뿐이다.

상환기금법은 매년 일정액이 감가된다는 점에서 정액법의 일종이다. 매년의 감가액이 정액법보다 적고, 감가 총액도 정액법보다 적으므로 결과적으로 내용연수 말의 잔존가치가 원래의 정액법보다 조금 큰 또 다른 정액법일 뿐이다. 이런 형태의 정액법이 필요한 특별한 이유와 논리는 없는 것 같다.

실무에서도 감가수정의 방법으로 상환기금법이 사용된 예는 찾아볼 수 없었다. 논리가 불분명하고 실무에 적용하여야 할 타당한 이유도 없으면서 회계 목적의 감가상각 방법을 무분별하게 수용한 사례라는 비판만을 받을 수 있으므로, 상환기금법은 원가법의 감가수정 방법에서 제외하는 것이 적절하다고 생각한다.

내용연수를 기준으로 하지 않는 감가수정의 방법으로 관찰감가법이 있다. 관찰감가법은 감정평가 주체가 대상 물건의 상태를 관찰하고 물리적·기능적·경제적 감가 요인을 분석하여 감가액을 직접 구하는 방법이다. 이는 내용연수와 경과 연수를 기준으로 하는 감가수정의 방법이 대상의 가치를 정확하게 반영하지 못할 때, 이를 보완하기 위한 것이다.

내용연수를 기준으로 한 가격보다 대상이 더 큰 가치를 갖는 경우는 리모델링, 부품의 교체 등으로 효용을 높이거나 잔존 연수를 증가시킬 때다. 가치가 감소하는 경우는 관리 부실이나 외부의 비정상적인 영향으로 가치의 하락 패턴이 통상적인 경우와 다른 불규칙한 모습을 보이며, 가치가 크게 하락하거나 내용연수가 감소한 때 나타날 수 있다. 이런 경우에는 감정평가 주체의 주관적인 판단에 따라 감가액을 가감 조정하여 적정가격을 산정하는 장치가 필요하다.

실무적으로는 내용연수나 경과 연수와는 완전 별개로 감가액을 산정하는 것이 아니라 내용연수를 기준으로 하는 방법을 보충하는 수단으로 사용된다.

관찰감가법에 의한 건물의 감가수정 과정을 보자. 내용연수 50년, 경과 연수 20년, 내용연수 말의 잔존가치가 없는 경우, 정액법을 적용한 감가율은 20/50, 잔가율은 30/50이다. 이 건물이 최근 리모델링을 거쳐 대폭 개량을 하였다면, 리모델링 비용과 건물의 가치 상승분을 종합하여 감가율 10/50, 잔가율 40/50으로 조정할 수 있다. 내용연수를 기준으로 하면서 보충적으로 관찰감가를 병

행한 사례이다.

위의 사례와 같은 관찰감가법을 적용할 때 주의할 점은, 그 판단의 기준이 리모델링에 직접 소요하였거나 소요할 것으로 예상하는 비용이 아니라 리모델링 된 건물의 가치 상승분이어야 한다는 것이다. 리모델링에 10억 원을 들여 10억 원의 신규 가치를 만들었다 하여도, 기존의 노후 된 시설들이 2억 원의 가치를 하고 있었다면 건물의 실제 가치 상승분은 10억 원이 아니라 8억 원일 것이다.

관찰감가법에는 감정평가 주체의 주관이 많이 개입될 수밖에 없다는 문제점이 있다. 따라서 투입비용과 가치 상승분 등 제반 상황을 모두 고려하여 제한적인 범위에서 신중하게 적용되어야 할 것이다.

실무기준에서 정한 그 밖의 감가수정 방법으로 분해법과 시장추출법, 임대료손실환원법이 있다.

분해법은 대상 물건에 대한 감가 요인을 물리적·기능적·경제적 요인으로 세분한 후, 각 감가 요인별로 감가수정액을 산정하고 이것을 합산하여 전체 감가수정액을 구하는 방법이다. 경제적 타당성을 기준으로 각 감가 요인별로 회복 또는 치유가 가능한 것과 불가능한 것으로 나누어 항목화하고, 이에 대한 감가수정액을 각각 별도로 측정하여 합산하는 방법이다.

물리적 요인에서 치유가 가능한 항목, 즉 치유가 이루어졌을 때 물건의 경제적 가치가 투입비용보다 더 클 것으로 예상하는 항목의 감가수정액은 그 치유비용이 될 것이다. 치유비용만 지출한다면 원래의 효용과 기능을 회복할 수 있기 때문이다. 치유 불가능한 항목은 내용연수를 기준으로 하는 방법 등으로 감가수정액을 구한다.

기능적 요인도 경제적 타당성을 기준으로 하여 치유 가능 항목과 치유 불가능 항목으로 나누어 감가수정을 할 수 있다. 창틀 및 창문과 같이 치유비용을 들여 현대식 시설로 교체 가능한 항목은 그 비용으로 감가수정액을 정한다. 치유 불가능한 항목은 기능적으로 부적절한 결함이나 과도한 시설로 인한 것으로, 기능의 결함에 따른 시장에서의 임대료 손실액 또는 과도한 시설의 유지에 불필요하게 소요하는 비용을 적정 이자율로 자본 환원한 값으로 구한다고 한다.

경제적 요인은 부적절한 외부 환경으로 인한 감가 요인으로서 치유 불가능하며, 그 감가액은 시장추출법이나 임대료손실환원법으로 구할 수 있다.

분해법은 이같이 감가 요인별, 치유 가능 여부별로 항목을 나누고 각 항목별 세분화한 감가수정액을 구하는 방법으로, 다른 감가수정 방법보다 정확하고 객관적인 방법이라고 한다.[48] 그러나 감가 요인을 세부적으로 구분하여 상세하고 정밀하게 감가수정액을 산정하였다고 하여 이것이 전체 감가수정의 타당성과 적절성을 보장하는 것은 아니다. 그리고 현실에서 감가 요인을 세

---

48) 안정근, 『부동산평가이론』(서울: 양현사, 2009), p. 359.

부적으로 나누고 이를 수치화한다는 것은 쉽지 않은 작업이며, 오히려 각 항목별 감가액 산정 과정에 주관이 개입될 가능성이 더욱 커질 수 있다. 기능적 감가 요인이나 경제적 감가 요인에 의한 가치 하락분은 감가수정보다 재조달원가 결정 과정에서 미리 반영하는 사례가 많으며, 실무에서 분해법이 사용된 사례는 찾아볼 수 없었다.

시장추출법은 시장에서 수집한 유사 부동산의 거래사례 자료로부터 감가수정액을 구하는 방법이다. 토지를 뺀 건물만의 거래사례는 거의 존재하지 않은 점을 고려할 때, 비교의 기준이 되는 사례는 토지와 건물로 이루어진 복합부동산일 것이다.

대상 물건과 토지 및 건물의 특성이 유사한 복합부동산의 거래사례를 선정한 후, 토지의 적정가격을 구하여 이를 전체 거래가격에서 공제한다. 이렇게 산출된 가액이 건물만의 가격이다. 산정된 건물만의 가격과 건물의 재조달원가를 비교하여 감가율을 산정하고, 이 감가율을 기준으로 하면서 사례와 대상 물건과의 비교 과정을 거쳐 대상의 감가율을 결정한다.

그러나 대상과 유사한 거래사례를 찾기가 쉽지 않으며, 사례의 신뢰성도 보장할 수 없다. 특히 토지 및 건물의 특성 외에도 여러 가지 복잡한 사유와 동기가 얽혀 있는 토지와 건물로 구성된 복합부동산의 거래에서 토지의 가격을 공제하여 2차적으로 건물 가격을 구함으로써 오차 발생의 가능성은 더욱 커진다. 그 이후에도 재조달원가와의 비교, 사례와 대상의 비교 등을 거치므로 이렇게 구한 감가수정액의 적정성을 쉽게 담보할 수는 없다.

임대료손실환원법은 감가로 인한 임대료의 손실액을 자본 환원한 값으로 감가수정액을 산정하는 방법이다. 감가가 발생한 물건은 정상적인 물건과 비교해 더 적은 임대료가 책정될 것이므로, 이러한 임대료의 감소액은 감가를 원인으로 하는 손실이라고 할 수 있다. 내용연수 기간 계속되는 손실액을 적정 할인율이나 환원율을 적용하여 자본 환원한 값으로 정상 물건과의 가격 차이를 계산할 수 있다. 임대료의 차이는 결국 가격의 차이이므로, 임대료손실환원법에 의한 감가수정액은 수익환원법으로 산정하는 물건 가격의 차이라고 할 수 있다.

그런데 토지와 건물의 제 요인이 결합하여 임대료의 차이를 가져올 것이므로, 건물만의 감가수정액을 구하기 위해서는 대상의 임대료가 토지분과 건물분으로 구분되어야 할 것이다.

현실적으로 토지 및 건물의 특성과 구성 비율, 임대인과 임차인의 속성, 임차 물건에서 영위되는 업종과 영업력의 차이 등 제 요인이 결합하여 임대료가 결정될 것인데, 단순히 임대료의 차이만으로 건물의 감가수정액을 구한다는 것은 쉽지 않은 작업이다.

이같이 분해법이나 시장추출법, 임대료손실환원법은 설령 이론적으로는 가능하다 할지라도 실무에 적용하기에는 많은 한계가 존재하는 감가수정 방법이다.

이론적 타당성이 있더라도 실무에 적용할 수단으로서 실효성이 떨어진다면, 실무기준에 명시하기에 앞서 그 적용 가능성을 높일 수 있는 추가적인 연구와 실증적인 분석이 있어야 할 것으로 본다.

원가방식도 장단점이 존재한다.

원가방식은 수익이 발생하지 않는 물건 또는 시장에서 거래사례가 없는 물건의 감정평가에 유용성이 높다. 단독주택은 주거의 쾌적성이 가치형성의 주요 요인이 되며, 임대료 수익만으로 이러한 효용이 제대로 측정되지 않는다. 또한, 토지를 제외한 건물만의 거래사례를 찾기는 어렵다. 따라서 단독주택 건물의 감정평가에서 원가방식의 유용성은 매우 높다. 관공서 건물과 같이 시장에서 거래되는 물건이 아닌 경우도 마찬가지다. 특히 최근에 신축되거나 제조된 물건의 감정평가에 유용하다.

그리고 다른 감정평가 방법과 비교할 때 감정평가 주체 간 가격 격차가 적은 방법이다. 재조달원가의 결정이나 내용연수를 기준으로 하는 감가수정 과정에서 감정평가 주체의 주관이 비교적 적게 개입되는 편이기 때문이다.

원가방식의 근본적인 문제점은 원가cost와 가치value가 관계가 있느냐 하는 이론적인 한계다. 다만 원가법에서의 원가는 과거에 직접 투입된 원가가 아니라 기준시점에서 투입되어야 할 원가로 보며, 시장의 자율적인 조절 기능을 가정함으로써 이런 한계를 극복하고 있다.

원가법은 시장성과 수익성을 반영하지 못한다는 문제도 있다. 아파트 단지 내 상가나 인근의 상업용 건물은 원가 대비 훨씬 높은 시장가치를 가지며, 그러한 가치의 원천은 임대료를 바탕으로 하는 수익성이다. 시장성이나 수익성은 토지의 가치에 반영되는 부분과 건물의 가치에 반영되는 부분이 있을 것이며 시장성과 수익성의 많은 부분이 토지의 가치에 반영될 것이다. 그렇다고 하더라도 원가방식을 적용하여 건물만을 대상으로 수익성 물건의 가격을 구하는 데는 한계가 있다.[49]

또한, 건축이나 제조 시점으로부터 많은 시간이 경과될 경우 감가의 추정이 어렵다. 초기에는 감가의 패턴이 규칙성을 가짐으로써 정액법이나 정률법 등의 유용성이 있으나, 시간이 지나면 관리상태 등에 따라 노후화의 정도가 달라지고 따라서 단순히 기계적인 감가수정을 적용할 때 그 정확성이 떨어질 수 있다. 기술이나 공법의 발달, 새로운 자재의 개발 등에 따라 복제원가보다는 대체원가가 적용됨으로써 재조달원가가 대상의 상태를 적절하게 반영하지 못하는 점도 있다.

「감정평가에 관한 규칙」에서 원가법을 주된 감정평가 방법으로 정하고 있는 대상은 건물, 건설기계, 선박, 항공기 등이다.

---

[49] 아파트 단지 내 상가나 상업용 건물이 구분건물이라면, 토지와 건물을 일괄한 하나의 물건을 대상으로 한 거래사례비교법이 「감정평가에 관한 규칙」에서 정한 주된 감정평가 방법이며, 이때는 감가수정의 절차가 불필요하다.

수익방식

    재화의 가치는 수익을 창출하는 능력으로 표현되기도 한다. 부동산으로부터 정기적으로 발생하는 임대료나 보유 기간의 가격 상승액은 수익 창출 능력의 실체라고 할 수 있다. 임대료 또는 가격 상승액과 대상 부동산의 가치 사이에 일정한 상관관계가 존재한다면, 임대료나 가격 상승액과 같은 소득의 흐름을 파악함으로써 부동산의 가치를 판정할 수 있을 것이다.

    생산량으로부터 부동산의 가치를 판정하는 방법은 오래전 농경지의 거래에서도 사용되었다고 한다. 그런데 소득과 자본과의 관계, 이자의 역할 등을 규명하고, 이를 장래 소득을 발생시키는 자본자산의 가치평가에 적용한 것은 경제분석에 수학적 방식을 도입한 경제학자 어빙 피셔I. Fisher이다. 피셔는 자본재의 가치는 장래 기대되는 소득을 현재가치로 환원한 값으로 보았다.

    장래에 소득을 발생시키는 예금, 채권, 부동산 등 자본화된 자산의 가치는 그것이 장래에 발생시키는 소득의 합계와 같다. 소득을 창출하는 것은 부동산이 갖는 본질적인 능력이며, 창출된 소득의 합계로 만들어지고 판단되는 가치는 내재가치 또는 시장근본가치다.[50]

시장가격이 소득의 합계보다 높다면 수요가 감소하여 가격이 하락할 것이며, 반대로 시장가격이 낮다면 수요 증가에 따라 가격이 상승하게 된다. 따라서 시장이 정상적으로 작동한다면, 즉 순수경쟁적 자산시장이라면 장래 소득의 합계는 곧 내재가치이며, 내재가치는 시장가격과 일치하거나 근접하게 된다. 수익방식이 성립하는 근거이다.

그런데 장래의 예상되는 소득은 현재의 소득과 그 값어치가 같지 않다. 일반적으로 미래보다는 현재의 것을 선호하기 때문이다. 불확실한 장래의 소득 흐름과 선호되는 현재의 가치를 연결하는 매개체는 시장 이자율이다.

이자는 일정한 기간 유동성 즉 현금을 포기하는 데 대한 보상이다. 유동성을 포기하는 데 대가가 주어지는 것은 유동성을 더 선호한다는 것을 전제로 하고 있기 때문이다. 미래의 소비나 소득보다 현재의 소비나 소득을 선호하는 것을 시간선호time preference라고 한다.

장래는 불확실하며 항상 예상이 빗나갈 위험이 있다. 그리고 시

---

50) 이정전, 『토지경제학』(서울: 박영사, 2008), pp. 158~161에서는 시장근본가치 또는 부동산의 실용가치라고 한다.

간이 흐름에 따라 인플레이션이 발생하고, 실질 구매력이 감소할 것이라는 점을 경험적으로 알고 있다. 생명은 유한하므로 현재의 소비를 우선한다고도 한다. 또한, 현재 사용 가능한 자산은 새로운 투자 기회를 제공할 수도 있다. 이와 같은 이유로 인간은 미래의 가치보다 유동성 즉 현재 주어지는 현금을 선호한다고 한다.

조삼모사朝三暮四 고사에 등장하는 원숭이는 어리석어 속임수에 넘어갔다고 하지만, 시간선호의 시각으로 보면 아침에 3개 저녁에 4개의 도토리를 받는 것보다 아침에 4개 저녁에 3개를 받는 것이 더 현명한 선택이 된다. 금액과 기간을 키워보면 이해가 쉽다. 연봉 7000만 원으로 근로계약을 체결하면서 1월에 3000만 원 12월에 4000만 원을 받는 조건의 1안과 1월에 4000만 원 12월에 3000만 원을 지급받기로 하는 2안 중에서 선택한다면, 경제적 관점에서 합리적인 근로자라면 2안을 선택할 것이다. 미래가치보다 현재가치를 선호하는 결과다. 1월은 현재 또는 가까운 미래이며, 12월은 회사가 존재할지 아닐지도 불확실한 미래다.

이자율을 매개로 하는 장래 소득과 부동산의 가치와의 관계는 할인과 복리계산의 원리에 따라 계산된다. 할인discount은 미래의 가치를 현재의 가치로 바꾸는 것이며, 복리계산compounding은 현재의 가치를 미래의 가치로 바꾸는 것으로서 이자의 이자를 고려한다. 할인과 복리계산을 통해 장래의 소득 흐름을 현재의 가치로 바꾸어 보자.

현재의 1원은 1년 후에 얼마가 될까? 그 값은 1년 동안의 이자율에 따라 달라진다. 1년의 이자율이 r이라면, 1원의 1년 후 가치는 원금 1원과 이자 $r(=1 \cdot r)$원의 합계인 $(1+r)$원이 된다. 2년 후에는 1년이 지난 당시의 원금이 $(1+r)$원이므로 이것을 기준으로 여기에 또 이자가 생길 것이다. 이때는 원금이 $(1+r)$원, 이자가 $(1+r) \cdot r$원이므로 그 합계는 $(1+r)+(1+r) \cdot r$원이며, 이를 $(1+r)$로 묶어 정리하면 $(1+r)(1+r)$원 즉 $(1+r)^2$원이다. 이렇게 미래가치는 원금과 복리계산 된 이자의 합계로 나타나며, 1원이 n년 후는 $(1+r)^n$원이 된다.

그렇다면, 1년 후의 1원은 현재가치로 어떻게 계산될까? 현재가치 1원이 1년 후 $(1+r)$원이었으므로, 1년 후 1원은 현재가치로 $\frac{1}{(1+r)}$원이다. 2년 후 1원은 현재가치로 $\frac{1}{(1+r)^2}$원, n년 후 1원의 현재가치는 $\frac{1}{(1+r)^n}$원이다.

장래의 소득 흐름은 매기, 예를 들면 매년, 말에 정기적으로 발생하는 것으로 가정해 본다. 장래 소득이 $a_1, a_2, a_3 \cdots a_n$이며, 할인율이 r이라면 매년 말 소득을 현재가치화한 값은 각각 $\frac{a_1}{(1+r)}, \frac{a_2}{(1+r)^2}, \frac{a_3}{(1+r)^3}, \cdots \frac{a_n}{(1+r)^n}$일 것이다. 부동산의 가치는 이러한 매년 말의 소득을 현재가치화한 값의 합으로 결정된다. 장래 소득의 합계인 현재가치 PV는 $\frac{a_1}{(1+r)} + \frac{a_2}{(1+r)^2} + \frac{a_3}{(1+r)^3} + \cdots + \frac{a_n}{(1+r)^n}$, 즉 $PV = \sum_{t=1}^{n} \frac{a_t}{(1+r)^t}$ 다.

매기의 소득 a는 일정할 수도 일정하지 않을 수도 있다. 그리고 소득을 기준으로 할 수도 있으며 소득 대신 현금흐름을 기준으로 하기도 한다. 소득과 현금흐름은 같을 수도 있으며, 같지 않을 수도 있다. 현금흐름은 대출금의 매 기간 원리금 상환액을 차감하기 전 현금흐름과 차감 후 현금흐름, 임대료의 소득세 등을 차감한 후의 현금흐름이 있을 수 있다.

대출을 통하여 일부 자금을 조달하고 원금 및 이자를 상환해 가는 경우와 같이 자기자본에 대한 수익률이 중요한 관점이 되는 때에는 순수익에서 부채상환액 등을 공제한 현금의 흐름을 적용하는 것이 적절할 수도 있다. 투자자 또는 대부 업체 관점에서의 가치평가가 주된 연구 대상이 되면서 현금흐름을 기준으로 한 환원 모형이 중요한 위치를 차지하게 되었다.

일정 기간 보유하며 소득을 얻는 부동산은, 그 보유 기간 말에 가치가 모두 소멸하지 않고 일부 남아 있거나, 혹은 가치가 상승할 수도 있다. 따라서 부동산의 가치는 매기의 소득 또는 현금흐름을 현재가치화한 것과 기말에 다시 매도하는 가격을 합하여 산정한다. 기말의 복귀가격은 재매도 가격에서 매도비용을 차감한 금액으로, 이것도 현재가치로 할인하여야 한다.

매기의 서로 다른 소득 또는 현금흐름이 CF, 기간 말 복귀가격이 P_n이라면 부동산의 가치는 $V = \sum_{t=1}^{n} \dfrac{CF_t}{(1+r)^t} + \dfrac{P_n}{(1+r)^n}$ 와 같은 일반식으로 표시된다.

영속성을 가진 재화는 그로부터 발생하는 소득이 무한대로 계속될 것이다. 기간을 무한대로 계산하면($n = \infty$), 연속성을 가진 재화인 토지의 가치를 구할 수 있다. 일정한 액수 a로 무한정 계속되는 소득 흐름의 현재가치 $PV = \dfrac{a}{(1+r)} + \dfrac{a}{(1+r)^2} + \dfrac{a}{(1+r)^3} + \cdots\cdots + \dfrac{a}{(1+r)^\infty}$

를 보면, 위 공식의 각 항에는 일정한 규칙성이 있는 것을 알 수 있다. 각 항은 전년도의 가치에 $\frac{1}{(1+r)}$이 곱해진 것이다. 즉 이 공식은 초항 a가 $\frac{a}{(1+r)}$이며 공비 r이 $\frac{1}{(1+r)}$인 등비급수 형태다. 무한등비급수 합의 공식 $s = \frac{a}{1-r}$에 위 초항과 공비를 적용하여 풀어 계산하면, $PV = \frac{a}{r}$가 된다. 즉, 토지의 현재가치는 매기의 소득을 할인율로 나눈 값으로 나타낼 수 있다.

영속성을 갖지 않는 재화도 이와 같은 계산 형식을 취하여 현재가치를 구할 수 있다. 소득을 I라 하며, 종합적인 환원율을 R이라 할 때 $V = \frac{I}{R}$로 표시된다. 이때의 I는 여러 기간의 소득이 아닌 단일 기간의 소득이며, 부채상환액 등이 고려된 현금흐름이 아니라 순수익이다. 그리고 R은 단순한 이자율과 같은 r수준이 아니라 자본 회수의 문제, 토지와 건물 또는 자기자본과 타인자본의 관계 등 여러 가지 분석과 작업이 이루어진 종합적인 환원이율일 것이다.

위의 2가지 식 $V = \sum_{t=1}^{n} \frac{CF_t}{(1+r)^t} + \frac{P_n}{(1+r)^n}$와 $V = \frac{I}{R}$는 장래의 소득을 기준으로 부동산의 가치를 판정하는 2가지 기본적인 공식이다.

수익방식은 대상 물건의 가격을 구하는 수익환원법과 임대료를 구하는 수익분석법이 있다. 수익환원법으로 구한 가격은 수익가격, 수익분석법에 의한 임대료는 수익임대료라고 한다.

수익환원법이란 대상 물건이 장래 산출할 것으로 기대되는 순수익이나 미래의 현금흐름을 환원하거나 할인하여 대상 물건의 가액을 산정하는 감정평가 방법이다. 통상 위의 문장은 둘로 나누어, 순수익은 환원하며 현금흐름은 할인하는 것으로 이해된다. 수익 환원의 방법이 크게 두 가지가 있는 것이다.

단일 기간의 순수익을 적절한 환원율로 환원하여 감정평가하는 방법은 직접환원법이다. 그리고 보유 기간 즉 복수 기간 현금흐름의 현재가치에, 보유 기간 말의 복귀가격에 적절한 할인율을 적용하여 현재가치로 할인한 값을 더하여 대상 물건의 가액을 산정하는 방법을 할인현금흐름분석법이라고 한다. 직접환원법은 위의 공식에서 후자를 적용하는 방법이며, 할인현금흐름분석법은 전자의 공식을 이용한 환원 방법이다.

수익환원법으로 감정평가할 때에는 직접환원법이나 할인현금흐름분석법 중에서 감정평가 목적이나 대상 물건에 적절한 방법을 선택하여 적용한다고 실무기준은 규정하고 있다.

직접환원법과 할인현금흐름분석법으로 수익가격을 구한다면, 위 공식의 I와 R 그리고 CF와 r인 순수익과 환원율, 현금흐름과 할인율이 가장 중요한 변수다. 순수익과 현금흐름, 환원율과 할인율에 대하여 실무기준을 중심으로 알아본다.

순수익은 대상 부동산이 산출하는 총수익에서 그 수익을 발생시키는 데 소요한 비용을 공제한 금액을 의미한다. 감정평가는 부동산의 시장가치를 판정하는 것이며, 시장가치는 최유효이용 상태를 기준으로 하므로 순수익도 최유효이용을 전제로 한다. 실제 계약이 되어 있는 순수익이나 단순히 현재 시점의 순수익이 아니라 장래에 발생할 객관적 순수익을 기준으로 하여야 한다.

객관적 순수익은 다음과 같은 요건을 갖추어야 한다. 그 요건은, 보통의 일반적인 이용으로 인하여 산출되는 것일 것, 계속적이고 규칙적으로 발생하는 것일 것, 안전하고 확실할 것, 합리적이고 합법적 절차에 따라 발생한 것일 것 등이다. 선거 사무실이나 이른바 땡처리 매장과 같은, 단기간에 특정의 용도로 사용하기 위해 고가로 계약된 임대료는 일반적이고 계속적으로 발생하는 수익이라고 할 수 없다.

초보 투자자들이 현재의 계약 임대료만을 보고 수익성을 맹신하며 상가 등 수익용 부동산을 매입하였으나 현재의 임차인이 퇴거하면서 새로운 임차인을 구하지 못하고 장기간 공실로 비워두거나 훨씬 낮은 임대료로 신규 임차인을 구하는 경우가 있다. 객관적인 시장 임대료의 분석 없이 단순하게 현재의 계약 임대료만을 기준으로 가치판단을 한 결과다.

먼저 어떤 순수익이어야 하는지를 예를 들어 알아본다. 3대째 내려오는 손맛으로 유명한 할머니 국밥집이 오래된 목조 건물에서 월 1000만 원의 순수익을 올리고 있다. 바로 근처에서 어떤 젊은이가 비슷한 토지에 새롭게 콘크리트 건물을 신축하여 국밥집을 열었는데, 입소문이 덜하여 이 사업장에서는 월 700만 원의 순수익을 올린다.

할머니 국밥집과 젊은이 국밥집 각각을 대상으로, 토지와 건물을 합산한 복합부동산 일체를 수익환원법으로 감정평가할 때 적용하는 순수익은 얼마일까? 할머니 국밥집의 순수익이 더 커야 할까? 위 순수익을 기준으로 오래된 할머니 국밥집의 감정평가액이 더 높게 책정되는 것이 타당할까?

결론부터 말하면, 위의 월 1000만 원과 700만 원은 토지와 건물로부터 발생하는 순수익이라 할 수 없다. 그 순수익은 토지와 건물은 물론 여러 가지 시설과 비품, 종업원의 노동과 운영자의 경영 능력, 브랜드 가치 등이 함께 창출해 낸 순수익이다. 각 국밥집의 총체적 가치인 기업가치를 감정평가할 때는 위의 순수익을 적용하는 것이 적절할 것이나, 토지와 건물만을 감정평가할 때는 사업장 전체에서 발생하는 순수익을 기준으로 하지 않는다.

토지와 건물만을 감정평가할 때는 토지와 건물이 순수하게 창출하는 순수익이어야 하며, 그 순수익은 토지와 건물의 임대료 상당액이다. 사업장 전체의 순수익은 할머니 국밥집이 더 많다 하더라도 토지와 건물의 임대료 상당액은 신축 건물인 젊은이 국밥집이 더 클 것이다. 따라서 토지와 건물을 합산한 복합부동산의 감정평가액은 영업장의 순수익과 관계없이 젊은이 국밥집이 더 크게 책정된다.

실무에서 이런 사례는 자주 등장한다. 식당을 직접 운영하는 건물주가 "이 상가에서 영업하면서 매월 얼마의 수익을 올리는데 감정평가액이 이렇게 적게 나오나요?" 이렇게 말할 때, "사장님의 사업 수완이 좋으신가 봅니다." 감정평가사는 이같이 답을 한다. 부동산을 감정평가할 때 기준이 되는 순수익은 식당에서 발생하는 수익이 아니라 부동산의 임대료 상당액이 되어야 한다.

순수익의 계산은 가능총수익PGI: Potential Gross Income에서부터 출발한다. 가능총수익은 100퍼센트 임대 시 얻을 수 있는 잠재적 총수익이다. 가능총수익은 직접 수취하는 연간 임대료, 보증금의 운용수익, 실제 발생하는 비용을 초과하는 관리비 수입, 기타 대상 물건의 운용에 따른 주차 수입, 광고 수입, 송신탑이나 자동판매기 장소의 임대료 등을 합산하여 구한다.

가능총수익에서 공실손실상당액과 대손충당금을 공제하면 유효총수익EGI: Effective Gross Income이 된다. 시장 상황을 검토·분석하여 적절성 여부를 판단하고, 공실이나 대손에 대비하면서 정상적이고 지속 가능한 임대료 수익을 가정하여야 한다. 공실손실상당액은 임차인들의 정상적인 전입 및 퇴거 과정이나 시장 상황의 변화에 따라 발생할 수 있는 공실로 인한 손실액을 계상하는 것이다. 현재는 공실이 없다 하더라도 정상적 혹은 비정상적으로 발생할 수 있는 일부의 공실을 예상하고 이를 반영하여야 한다. 대손충당금은 임차인이 임대료를 지불하지 아니할 것에 대비하여 일정액을 계상하는 비용이다.

유효총수익에서 운영경비OE: Operating Expense를 차감하면 순수익NOI: Net Operating Income이 계산된다. 운영경비는 부동산의 유지나 가능총수익의 창출을 위하여 정기적으로 지출되는 비용을 말한다. 직영 인건비, 외주 용역비, 수도 광열비, 수선 유지비, 세금과 공과금, 보험료, 비품 등의 대체충당금, 광고 선전비 등이 있다.

주의할 점은 감가상각비와 세금이다. 감가상각비는 운영경비에 포함할 수도 있으며 포함하지 않을 수도 있다. 일반적으로 감가상각비는 수익에서 공제하지 않고 주로 종합환원율을 계산할 때 자본회수율에 반영하는 방법이나, 재매도 가격에 가치 하락분을 반영하는 방법으로 처리한다. 그리고 세금의 경우, 부동산에 대해 부과되는 재산세, 종합부동산세, 도시계획세 등이 해당하며, 임대료 수익에 부과되는 소득세나 법인세는 포함되지 않는다는 점에 주의하여야 한다.

이렇게 계산된 순수익NOI은 직접환원법의 순수익(I)이다. 그리고 할인현금흐름분석법의 현금흐름(CF)으로도 사용된다. 부동산의 가치를 지분가치와 저당가치로 구분하지 않고 전체의 시장가치를 구한다면 대출금이 있다 하여도 이를 고려하지 않을 것이므로, 이때는 순수익과 세전현금흐름이 같은 금액일 것이다.

이러한 순수익에서 매기 납부하는 대출금의 연간 원리금 합계액과 임대소득에 따른 소득세를 공제한 현금흐름을 구할 수도 있다.

순수익에서 매기 납부하는 대출금의 연간 원리금 합계액, 즉 저당지불액DS: Debt Service을 차감하면 세전현금흐름BTCF: Before Tax Cash Flow이다. 타인자본에 대한 상환금을 저당지불액이라고 한다. 만약 원리금균등상환의 방식이라면, 매기의 저당지불액은 저당상수MC: Mortgage Constant가 될 것이다.

세전현금흐름을 기준으로 하여 할인현금흐름분석법을 적용할 때의 감정평가액은 지분가치와 저당가치의 합으로 구성된다. 세전현금흐름은 순수익에서 부채서비스를 차감한 금액이므로, 이를 기준으로 산정한 것은 지분가치가 될 것이다. 이 지분가치에 초기의 저당액인 저당가치를 더하여 전체 부동산의 가치를 판정하여야 한다. 이때의 시장가치는 지분가치와 저당가치의 합이다.

세전현금흐름에서 임대소득에 부과되는 소득세 또는 법인세를 공제하면 세후현금흐름ATCF: After Tax Cash Flow이다.

또 하나의 현금흐름은 보유 기간 말의 복귀가격이다. 복귀가격은 재매도가격에서 매도비용 등을 차감하여 산정한다. 재매도가격은 보유 기간 경과 후 초년도의 순수익을 추정하고 이를 환원율로 환원하여 산정하는 방법과 시장 상황 및 과거의 가격변동률 등을 고려하여 산정하는 방법이 있다. 그러나 두 가지 방법 모두 상당한 정도의 미래 상황에 대한 예상과 추정으로 이루어지고 있으므로 그 정확성은 떨어질 수밖에 없다. 또한, 현재의 부동산 가치를 판정하면서 같은 대상의 미래 추정가치를 중요한 기준으로 한다는 점에서 논리상 문제점이 있다.

실무기준은 환원율과 할인율의 산정 방법을 정하고 있다. 환원율은 직접환원법의 수익가격과 할인현금흐름분석법에서의 재매도가격을 산정할 때 사용하는 율이며, 할인율은 할인현금흐름분석법에서 장래의 수익을 현재 시점의 가격으로 환산할 때 사용하는 율이다.

환원율과 할인율은 간단히 말하면, 시장에서의 수익률 개념과 같다. 결과론적으로 보면, 환원율은 시장가격과 연간 수익과의 비율이다. 그리고 시장 할인율을 적용하여 판정하는 부동산의 가치는 시장가치이며, 투자자의 요구수익률을 할인율로 적용한 가치는 투자가치라고 할 수 있다.

환원율이나 할인율이 높다면, 수익에 비교해 시장가격이 낮은 상태다. 이때는 그 부동산에 대한 수요가 증가하여 시장가격을 끌어올리게 된다. 환원율이나 할인율이 낮다면, 수익에 비교해 시장가격이 높은 상태이므로, 그 부동산에 대한 수요가 감소하여 시장가격은 낮아지게 된다.

수익률 개념의 환원율과 할인율은 전체 경제 체계 내 다른 자산의 수익률과 밀접하게 관계된다. 대상 부동산의 상태뿐 아니라 예금금리나 대출금리, 통화량, 물가상승률, 다른 재화나 부동산의 가격 등 제반 경제 변수들과 종합적으로 연계되어 결정될 것이다.

실무기준은, 직접환원법에서 사용할 환원율은 시장추출법으로 구하는 것을 원칙으로 하되 시장추출법의 적용이 적절하지 않을 때는 요소구성법, 투자결합법, 유효총수익 승수에 의한 결정 방법, 시장에서 발표된 환원율 등을 검토하여 조정할 수 있다고 한다.

그리고 할인현금흐름분석법에서 사용할 할인율은 투자자조사법(지분할인율), 투자결합법(종합할인율), 시장에서 발표된 할인율 등을 고려하여 대상 물건의 위험이 적절히 반영되도록 결정하도록 하였다.

시장추출법은 시장에서 직접 환원율을 추출하는 방법이다. 시장가격은 기간 수익, 예를 들면 연간 수익을 환원율로 나누어서 산정된다. 시장에서 사례 부동산의 기간 순수익과 매매가격 모두를 알 수 있다면, 순수익을 매매가격으로 나눈 값으로 환원율을 구할 수 있다. 공식으로 표현하면 '환원율=사례 부동산의 순수익/사례 부동산의 매매가격'이다. 사례는 대상과 위치나 상태, 내용연수, 질 등 물적 유사성이 있어야 한다.

요소구성법은 무위험률을 바탕으로 대상 부동산에 관한 위험[51]을 여러 가지 구성요소로 분해하고, 개별적인 위험에 따라 위험할증률risk premium을 더해감으로써 환원율을 구하는 방법으로, 조성법이라고도 한다. 무위험률risk free rate은 일반적으로 은행의 정기예금 이자율, 국채수익률 등을 사용할 수 있으며, 위험할증률은 사업상의 위험, 비유동성, 관리의 난이성, 자금의 안정성 등을 참작한 것이다. 공식으로 표현하면, '환원율=무위험률+위험할증률'이다.

---

[51] 위험risk은 미래의 불확실성에 의해 발생하는 변동성, 즉 기대에서 벗어날 가능성을 의미한다.

만약 현금의 흐름이나 가치 상승분 등을 모두 고려한 부동산의 수익률이 정기예금 이자율 수준이라면, 그 누구도 확정된 이자 수익을 두고 불확실한 부동산을 투자용으로 매입하지 않을 것이다. 부동산을 보유할 때는 위에 언급한 위험이 항상 따를 것이므로, 그 위험을 감수할 만큼의 추가적인 수익이 주어질 것으로 예상할 때에만 수요가 발생한다. 따라서 적정 수익률, 바꾸어 말하면 환원율은 무위험의 이자율에 여러 가지 위험에 따른 할증률이 더해져서 결정된다.

　투자결합법은 부동산에 대한 투자 자본과 그것의 구성 비율을 결합하여 환원율을 구하는 방법으로, 물리적 투자결합법과 금융적 투자결합법이 있다. 이는 투자 자본 각각의 환원율을 구성 비율로 가중평균한 것이다.

　물리적 투자결합법은 토지와 건물로 구성된 복합부동산의 환원율을 구하면서, 토지의 환원율과 건물의 환원율을 각각 구하고 이것을 전체에서 토지와 건물이 차지하는 비율로 가중평균한다. 건물의 환원율은 건물이 감가되는 자산이므로 투자 자본의 회수가 고려되어야 하며, 따라서 토지 환원율보다는 높은 수준이어야 한다. 공식은 '환원율=토지 가치 비율×토지 환원율+건물 가치 비율×건물 환원율'이다.

　금융적 투자결합법은 저당투자자의 요구수익률과 지분투자자의 요구수익률이 서로 다르므로, 각각의 비율만큼 가중평균하는 방법이다. 저당 비율에 저당상수(MC)를 곱하고, 지분 비율에 지분환원율을 곱하여 이들을 합산하여 환원율을 구한다. 공식은 '환원율=저당 비율×저당상수 + 지분 비율×지분환원율'이다.

그런데 투자결합법은 토지 환원율과 건물 환원율을 별도로 구하여야 하고 이를 가중평균하여 종합환원율을 산정하므로 환원율을 구하는 실질적인 방법이라고 할 수는 없을 것 같다. 금융적 투자결합법도 마찬가지다. 시장추출법 등 다른 방법을 통해 투자자본 구성별로 개별 환원율을 먼저 구하여야 하며, 투자결합법은 이들을 적절하게 결합하여 종합환원율을 산정하는 가중평균의 과정일 뿐이다.

유효총수익승수법은 일종의 시장추출법이면서 순수익 대신에 유효총수익과 운영경비율을 적용하여 환원율을 구하는 방법이다. 유효총수익승수는 거래사례 가격과 유효총수익의 비율이며, 운영경비율은 유효총수익에서 운영경비가 차지하는 비율이다. 유효총수익에서 운영경비를 차감하면 순수익이므로, 결국 이 방법은 시장추출법과 유사하다고 할 수 있다.

시장에서 발표된 환원율은 통계 관련 기관 등에서 지역별 물건별로 조사·발표하는 환원율이다. 현재 한국부동산원은 상업용 부동산의 수익률 정보를 발표하고 있다. 이 자료에는 지역별로 분기별 및 연간의 투자수익률, 소득수익률, 자본수익률, 순영업소득 등이 있으므로 이 가운데 대상에 적절한 자료를 환원율로 사용할 수 있다.

실무기준은 할인현금흐름분석법에서 사용할 할인율은 투자자조사법(지분할인율), 투자결합법(종합할인율), 시장에서 발표된 할인율 등을 고려하여 대상 물건의 위험이 적절히 반영되도록 결정하도록 하였다.

투자자조사법은 투자자를 대상으로 한 설문 조사나 공표된 자료를 활용하는 방법이다. 이들을 적절히 반영한다는 것은 투자자의 요구수익률, 무위험자산 환원율, 자본자산의 수익과 위험, 기업의 자기자본 비용과 타인자본 조달비용 등을 종합적으로 고려하여 적정 할인율을 산정하라는 의미인 것 같다.

실무에서 수익환원법은 임대용 부동산의 감정평가와 영업권 또는 기업가치의 감정평가 등에 사용된다. 그런데 임대용 부동산이 구분건물인 경우는 거래사례비교법이 주된 감정평가 방법이며, 토지와 건물로 구성된 복합부동산인 경우는 공시지가기준법에 의한 토지 가액과 원가법에 의한 건물 가액을 합산하여 전체 부동산의 가격을 구하기 때문에 수익환원법이 주된 감정평가 방법은 아니다. 수익환원법은 주된 감정평가 방법으로 산정된 임대용 부동산 시산가액의 타당성을 검증하는 수단으로 사용된다.

임대용 부동산의 감정평가는, 먼저 대상의 임대료를 파악하고 일정 경비율을 적용하여 순수익을 구한 다음 이를 환원율로 환원하여 수익가격을 구한다. 환원율은 형식상 요소구성법의 형태를 취하여 시장 이자율 등에 일정한 위험할증률을 더하여 구하되,

이렇게 구해진 환원율의 수준은 시장추출법에 의한 환원율 수준으로 정하는 것이 보통이다. 토지와 건물로 구성된 상업용 건물을 감정평가할 때는 토지의 환원율과 건물의 환원율을 위의 요소구성법이나 시장추출법으로 구한 다음 투자결합법으로 종합환원율을 산정하여 적용한다.

영업권이나 기업가치의 감정평가는 주로 할인현금흐름분석법을 적용한다. 이때는 시장이자율과 위험할증률, 자본자산가격결정모형CAPM, 가중평균자본비용WACC 등을 모두 나열하여 자기자본과 평균 할인율을 구하기도 하는데, 이는 다양한 근거를 포함시켜 적절한 형식을 갖추기 위한 수단일 가능성이 크고 실제의 결론은 일반적으로 시장추출법에 의한 수준에서 시장의 이자율에 여러 가지 위험할증률을 더하는 요소구성법의 방식으로 결정되는 사례가 많은 편이다.

환원율이나 할인율을 구하는 과정에서 추가로 고려하여야 할 부분이 있다. 시간의 경과에 따라 가치가 감소·소멸하는 부동산에 대한 투자 자본 회수 문제와 순수익의 변동이 예상될 때 환원율의 조정에 관한 것이다.

토지의 환원율과 건물의 환원율이 같아야 하는가 달라야 하는가? 토지는 영속성을 가진 특수한 물건인 반면에, 건물은 시간의 경과에 따라 마모와 훼손이 발생하고 내용연수가 다되면 그 실체가 없어지는 소모성 자산이다. 건물의 내용연수에 이를 때, 토지는 그 실체와 가치가 그대로 남아 있으나 건물은 물리적 실체가

사라지면서 가치도 없어질 것이다. 따라서 건물은 토지와 다르게 그 내용연수 동안 건물의 가치만큼을 수익으로 추가 회수해야 할 필요가 있다. 이것을 자본회수라고 한다.

건물은 전 내용연수 기간에 순수익의 모습으로 원본의 가치만큼을 더 확보하여야 하며, 이를 반영하기 위해 건물의 환원율은 토지와 비교해 더 높은 수준이어야 한다. 순수익이 같더라도 건물의 환원율이 더 높으므로 건물의 시장가격이 더 낮아질 것이다. 다른 말로 하면, 원본의 가격이 같다면 건물의 순수익이 더 커야 한다는 의미다.

순수익은 자본수익분과 자본회수분으로 구성된다고 보아야 하며, 따라서 환원율은 자본수익률과 자본회수율의 합계로 이루어진다.

실무기준 해설서는 자본회수와 관련된 계산법을 전통적 직접환원법 중에서 환원 방법을 달리하는 것이라고 한다. 일정한 순수익이 영속적으로 발생하거나 투하자본에 대한 회수가 불필요한 자산에 적용하는 방법을 직접법이라 하고, 자본회수가 이루어지는 방법은 적용 방식에 따라 직선법, 상환기금법, 연금법으로 구분하였다.

자본회수의 방법은 기본 환원율인 자본수익률에 매년 회수하여야 할 비율만큼 할인율을 추가하는 형식으로 되어있다. 따라서 종합적인 환원율은 '자본수익률+자본회수율'이 된다. 직접법은 추가하여야 할 자본회수율이 없으므로, 이미 이야기한 $V=\frac{I}{R}$

의 계산식이 그대로 적용된다. 기본 환원율인 자본수익률이 r이라면 직접법에서는 $R=r$이다.

직선법은 대상의 내용연수 동안 매년 일정한 액수를 자본회수분으로 할당하는 방식으로, 매년 같은 비율 즉 $1/n$씩 자본회수율로 책정하여 이를 기본 환원율인 자본수익률에 가산한다. 여기서 n은 내용연수다. 그 결과 환원율은 자본수익률에 자본회수율을 더한 값, $R=r+\dfrac{1}{n}$이며, 자산의 가치는 $V=\dfrac{I}{R}=\dfrac{I}{r+\dfrac{1}{n}}$이 된다.

상환기금법은 내용연수로 나눈 비율 $1/n$만을 자본회수율로 책정하되, 매년 그 회수분을 축적하며, 그 축적분에는 이자가 발생하는 것을 가정한다. 따라서 이자를 고려한 이 축적분은 직선법보다는 낮은 수준이어도 된다. 상환기금법의 자본회수율은 $1/n$이 아니라 상환기금률 또는 감채기금률이 될 것이다.

특히 축적되는 회수분은 본래의 사업이나 유사 사업에 재투자되는 것이 아니라 안전하게 회수할 수 있는 곳에 투자된다고 가정한다. 자본회수율인 상환기금률에 적용되는 이자율은 기본 환원율 r보다는 낮은 수준인 i일 것이며, 이것을 안전율 또는 축적이율이라고 한다. 그 결과 $R=r+\dfrac{i}{(1+i)^n-1}$이며, $V=\dfrac{I}{R}=\dfrac{I}{r+\dfrac{i}{(1+i)^n-1}}$이 된다.

연금법은 상환기금법과 같은 방식으로 상환기금률을 적용하여 자본회수분을 축적하되, 이를 다른 안전한 곳에 재투자하는 것이 아니라 본래의 사업이나 유사 사업에 재투자하는 것으로 가정한다. 따라서 연금법에 적용되는 상환기금률의 이자율은 안전율 또는 축적이율(i)이 아니라 기존의 자본수익률(r)과 같은 값이다. $R = r + \frac{r}{(1+r)^n - 1}$ 이며, $V = \frac{I}{R} = \frac{I}{r + \frac{r}{(1+r)^n - 1}}$ 이 된다. $R = r + \frac{r}{(1+r)^n - 1}$ 을 계산하면, $R = \frac{r(1+r)^n}{(1+r)^n - 1}$. 즉 $R = MC_{r,n}$가 되며, $V = \frac{I}{R} = \frac{I}{MC_{r,n}} = I \cdot PVAF_{r,n}$ 가 된다. 일정하게 발생하는 연금 소득을 저당상수(MC)로 나누어 주거나, 연금 소득에 연금의 현가계수($PVAF$)를 곱해 주면 물건의 가치가 된다.

연금법은 장래 일정한 수익이 발생하는 대상에 대해 자본회수가 고려된 무기한의 직접환원법으로 표현되기도 하며, 기간이 있는 연금의 현가계수를 적용함으로써 자연스럽게 자본회수의 문제를 해결하기도 한다.

직선법은 내용연수가 유한한 상각 자산인 건물이나 구축물에 적용될 수 있다. 상환기금법은 재투자로써 대상의 수익을 연장시킬 수 없는 광산, 산림 등의 소모성 자산에 유용하며, 연금법은 순수익의 흐름이 안정적일 것으로 예상하는, 장기 임대차에 제공되고 있는 부동산이나 어업권 등에 적용되는 것이 적절하다고 한다.

순수익의 변동이 예상될 때는 환원율을 조정하여 적용할 수 있다. 장래에 더 많은 수익이 예상되면 부동산의 가치가 상승할 것이므로 이에 대응하여 더 낮은 환원율을 적용하여야 하는 이치다.

첫해의 순수익이 a이며, 순수익이 매년 g만큼 증가한다면, 두 번째 해의 순수익은 $a \cdot (1+g)$, 세 번째 해의 순수익은 $a \cdot (1+g) \cdot (1+g) = a \cdot (1+g)^2$, n번째 해의 순수익은 $a \cdot (1+g)^{n-1}$이다. 만약 이러한 순수익의 증가가 무한히 계속된다면, 그 가치는 $V = \dfrac{a}{(1+r)} + \dfrac{a \cdot (1+g)}{(1+r)^2} + \dfrac{a \cdot (1+g)^2}{(1+r)^3} + \cdots \infty$일 것이며, 계산하면 $V = \dfrac{a}{r-g}$가 된다.[52] 소득이 일정할 때의 환원율이 r이라면 소득이 매년 g만큼 무한 증가하는 경우 환원율은 $r-g$가 되는 것이다. 소득증가율 g만큼 낮은 환원율을 적용하고, 그만큼 부동산의 가치는 커지게 된다. 기준이 되는 순수익을 현재의 소득으로 일정하게 적용하면서 환원율을 낮추는 방식으로 가치 증가를 계산한다.

모두 정리하면, 수익환원법은 순수익을 환원하거나 미래의 현금흐름을 할인하여 부동산의 가격을 산출하는 감정평가 방법이다. 중요한 것은 장래의 순수익 또는 현금흐름을 추정하고, 적정한 환원율과 할인율을 구하는 것이다. 식 $V = \sum\limits_{t=1}^{n} \dfrac{CF_t}{(1+r)^t} + \dfrac{P_n}{(1+r)^n}$과 $V = \dfrac{I}{R}$이 장래의 수익을 기준으로 부동산의 가치를 판정하는 기본공식이다.

일반인도 부동산 투자 과정에서 수익방식을 많이 사용한다. 상업용의 건물이나 구분건물을 구입할 때는 기본적으로 수익률을 검토하며, 수익률은 가장 중요한 투자 포인트가 된다. 간단히 요

---

[52] 무한등비급수의 합의 공식 $S = \dfrac{a(\text{초항})}{1-r(\text{공비})}$에 초항 $\dfrac{a}{1+r}$, 공비 $\dfrac{1+g}{1+r}$를 적용하여 계산한 것이다.

구수익률이 연 5퍼센트이며, 임대료 120만 원, 보증금 5000만 원인 상가를 예로 들어 보자.

편의상 운영경비는 무시하고 월 임대료를 연간 임대료로 환산하여 요구수익률로 환원한 다음, 그 금액에 보증금을 더한 것이 임시로 산정해 본 적정가격이 된다. 보증금을 가격에 반영하기 위해서는, 보증금을 임대료로 환산하여 순수익에 더하는 방법[53]과 순수한 임대료만을 가지고 가격으로 환원한 다음 보증금을 더하는 방법이 있는데, 현실에서는 주로 후자의 방법을 사용하고 있다.

이 상가의 수익가격을 수식으로 표시하면, $V = \dfrac{I}{R} = \dfrac{I}{R} + 보증금 = \dfrac{120만\ 원\ \times 12월}{0.05} + 5,000만\ 원$ 으로서, 이를 계산하면 3억 3800만 원이다.[54] 이 금액을 기준으로 하면서 수반되는 운영경비, 조세 부담액, 가격 상승의 가능성, 임대료 변경 가능성 등을 추가로 검토한다.

수익방식도 장점이 있으며 단점도 있다.

수익방식은 수익성 부동산의 감정평가에 유익하다. 이론적이며, 투자자의 현실적인 심리적 행태에 부합한다. 부동산시장이 장기적으로 안정적이며 시장 자료가 정확하다면 부동산의 가치를 비교적 정확하게 판정할 수 있다.

---

[53] 보증금 운용이율이 연 5퍼센트라면, 연간 순수익에 250만 원(5000만 원×0.05)을 더한 합계인 1690만 원(250만 원+120만 원×12월)을 순수익으로 계산한다.

[54] 요구수익률과 보증금 운용이율이 같은 5퍼센트이면 보증금을 순수익으로 환원할 때 총 순수익이 1690만 원이며, 이때의 수익가격은 3억 3800만 원(1690만 원/0.05)이다.

그러나 수익이 없거나 수익의 파악이 어려운 부동산에는 적용하는 것이 불가능하다. 건물의 신·구에 따른 가치 차이가 없을 수 있으며, 투기 현상이 심하거나 부동산시장이 불안정한 경우에는 적용이 어렵다.

가장 큰 단점은, 수익방식이 장래의 소득과 현금흐름을 고려한 과학적인 방법이라고 하면서도, 거래사례나 추정 원가와 같이 실증이 가능한 과거나 현재의 자료가 아닌 미래의 수익과 현금흐름, 환원율 또는 할인율을 사용하여야 하므로 감정평가 주체의 예상과 추정이 과도하게 적용된다는 점이다.

「감정평가에 관한 규칙」은 공장재단의 일괄 감정평가, 광업재단, 어업권과 그리고 영업권·특허권·실용신안권·디자인권·상표권·저작권·전용측선이용권 등 무형자산, 비상장 채권, 기업가치의 감정평가에 수익환원법을 적용하거나 할 수 있다고 규정하고 있다.

수익환원법을 적용하는 감정평가의 대상은 유형·무형의 자산이 하나로 묶어져서 집단으로 수익을 창출하는 것이거나 구체적 실체는 존재하지 않은 무형자산임을 알 수 있다.

대표적인 수익성 물건인 상업용 부동산의 감정평가에서도 수익방식을 주된 감정평가 방법으로 채택하지 않고 있다. 수익환원법은 거래사례비교법이나 공시지가기준법 및 원가법으로 감정평가한 결과를 검증하는 보조수단으로 사용하는 편이다. 그 과정에서 다른 감정평가 방법에 의한 가격 결론을 지지하기 위해 주요 변수들을 임의로 조정하여 적용한다는 비판도 심심치 않게 제기된다.

임대료의 감정평가

임대료는 임대차 계약을 기초로 하여 대상 물건의 사용 수익의 대가로 임차인으로부터 임대인에게 지불되는 금액이다.

실질임대료는 임대료 산정 기간 중 종류 여하를 불문하고 임대인에게 지불되는 모든 경제적 대가로서, 매 지불 시기에 지불되는 지불임대료와 필요제경비의 형태로 지불되는 임대료, 예금적 성격의 일시금의 운용익, 선불적 성격의 일시금의 상각액 등의 합계액이다. 순임대료는 실질임대료에서 필요제경비를 제외한 금액이다. 실질임대료, 필요제경비, 순임대료는 수익환원법의 가능총수익PGI 또는 유효총수익EGI, 운영경비OE, 순수익NOI에 각각 대응되는 개념으로 보인다.

상가 임대차 계약 조건이 보증금 1억 원, 월 임대료 100만 원, 계약 기간 2년의 선불적 성격의 일시금[55] 500만 원이며, 임대인

---

[55] 보증금이 있는 현실의 임대차 계약에서 선불적 성격의 일시금이 별도로 주어지는 경우는 거의 발견되지 않는다. 보증금과 지불임대료 없이 선납 일시금으로만 되어있는 임대료를

이 실제 지출하는 월 관리비 10만 원은 월 임대료에 포함되어 있다고 하자. 현금 운용이율이 연 5퍼센트일 때, 본 계약의 연간 임대료는 다음과 같다. 실질임대료는, 월 임대료 합계 1200만 원(100만 원×12월), 예금적 성격의 일시금의 운용익 500만 원(1억 원×0.05), 선불적 성격의 일시금의 상각액 250만 원(500만 원/2년) 등 1950만 원이다. 이중 순임대료는, 필요제경비인 관리비 120만 원(10만 원×12월)을 제외한 1830만 원이다.

임대료 감정평가에서 주의해야 할 것은, 신규 임대료와 계속 임대료를 구별하는 것이다. 처음 계약체결 때 임대인과 임차인의 합의로 결정되는 신규 임대료는 시장 임대료를 반영할 것이나, 계속 임대료는 과거에 체결된 계약을 바탕으로 연속하여 사용 수익하고 있는 부동산의 사용에 대한 대가로서, 최초 계약 시부터 시간이 경과 할수록 시장 임대료와는 괴리될 가능성이 있다.

계속 임대료는 임대인과 임차인의 개인적인 관계, 법률적 제한 등을 원인으로 시장 상황을 반영하기보다는 종전 임대료를 기준으로 하여 결정되는 경우가 많으므로 당사자 사이에만 유효한 한정 임대료의 성격이 있다. 감정평가 대상이나 수집된 사례가 신규 임대료인지 계속 임대료인지의 확인이 필요한 이유다.

부동산 업계에서는 이른바 '깔세'라고 부르기도 한다.

임대료의 감정평가에서도 재화의 가치가 시장에서 드러나는 방식, 즉 시장성, 비용성, 수익성 등 3가지 측면에서 그 능력의 정도를 측정한다. 재화가 갖는 세 가지 능력인 다른 재화를 교환의 대상으로 지배하는 능력, 비용 투입을 가능하게 하는 능력, 수익 창출 능력을 측정하는 각각의 방법을 임대가치 판정의 수단으로 사용하고 있다. 여기에서 능력을 측정하는 원리는 가격을 구할 때와 근본적으로 같다고 할 수 있다.

시장에서 다른 재화와 비교되고 경쟁·대체 관계가 성립하는 것은 교환을 위해서일 수도 있으며 사용을 위해서일 수도 있다. 비용을 투입하는 것은 매각가격을 대가로 얻기 위한 것일 수도 있으며 임대료 수익을 위해서이기도 한다. 또한, 수익성의 측면에서 재화가 발생시키는 수익이 가격으로 전환될 뿐 아니라, 그 재화를 사용하여 얻는 사업수익이 사용료의 지불 능력으로도 표현된다. 임대료의 감정평가는 이 중에서 사용을 위해 거래가 성립하는 시장성, 임대료 수익을 위해 원가가 투입되는 비용성, 지불 능력으로 표현되는 수익성의 정도를 찾아내어 이를 가액으로 표시하는 것이다.

교환가치와 마찬가지로, 시장에서 사용권을 두고 다른 재화나 화폐와 거래되는 비율을 찾을 수 있다면 그 재화의 사용가치인 임대가치를 측정할 수 있다. 생산물이 어떤 일정한 정도의 임대료를 창출할 수 있을 것으로 예상하면서 비용의 투입이 이루어지므로, 투입되는 비용과 임대료와의 상관관계를 찾아 임대료를 구할 수 있다. 또한, 재화의 사용권은 임대료 지불 능력이 있는 사용자에게 배분될 것이므로, 재화 사용자의 사업수익을 분석하여 재화사용 대가의 지불 능력을 기준으로 임대료를 추정할 수 있다.

가격과 마찬가지로, 비교방식의 임대료는 시장 균형 임대료, 원가방식의 임대료는 공급자 중심 임대료, 수익방식에 의한 임대료는 수요자 중심 임대료의 성격이 있다.

비교방식에 의해 임대료를 산정하는 감정평가 방법을 임대사례비교법, 원가방식에 의한 것은 적산법, 수익방식에 의한 것은 수익분석법이라 한다. 그리고 임대사례비교법의 임대료는 비준임대료, 적산법의 임대료는 적산임대료, 수익분석법의 임대료는 수익임대료라 한다.

임대사례비교법은 대상 물건과 동일성 또는 유사성이 있는 다른 물건의 임대 사례와 비교하여 대상 물건의 현황에 맞게 사정보정과 시점수정, 요인 비교의 과정을 거쳐 임대료를 산정하는 감정평가 방법이다.

거래사례비교법과 동일하게 사정보정, 시점수정 등 사례자료의 정상화 과정과 지역요인 및 개별요인 비교 등 요인 비교의 과정으로 계산이 된다. 다만, 적정 사례의 요건 중에는 물적 유사성 외에 임대차 등의 계약 내용이 같거나 비슷한 사례라는 계약 내용의 유사성이 추가된다.

적산법은 대상 물건의 기초가액에 기대이율을 곱하여 산정된 기대수익에, 대상 물건을 계속 임대하는데 필요한 경비를 더하여 대상 물건의 임대료를 산정하는 방법이다.

　이것은 소유자인 임대인이 물건의 임대를 통해 얻어야 하는 최소한의 수익을 기준으로 하는, 다시 말하면 임대인의 기대수익이 보장되는 수준에서 시장 임대료가 결정되는 것에 착안한 임대료 산정 방법이다. 투자한 금액에 비해 수익, 즉 임대료가 적다면 투자를 하지 않을 것이며, 투자가 중단되어 공급이 줄어들면 임대료가 상승하게 된다. 투자 금액 대비 임대료가 많다면 시장에 진입하는 투자자가 늘고, 투자가 늘어 시장에 공급이 증가하면 임대료는 하락하게 된다. 따라서 장기적으로 시장 임대료는 임대인의 기대수익을 반영하는 수준에서 결정될 것이다.

　그런데 실제 임대인의 손에 주어지는 임대료는 임차인에게서 받는 임대료보다 적어질 것이다. 임대 과정에는 임대인의 부담으로 지출되는 비용이 있기 때문이다. 따라서 임대인의 기대수익이 실질적으로 보장되기 위해서는 기대수익만으로는 부족하고 그 금액에다 임대 과정에서 필요한 비용만큼 더해진 금액으로 임대료가 책정되어야 한다.

　임대인의 투자 금액, 즉 임대 대상 물건의 원본 가격을 기초가격이라고 한다. 기초가격은 공시지가기준법이나 거래사례비교법, 원가법, 수익환원법 등 3방식에 의해 산출한 감정평가액으로 한다.

기대이율은 임대인이 기대하는 수익률로서, 개인적인 요구수익률의 성격이 있으나 시장 임대료를 산정하는 과정에서는 요구수익률보다 시장에서 형성되는 적정 수익률이 기준이 된다. 기대이율은 주로 예금금리나 다른 자산의 수익률 등을 고려하여 결정하며, 수익방식의 환원율과 같이 자본회수와 임대 물건의 가격 상승 예상액 등도 종합적으로 고려된다. 토지의 기대이율은 건물의 기대이율보다 낮은 것이 일반적이다. 토지의 가격 상승에 대한 기대가 보통 건물보다 크므로 임대료 수익이 비록 낮다 하여도 지가 상승을 통해 이를 만회할 수 있으며, 또한 건물의 경우 자본회수를 추가로 고려하여야 하기 때문이다.

대상 물건을 계속 임대하는 데 필요한 경비는 각종 조세 부담액이나 관리비용 등이 있다. 실무상 토지의 경우는 이를 고려하지 않는 경우가 많다. 예상 경비가 크지 않아 별도로 산정하지 않거나, 또는 기대이율 산정 과정에서 필요제경비의 가액을 기초가격 대비 비율로 환산한 다음 이를 기대이율에 가산하는 방식으로 반영하기도 한다. 건물의 기대이율에 자본회수를 고려하지 않았다면 이를 감가상각비로 계산하여 필요제경비에 추가한다. 실무에서는 감가상각비를 주로 자본회수의 방법으로 기대이율에 더하여 처리한다.

적산법의 예를 들어보자. 공지지가기준법에 의한 토지 가액이 4억 원, 원가법에 의한 건물 가액이 4억 8000만 원인 상가 건물의 월 임대료를 적산법으로 구해 본다. 시장의 평균적인 기대이율이, 토지는 3퍼센트, 건물은 자본회수를 고려하여 5퍼센트다.

기초가격은 토지 4억 원, 건물 4억 8000만 원 계 8억 8000만 원이며, 토지의 기대수익은 연간 1200만 원(4억 원×0.03), 건물의 기대수익은 연간 2400만 원(4억 8000만 원×0.05) 합계 3600만 원, 월 300만 원이다.

필요제경비가 월 20만 원이면 적산임대료는 연 기준 3840만 원(3600만 원+20만 원×12월), 월 320만 원(300만 원+20만 원)이다. 감정평가액인 적산임대료로 임대차 계약이 체결되었다면, 보증금을 무시할 경우 임차인이 지불하는 임대료는 연간 3840만 원이며, 임대인이 실제로 얻는 순수익은 이 금액에서 필요제경비를 뺀 연 3600만 원으로 기대수익과 같은 액수다.

수익분석법은 일반기업 경영에 의하여 산출된 총수익을 분석하여 대상 물건이 일정한 기간에 산출할 것으로 기대되는 순수익에, 대상 물건을 계속하여 임대하는 데 필요한 경비를 더하여 대상 물건의 임대료를 산정하는 방법이다.

일반기업 경영에 의하여 산출된 총수익은 대상 부동산을 임대하여 얻는 임대료 수익과 구별되어야 한다. 수익환원법의 수익은 부동산을 다른 사용자에게 임대할 때 발생하는 임대료 소득일 것이나, 수익분석법의 수익은 부동산 자체의 임대료 수익이 아니라 부동산을 이용하여 영위되는 다른 생산 활동의 사업수익이어야 한다. 임대료를 기준으로 임대료를 추산하는 것은 수익분석법이라고 할 수 없다.

사업수익은 부동산 사용자가 부동산과 함께 다른 생산요소, 즉 자본과 노동력, 경영 능력을 투입하여 얻는 총수익을 의미한다. 이렇게 부동산을 포함한 생산요소를 투입하여 만들어 낸 총수익은 기업의 총매출액과 유사하다.

수익분석법은 이 총수익 또는 총매출액 중에서 얼마까지를 부동산의 사용에 대한 대가로 지불할 수 있는지를 찾아 수요자 입장의 부동산 임대료를 산정하는 방법이다. 기업의 총수익 또는 총매출액을 분석하여 생산요소별로 귀속되는 부분을 구별하고, 우선 부동산을 제외한 다른 생산요소에 귀속되는 부분을 찾아낸 다음 남아 있는 나머지를 부동산에 대한 임대료 지불 능력으로 본다.

자본 중 부동산을 제외한 시설이나 비품 등 다른 자본에 귀속하는 수익을 계산한 비용, 노동에 귀속하는 인건비, 경영보수인 영업이익 등은 부동산을 제외한 생산요소에 귀속하는 수익에 해당한다. 총수익에서 재료비 등 원가와 함께 각 생산요소에 귀속하는 이러한 부분을 제외하면 부동산에 귀속시킬 수 있는 잉여 또는 잔여의 수익이 계산될 수 있다.[56]

수익분석법은, 토지의 사용자가 사용 대가를 최대로 지불할 수 있는 능력으로 나타나는 지대의 원리나 각각의 생산요소별

---

[56] 수익과 비용은 혼용하여 사용하고 있으나, 생산요소별 귀속하는 수익은 사업자 입장에서 비용에 해당하므로 두 용어는 결국 같은 의미를 갖는다.

로 수익이 배분된다는 수익 배분의 원칙을 근거로 한다. 지대는 토지사용자의 최대 지불 능력이며, 동시에 토지소유자에게 귀속하는 수익이다. 지대의 원리와 유사하게 사업용 부동산의 사용자에게는 자신의 총수익에서 다른 생산요소에 귀속하는 부분을 제외하고 남는 잔여분이 부동산의 임차에 사용할 수 있는 지불 능력이며, 이것이 곧 부동산 소유자가 얻을 수 있는 임대료 수익이 된다.

지대가 개별 토지사용자에게는 비용이듯이, 기업 경영에서 부동산의 임차료는 비용으로 처리할 대상이다. 그러나 지대가 개별 사용자에게는 비용이지만 사회 전체적으로는 잉여의 개념이라고 하는 것과 같은 원리로, 수익분석법은 먼저 다른 생산요소에 귀속하는 비용을 제외하고 남은 잉여 또는 잔여로써 부동산에 귀속하는 수익을 파악하여 이를 부동산 사용자가 지불할 수 있는 최대의 임대료라고 보는 것이다.

수익분석법은 부동산을 사용하여 영위한 사업 활동에서 발생한 총수익을 분석하여 부동산에 귀속되는 잔여 수익을 지불 가능한 임대료로 판정할 것이므로, 수익이 발생하는 사업 활동을 위해 임대하는 경우의 임대료 산정에만 적용할 수 있다. 주거용 부동산은 영리활동을 위해 사용하는 부동산이 아니므로 그 사용자에게 금전적 수익이 발생하지 아니하며, 따라서 수익분석법으로 임대료를 구할 수 없다.

그런데 수익분석법이 모든 임대용 부동산에는 적용될 수 없고 기업용 부동산에만 적용될 수 있다고 한다. 또한, 기업이 직접 부동산을 사용하거나 일반기업용 부동산으로서 관계회사 간에 부동산을 임대차하는 경우, 정부 또는 공공기관에서 수익부동산을 기업용으로 임대하려는 경우 등 제한적으로 적용 가능하다는 의견도 있다. 그러나 이와 같은 설명은 그 의미가 무엇인지, 무엇을 말하고자 하는지 명쾌하지 못하며 혼란스럽다.

혼란이 있는 이유는 「감정평가에 관한 규칙」이나 실무기준에서 정하고 있는 일반기업 경영에 의하여 산출된 총수익이란 말에서 '일반기업 경영'의 의미가 명백하지 않기 때문이다. 기업이 직접 사업을 영위하는 것으로 해석하기도 하며, 관계회사 등에서 무상으로 사용하면서 실제 임대차 계약이 없이 회계상 비용을 산정하기 위해 임대료를 추정할 필요가 있는 때 그 사업에서의 경영이라고도 한다.

실무기준의 정의 항에서 수익분석법은 '일반기업 경영'에 의하여 산출된 총수익을 분석한다고 하면서 그다음에는 '대상 물건'이 일정한 기간에 산출할 것으로 기대되는 순수익이라 하고, 순수익과 필요제경비 항에서는 순수익은 '대상 물건'의 총수익에서 그 수익을 발생시키는 데 드는 경비를 공제하여 산정한 금액을 말한다고 하여, '일반기업 경영의 수익'에서 갑자기 '대상 물건의 수익'이라고 말을 바꾸고 있다. 일관되지 않은 규정으로 총수익과 순수익의 의미를 분명하게 알 수가 없다.

일반기업 경영에 의하여 산출된 총수익은 부동산을 사용하여 영위하는 다른 사업 활동을 통해 발생하는 총수익으로 이해하는 것이 더 적절하다고 본다. 이는 대상 부동산을 임대할 때 발생하는 임대료의 총수익에 대비되는 표현으로서, 부동산은 다른 사업 활동을 위해 파생적으로 수요되며, 그 사용의 대가는 사업 활동의 결과에 영향을 받기 때문이다. 부동산을 사용하여 이루어진 사업 활동에서 발생한 총수익을 분석하여 부동산에 귀속되는 잔여 수익을 지불 가능한 임대료로 판정하겠다는 의미로 이해된다.

부동산을 임차하여 다양한 사업을 전개할 수 있다. 그 사업의 총수익을 분석하고 잉여 또는 잔여 수익을 임차한 부동산에 귀속하는 수익으로 판단할 수 있는 것이다. 총수익을 생산요소별로 그 귀속되는 원천을 분석해서 구별한다는 것은 기술적으로 어려운 문제다. 이에 따라 현실적으로 적용이 어려운 점은 있을 수 있으나 이론상 불가능한 것은 아니다.

실무기준의 해설에 의하면, 수익분석법은 해당 물건의 수익이 그 기업 수익의 대부분을 구성하고 있는 경우와 경영 주체에 의한 기업 수익에 미치는 영향이 적은 경우 등 대상 물건에 귀속되는 순수익액 등을 적정하게 구할 수 있는 경우에 유효하다고 한다. 다른 생산요소에 귀속하는 수익을 계산하기가 현실적으로 어렵다는 점과 잉여 또는 잔여의 개념으로서 임대료를 구하기 때문에 총수익에서 공제해야 하는 다른 비용의 절대액이나 상대적 비중이 낮은 수준이어야 하고 임차인인 사업자에 따라 생산요소별 귀속수익의 격차가 적어야 한다는 의미로 이해되며, 해설의 의도는 불분명하지만 특별히 논란이 되는 표현은 아니다.

부동산을 임차하여 사업 활동을 하는 기업체의 수익분석을 통해 임차 물건에 대한 지불 능력을 판단하고 이를 임대료로 본다면, 「감정평가에 관한 규칙」이나 실무기준에서 정하고 있는 수익분석법의 적용에 한가지 혼란이 더 있다. 순수익에 대상 물건을 계속하여 임대하는 데 필요한 경비를 더하여 임대료를 산정하다는 문구가 문제된다.

왜 순수익에 필요제경비를 더하여야 하는가? 원가방식의 적산법은 기대수익에 대상 물건을 계속 임대하는 데 필요한 경비를 더하여 임대료를 산정한다. 그것은 적산임대료가 공급자 중심의 임대료이기 때문이다. 임대인의 부담이므로 임대인의 실제 수익을 감소시키는 역할을 하는 필요제경비 만큼을 임대료에 더해 줌으로써 임대인이 기꺼이 시장에 등장하도록 기대수익을 보장해 준다는 뜻이다.

그런데 수요자 중심의 임대료는 수요자인 부동산 임차인이 최대로 지불할 수 있는 금액이 기준이 된다. 임차인에게는 필요제경비를 추가로 지불할 능력이 없을 것이며, 지불 능력을 넘어서서 필요제경비를 부담하여야 한다면 대상 물건을 임차할 유인이 없어질 것이다. 필요제경비는 지불 능력, 즉 임대료 내에 이미 포함되어 있어야 한다. 산정된 임대료에서 임대인이 부담하는 필요제경비 만큼 차감된 금액이 임대인의 실제 순수익이 될 뿐이다.

실무기준의 해설에 의하면 공실손실상당액 등을 제외하고 적산법의 필요제경비와 거의 유사하다. 또한, 필요제경비의 부담 주체가 임대인이든 임차인이든 관계없이 누락 또는 중복 계상을 하지 않아야 하며, 부담 주체를 파악하여 수익임대료로 계상할 것인지 또는 계상하지 말아야 할 것인지를 명확히 결정하라고 하고 있으나 그 해설의 뜻과 의미는 애매하고 혼란스러우며 분명하지 않다.

그런데 일본의 사례에서 혼란이 생긴 원인의 실마리를 찾을 수 있을 것 같다. 일본의 부동산 감정평가 기준의 수익분석법은 우리나라와 거의 같으며, 그 문맥이나 의미가 분명하지 못한 점도 우리나라와 비슷하다. 즉 "수익분석법은 일반기업 경영에 기초하여 총수익을 분석하고 대상 부동산이 일정 기간 산출할 것으로 기대되는 순수익(감가상각 후의 것으로 하고, 이것을 순수익임료라 한다)을 구하고, 여기에 필요제경비 등을 가산하여 대상 부동산의 시산임료를 구하는 수법이다."라고 한다.[57]

다만, 적용 방법에서 "수익임료는 수익순임료의 금액에 임대차하는 데 임료에 포함되는 필요제경비 등을 가산하여 구한다. 또한, 일반기업 경영에 기초하여 총수익을 분석하여 수익임료 및 필요제경비 등을 포함하는 임료 상당액을 수익임료로서 직접 구할 수 있는 경우도 있다."[58], 그리고 "수익임료는 임대 이외의 사

---

[57] 감정평가이론연구회, 『해설 부동산 감정평가 기준』, 장희순·방경식(역)(서울: 부연사, 2011), p. 180, p. 364.
[58] 상게서, p. 180, p. 363.

업용에 제공되고 있는 부동산이 일정 기간에 산출하는 총수익을 분석하고, 대상 부동산(택지)에 귀속하는 순수익을 구하고, 이에 필요제경비 등을 가산하여 구해야 한다. 또한, 일반기업 경영에 기초한 총수익을 분석하여 수익순임료 및 필요제경비 등을 포함하는 임료 상당액을 수익임료로서 직접 구할 수 있는 경우도 있음에 유의하여야 한다."고 하였다. [59]

적용 방법을 문구 그대로 읽어 보면, 수익분석법의 적용 방법은 임대 이외의 사업용에 제공되고 있는 부동산을 대상으로 순수익에 필요제경비를 가산하여 구하는 방법과 기업 경영을 분석하여 필요제경비를 포함하여 구하는 방법 등 두 가지가 있다.

그러나 우리나라의 「감정평가에 관한 규칙」이나 실무기준은 일본의 기준과 거의 같은 정의를 내리고 있으면서도 적용 방법의 이 두 가지 방법에 대한 추가적인 설명은 없다. 그 결과 일반기업 경영에 의하여 산출된 총수익을 분석하고 필요제경비는 더하도록 하는 방법, 즉 일본의 두 가지 방법이 하나로 혼합된 방법만이 있을 뿐이다. 이로 인해 필요제경비의 처리와 관련하여 혼란이 있는 것으로 보인다.

혹시라도 실무기준의 해설이, 일반기업 경영에 의하여 산출된 총수익을 분석하여 대상 물건에 귀속하는 총수익을 구하고 그 총수익에서 필요제경비를 공제하여 대상 물건의 순수익을 구한 다

---

59) 상게서, pp. 267~268.

음, 여기에 필요제경비를 다시 더해서 수익임대료를 구한다는 의미인지, 즉 기업 경영의 총수익, 대상 물건의 총수익, 대상 물건의 순수익을 구분하고 그중 대상 물건에 귀속하는 총수익이 수익임대료라는 의미는 아닐까 하는 의문도 있다.

수익분석법에서 '일반기업 경영에 의하여 산출된 총수익'의 의미와 일반기업 경영에 의하여 산출된 총수익을 분석하여 산출한 순수익에 '필요제경비를 더하는' 것이 과연 타당한지에 대한 논의가 필요하다고 본다. 「감정평가에 관한 규칙」에 수익분석법을 주된 감정평가 방법으로 정한 대상이 없으며 실무상 적용 사례가 거의 없다 하더라도 이에 대한 이론적인 해석은 필요할 것이다.

일반적인 임대용 부동산에 수익분석법의 적용이 어렵다는 해설이 많다. 사례를 들어 수익분석법의 적용이 가능한지 살펴본다.

어떤 상가를 커피전문점 개업 예정인 사업자에게 임대하려고 한다. 사업자는 부동산의 임대료, 재료비, 시설비, 인건비, 기타 부대비용을 비용으로 지불하면서, 매출을 올리고 영업수익을 낼 것이다. 소득에 따르는 조세는 영업수익에 포함된 것으로 본다. 여기에서 부동산의 임대료는 사업자 위치에서 비용일 것이나, 수익분석법 관점에서는 비용이라기보다 잔여 또는 잉여의 개념으로서 최종적으로 산출 또는 계산을 해야 하는 추계의 대상이다.

월간 매출액을 예상해 보니, 매출액 3000만 원, 재료비와 기타 비용 900만 원, 인건비 600만 원, 시설비 1억 원에 대한 기회비용과 감가상각비 등 500만 원이며, 사업자의 예상 순수익은 700만 원이다. 이러한 사업체의 총수익을 분석해 보면, 인건비는 노동에 귀속하는 수익으로, 시설비에 대한 기회비용과 감가상각비 그리고 재료비와 기타 비용은 부동산을 제외한 자본에 귀속하는 수익으로, 사업자의 순수익은 경영에 귀속하는 수익으로 각각 나누어진다.

매출액에서 각 생산요소에 귀속하는 이러한 수익을 모두 차감하면 300만 원의 잉여분이 발생한다. 커피전문점 사업자는 월 300만 원을 임대료로 지불할 능력이 있다. 이 잉여금이 커피전문점 사업자가 임대료로 지불할 수 있는 최대액수다. 커피전문점보다 더 많은 수익을 낼 수 있는 사업자가 있다면 그 잉여분이 커질 것이고 임대료는 상향될 것이며, 300만 원의 잉여금을 발생시킬 수 없는 사업자는 이 상가의 임차인이 될 수 없다. 이같이 일반 임대용 부동산에서도 수익임대료의 산정이 가능하다.

현실의 상가 매매를 위한 거래에서도 이러한 분석은 자주 이루어진다. 수익분석법이라고 하지는 않지만, 임차인의 매출액과 순수익 등 사업성을 분석하고 그 사업에서 발생하는 지불 능력을 파악하여 임대료를 추정한다. 임대료를 정한다기보다는 임차인인 사업자의 총수익을 분석하여 임차인의 임대료 감당 능력과 적정 임대료 수익을 추정하면서 투자의 의사결정을 하는 것이다.

아무리 목이 좋은 상가라 하더라도, 그 좋은 위치에 상응하는 높은 임대료를 부담할 수 있는 사업의 종류가 많지는 않다. 매매가격 10억 원인 상가의 경우, 투자자의 기대이율이 5퍼센트이면 보증금을 무시할 때 최소 월 420만 원의 임대료가 보장되어야 한다. 이 상가의 매매 또는 투자에 앞서 이를 임차한 사업자가 커피 몇 잔을 팔아야, 치킨 몇 마리를 구어야 매월 이 정도의 임대료를 부담할 수 있을까 하는 질문이 선행되어야 한다.

번화한 대로변 주요 위치의 상가에 입주하여 있는 사업장은, 통신기기 판매점이라든가 프랜차이즈 식음료 업종 등 임대료의 지불 능력이 보장되는 고수익 사업체가 대부분임을 알 수 있다. 부동산을 통해 영위되는 사업 활동에서 발생하는 총수익 특히 그 중에서 부동산에 귀속하는 순수익이 부동산의 임대료를 결정한다. 부동산은 파생적 수요의 대상이기 때문이다.

시장에서의 경쟁은 장기적으로 초과이윤을 소멸시킨다. 임대인 간의 경쟁으로 시장의 임대가치를 넘어서는 높은 수준의 임대료가 책정될 수는 없다. 그리고 임차인 간의 경쟁 결과 사업자가 가질 수 있는 초과이윤은 모두 부동산의 소유자인 임대인에게 이전된다.

따라서 부동산은 그것을 최유효이용 상태로 사용할 수 있는 사업자에게 배분되며, 그 사업자가 지불할 수 있는 최대의 금액이 임대료가 된다. 부동산을 이용하는 사업자의 사업 활동을 분석하고 그 지불 능력을 파악하여 임차인이 감당 가능한 적정 임대료를 산출하는 것이 수익분석법의 성립 원리이다.

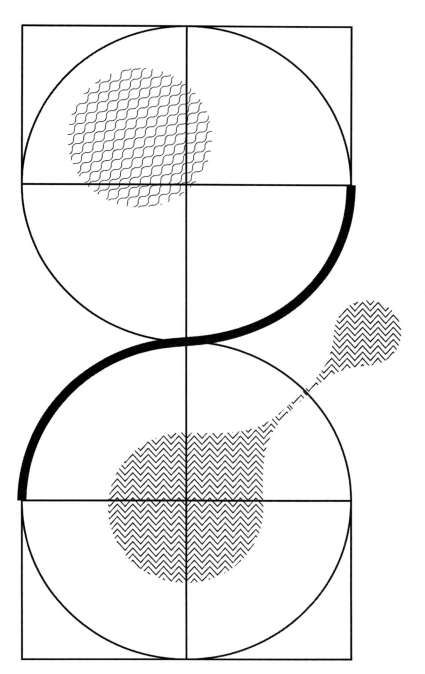

에필로그

쉬우면서 어려운 이론

감정평가사 2차 시험의 감정평가이론과 관련한 이런저런 이야기를 나누어 보고자 한다. 저자의 처지에서 남에게 공부방법에 관한 이야기를 한다는 것이 우습고 그 내용도 모두가 알고 있는 것일 수 있으나, 그래도 누군가에게는 작은 도움이라도 되지 않을까 해서 이 글을 쓴다. 수험 공부에 정도는 없으며 각자의 상황은 모두 다르기에 한 가지 방법을 강요하거나 절대시할 수는 없다. 생각과 경험을 공유하였으면 할 뿐이다.

감정평가사 2차 시험의 3과목 중에서 이론은 처음에 가장 쉽게 접근할 수 있고 어려움이 없다고 생각하였으나 공부를 하면 할수록 어렵고 자신이 없어진다고 한다. 쉽게 느껴진 것은 아마도 특별히 이해하지 못할 내용이 없으며 일반 상식을 가지고도 어느 정도의 답안을 작성할 수 있기 때문일 것이다. 갈수록 어려워지는 이유는 잡다한 여러 학문을 끌어와 이론을 전개하는 가운데 개념에 대한 정의가 불분명하거나 혼란스럽고, 논리적인 이론체계가 부족하며 공부할 범위가 무한대로 늘어나서일 것으로 생각된다.

출제 범위가 넓고 특정이 되지 않아 예측이 어렵다면 공부의 양보다 접근 방법이 더 중요할 수 있다. 모든 것을 다 공부할 수는 없으니 본인이 공부한 것을 모듈화하여 각 독립된 부분으로 두었다가, 질문의 의도에 맞추어 언제든지 이것들을 이리저리 묶고 나누고 붙이고 떼고, 줄이고 늘리고 하여 시스템적인 답안을 만들어 내는 것이 효율적인 공부방법이 될 수 있다.

수험생 모두의 최종 목표는 합격의 문을 통과하는 것이다. 이론 과목의 한계를 인정하고 그 안에서 최상의 방법을 찾아야 한다. 조건은 모두에게 같으므로, 여러 상황에 긍정적으로 대처하여 목표를 이루었으면 한다.

공부의 초점

조승연은 저서 『생각기술』에서 "공부는 생각을 자유롭게 표현하기 위한 준비 작업이다."라고 말했다. 이론 공부는 한마디로 생각을 정리해서 글로 표현하는 방법을 습득하는 과정이다. 이론을 공부하는 목적은 시험에 합격하기 위해서이며, 시험에 합격하기 위해서는 고득점을 얻어야 하고, 고득점을 얻기 위해서는 자신의 지식과 생각, 견해를 적절하게 표현할 수 있어야 한다.

논술형 답안 작성의 핵심은 질문의 의도를 파악하고, 묻고 있는 대상에 대해 이해하고 있는 내용 및 본인의 생각과 견해를, 논리적인 글로써 풀어 가는 것이다. 이를 위해서는 이해가 바탕이 된 지식의 축적, 흩어진 각 지식을 연결시키고 빈틈을 메꾸어 줄 수 있는 사고 능력, 글로 풀어내는 논리적인 문장력이 필요하다.

현재 시험공부의 주된 내용은 지식 쌓기일 것이다. 그것에 못지않게 중요한 것은 사고의 능력이다. 고등학교 때 어떤 친구가 이런 질문을 하였다. "소크라테스가 산업혁명에 끼친 영향을 설명하시오." 아마 "악법도…" "너 자신을…" 이렇게 두 마디 정도 말하면서 웃고 말았을 것이지만, 이 경험에서 단편적인 개념이나 사건에 대한 연계된 설명이 가능하기 위해서는 각각에 대한 충분한 지식과 그것들을 논리적으로 연결할 수 있는 생각의 역량이 필요하다는 것을 느꼈던 것 같다.

사과나무와 프리즘

공부하는 데 도움이 되는 두 가지 도구가 있다. 오래전 학창시절에 들은 이야기로, 하나는 사과나무이며 하나는 프리즘이다.

사과나무를 보면, 굵은 줄기가 있고 줄기에서 큰 가지가 뻗으며 가지에서 더 작은 가지가 생긴다. 어수선한 공부를 하거나 무엇을 암기할 때는 나무의 모습과 같이, 교과서의 기준이든 자신만의 기준이든 나름의 체계를 세워가는 것이 필요하다. 이것을 위계에 따른 범주화categorization라고 한다. 수많은 동식물의 이름을 다 외울 수는 없다. 이때는 우선 동물과 식물로 나누고 동물은 포유류, 조류 등등으로, 포유류를 육식동물과 초식동물로, 이런 식으로 큰 범주부터 하위 범주로 내려가며 분류하고, 이것을 기억하는 것이 공부에 효율적이다.

「감정평가에 관한 규칙」에는 대상별 주된 감정평가 방법을 정하고 있다. 나열된 대상을 다시 6방법으로 묶어 보자. 원가법을 주된 감정평가 방법으로 하는 대상은 건물, 건설기계, 선박, 항공기 등이다.

빛이 눈에는 보이지 않지만, 프리즘을 통과하면 일곱 가지 무지개색으로 드러난다. 책을 볼 때 눈으로만 읽는 경우가 많다. 한두 번 읽으면 거의 이해가 된 듯하고, 회독 수를 늘려가면 공부를 많이 했다는 생각도 든다. 그러나 어느 정도 공부가 되면 단어나 문장이 의미하는 것, 글자 뒤에 있는 보이지 않는 뜻을 찾는 노력을 하여야 한다. 무심히 지나쳤던 행간에서 새롭게 보이는 부분이 늘어날 수 있다.

원인과 결과에 대한 궁금증, 개념과 논리에 관한 의문, 당연하다고 알려진 것에 대한 비판적 문제의식을 바탕으로 "왜?"라는 질문을 자주 해 보아야 한다. 서로 다른 개념이나 사안을 두고 연관성과 비교 가능성을 찾아보는 연습도 필요하다.

상환기금법을 정액법과 비교해 공통점과 차이점을 찾다 보면 그 필요성에 의문이 들 것이다. 수익분석법은 지대이론을 통해 이해하고, 최유효이용은 한계수익과 한계비용을 도구로 하여 판단해 보자. 세일즈앤리스백sales and lease-back을 공부하면서 점유개정占有改定을 생각하고, 반달리즘이 나오면 관찰감가를 떠올려 보면 어떨까 한다.

저량과 유량

잘 알다시피, 한 시점에서 측정되는 변수량은 저량stock이며, 어떤 기간 단위로 측정되는 것은 유량flow이다. 시험의 당락에 중요한 역할을 하는 것은 저량일까, 유량일까? 우리 머리에 쌓여 있는 지식은 저량 개념이며, 시험 당일 순간적으로 쏟아져 내는 답안 작성능력은 유량 개념이라고 임의로 생각하면서 만든 질문이다.

큰 물통 아래쪽에 구멍이 하나 뚫려 있다고 해 보자. 물통에 물을 채우고 구멍의 마개를 빼면 그 구멍을 통해 물이 쏟아져 나올 것이다. 100분 동안 흘러나온 물의 양은 두 가지 조건에 영향을 받는다. 하나는 통에 채워진 물의 높이이고 하나는 구멍의 크기다. 물이 많이 채워져 있으면 수압이 높아져 물줄기가 힘을 가질 것이며, 구멍이 크다면 한꺼번에 많은 물이 흐를 수 있다.

물이 많이 채워져 있고 구멍이 크다면 합격할 가능성이 매우 크다. 아무리 구멍이 크다고 하더라도 채워진 물의 양이 적어 수

압이 낮다면 분출되는 물의 총량에 한계가 있을 것이나, 필수적인 최저 수압만 낼 수 있는 정도 이상으로 물이 채워진다면 단기간에 합격권에 이를 수도 있다.

모든 수험생이 큰 통에 물을 가득 채우고 큰 구멍으로 물을 분출할 수는 없다. 채워진 물의 양이 적고 구멍도 작다면 물을 더 채우는 방법밖에 없다. 계속 물을 채워 수압을 최대한으로 높여야만 작은 구멍의 한계를 메꾸고 합격권에 이를 수 있다. 혹시라도 내 통의 구멍이 작아 실제 시험장에서 실력을 발휘하기가 어렵다면, 밤이고 낮이고 열심히 통에 물을 채워 넣어야 한다.

구멍을 키우는 노력도 필요하다. 관련 서적이나 학술논문, 신문기사 등을 통해 관심과 생각의 폭을 넓히거나, 문장력 향상을 위해 글짓기나 논술 수업을 활용하는 것도 수험 기간을 단축하는 수단이 될 수 있다.

물통의 아래에는 마개가 없는 작은 구멍이 하나 더 뚫려 있다는 것도 잊지 말아야 한다. 물을 계속 채워 넣지만, 그 작은 구멍을 통해 어느 정도씩의 물이 꾸준히 빠져나가고 있다. 밤의 잠을 줄이면서 물 채우는 속도를 높이고 그 양을 늘려야 한다.

이해와 암기, 그리고

이해가 중요한가요, 암기가 중요한가요, 하는 물음이 있다. 정답은 '이해도 중요하고 암기도 중요하다'이다. 이해하지 못하면 아무리 공부를 많이 해도 헛되고, 암기가 되어 있지 않으면 이해하고 있는 것을 답안지에 옮길 수 없다.

군이 선후를 둔다면, 이해를 강조하고 싶다. 내용을 이해하고 있으면 어떤 형식이든 답안을 만들어 낼 수 있으나, 이해하지 못하고 쓴 답안은 점수를 얻기가 어렵다. 이해하고 쓴 답안인가 외워서 쓴 답안인가 하는 점이 실제 눈에 띈다고 한다. 타인의 답지를 읽을 때는 신기하게도 우열이 판단되며, 이해하고 쓴 답지와 외워 쓴 답지가 구별되었던 경험이 있을 것이다.

자격시험에서 기출 문제가 그대로 출제되는 사례는 없다. 비슷하거나 유사한 논리를 적용할 수 있는 문제들을 가지고 수많은 모의고사를 치렀을 것이다. 이해를 충분히 하고 있다면, 어떤 변형된 문제가 출제되더라도 이리저리 끌어와 연결을 시키어 연습한 것과 유사한 답안을 만들어 내는 것이 가능하다. 이해하고 있어야만 활용할 수 있다. 원리를 하나하나 이해하고 이것들을 언제든지 서로 연결할 수 있어야 한다.

암기도 필요하다. 용어의 정의나 나열된 종류들은 외워두어야 할 것들이다. '위험할증률을 설명하시오'라고 하는데 위험의 종류를 외우지 못한다면 답안 작성이 어려울 것이다. 그러나 암기에 너무 많은 에너지를 쏟는 것보다는 암기 항목은 답안 작성에 필수적인 것으로 줄이면서, 이해하는 공부에 공을 들이는 것이 어떨까 한다. 온전히 이해하면 암기도 더 쉬워진다고 한다.

주관식 시험에서 이해와 암기만 가지고 모든 것을 답안에 표현할 수는 없다. 플러스알파가 필요한데, 그것은 상상력이다.

이론 과목은 범위가 없다. 감정평가 관련 내용뿐 아니라 부동산학 전반의 것들을 대상으로 한 출제가 가능하다. 공부한 범위 밖에서 출제될 가능성이 매우 크다. 이럴 때 중요한 역할을 하는 것이 상상력이다. 각각 모듈화되어 있는 지식을 연결시키고 간격을 메꾸는 과정에서 여러 가지 상상력이 발휘되어야 한다. 평소의 다양한 독서 그리고 생각하는 습관 등으로 길러진 것들이 쌓여 결정적인 순간에 번뜩이는 한 방이 될 수 있다.

과거에 출제가 되었던 문제 중에 다세대주택과 다가구주택을 비교하라는 것이 있었다. 이 정도 문제는 법률적 용어 정의, 공통점과 차이점 등을 대부분 완벽하게 서술하였을 것이다. 마지막에 이런 한 문장을 추가하면 어떨까? "다세대주택과 다가구주택은 그동안 서민들의 내 집 마련과 주거의 안정에 많은 기여를 하였다."

답안의 목적지, 출제 의도

답안 작성의 출발점은 출제 의도의 파악이다. 그림을 그릴 때 먼저 무엇을 그릴 것인지를 생각하여야 하는 것과 같다. 대상이 불분명하거나 도중에 바뀌게 되면 고양이인지 호랑이인지 모호한 결과가 나올 것이다. 답안 작성도 마찬가지다. 출제자의 의도를 제대로 파악하지 못한다면 높은 점수를 기대하기 어렵다.

출제 의도의 파악에는 상당한 시간을 들여야 한다. 아무리 급하더라도 문제를 꼼꼼히 읽고 생각을 거듭해야 한다. 제대로 읽지 않거나 성급한 결론으로 의도를 잘못 파악하거나 왜곡할 수 있으니 이런 실수만은 조심해야 한다. 최대한 나의 주관과 선입견을 배제하고 객관적 시각에서, 출제자의 입장에 서서 그 의도를 파악하려고 노력하여야 한다.

논하시오, 설명하시오, 약술하시오, 비교하시오 등 질문의 끝에 등장하는 문구도 의도 파악을 위한 약간의 힌트가 되기도 한다.

내가 파악한 출제자의 의도는 답안에 적절하게 표시하는 것이 좋다. 서론에서는 '출제자님, 이것을 물으셨죠? 앞으로 이렇게 저렇게 풀어 가겠습니다', 결론에서는 '말씀하신 내용에 대해 제가 생각한 정리된 답은 이것입니다'라고 출제자와 대화한다 생각하면서 답안을 작성하면 좋을 것 같다.

형식과 내용

좋은 답안이라면 형식과 내용을 둘 다 갖추어야 한다. 논리의 흐름이 쉽게 드러나도록 하는 적절한 형식을 갖추면서, 논증하고 설명하는 내용은 풍부하여야 한다.

가장 기본적인 형식은 서론, 본론, 결론 또는 기승전결일 것이다. 주제를 표현하고 논리의 흐름을 보여 주는 적절한 목차를 설정하여 형식의 틀을 잡아 주는 것은 매우 중요하다. 목차의 형식이 적절하다면 기본 점수는 이미 얻고 들어간다고 해도 무방하다.

서론에서 외워 놓은 용어의 정의를 긴 문장으로 풀어 쓰는 사례가 있다. '감정평가는 토지 등의 경제적 가치를 판정하여…' 이러한 표현은 다음에 등장하는 본문에서 정의 자체가 중요한 역할을 하거나 용어가 명확하지 않을 때 한해서 활용하는 것이 좋을 것이며, 관행적으로 쓰는 것에 대해서는 고민해 보아야 한다. 오히려 단도직입적으로 '본 설문은 뭐 뭐를 묻고 있다'라고 초반에 주제를 강력하게 드러내는 것이 답안을 눈에 띄게 만들 수도 있다.

형식에 신경을 쓰다 보면 너무 많은 목차 단계가 만들어질 수도 있다. 목차로써 구분해 주는 것은 적절하지만 과도하게 세분된 경우 채점자 관점에서 논리의 흐름이 부자연스럽게 느껴질 우려가 있으며, 실제 답지에 적히는 내용의 총량이 적어질 수도 있다. 형식의 핵심은 논리의 흐름이라는 점을 잊지 말아야 한다.

내용은 풍부할수록 좋을 것이다. 그러나 잘 알고 자신 있는 부분이 출제되었다 하여 과도할 정도로 길게 표현하는 것은 주의하여야 한다. 배점이 고려된, 적절한 분량의 균형도 필요하다.

일반 수험서에 명백하게 등장하지 않는, 본인이 생각하는 내용을 포함하느냐 하는 부분에서 고민이 있을 것이다. 가점 요인이라는 의견, 감점 사유라는 의견, 영향이 없다는 의견, 영향을 주지는 않지만 다른 내용을 적을 분량을 축소하여 점수에 마이너스라는 의견이 있다. 오래전, 저자가 공부할 때 치른 모의고사 답지를 본 채점자가 "이런 말을 왜 썼어요?" 했던 기억이 난다.

저자의 생각은, 과하지 않은 범위에서 이를 과감하게 표현해 보자는 쪽이다. 수험생들의 답안이 너무 유사하다는, 함께 연습한 형식과 내용으로 작성되어 천편일률적이라는 의견이 있다고 한다. 그 가운데 '채점자님, 책에는 없지만 저는 이런 생각까지 해 보았는데요' 이같이 표현해 볼 필요가 있다고 생각한다. 승부를 위한 과감한 선택이 될 수도 있다.

이코노믹 마인드

1차 시험의 경제학 과목을 통과 의례의 하나 정도로 생각하는 수험생도 있다. 그러나 시장에서의 가격 결정을 주제로 하는 감정평가이론은 경제학을 떼어놓고 생각할 수가 없다. 집합으로 표현하면, 경제학이 큰 원일 때 감정평가이론은 작은 원으로서, 두 원의 일부가 겹치는 교집합의 형태다. 경제학과 감정평가이론의 교집합에서 작은 원은 큰 원의 작은 일부에 겹치지만, 그 겹치는 부분이 작은 원의 상당 부분을 구성하고 있다고 보면 될 것 같다.

부동산은, 재화는 재화인데 움직여 옮길 수 없는 특수한 성질을 가진 재화다. 그리고 국가 경제의 틀 안에서 시장이 형성되고 교환이나 이용 활동이 이루어지고 있다. 감정평가는 경제적 가치를 판정하는 작업으로서, 실제 우리 이론의 많은 부분이 경제학에서 차용되었다. 이론을 공부할 때나 답안 작성을 할 때 경제학적 시각에 의한 접근이 중요하다는 것을 기억하였으면 한다. 리걸 마인드에 대비되는 이코노믹 마인드는 이론 시험에 매우 유용할 것이다.

몇 가지 사례를 들어 보자.

부동산시장이 등장하면 반사적으로 수요곡선, 공급곡선, 균형가격, 균형수급량이 떠올라야 한다. 그러면서 부동산은 일반 재화와는 구별되는 특성을 가진 특별한 재화라는 점만은 끝까지 기억하고 있어야 한다. 일반 재화와 구별되는 특성이 표현되는 대표적인 예는 공급의 탄력도다.

수요와 공급의 상호작용으로 균형가격이 성립한다는 것은 기본적인 경제 원리다. 부동산에서도 마찬가지다. 다만 부동산의 특성으로 인해 가치형성요인이란 이름으로 여러 다양한 변수의 영향력을 인정하고 있다. 부동산은 균형가격이 제대로 성립하지 못할 수 있으며, 그 점이 감정평가가 필요한 이유가 된다. 감정평가는 인위적인 가격 결정이므로, 감정평가의 기능은 시장에서 가격의 기능과 유사하다.

고전적 가치이론과 지대이론은 경제학설사의 흐름 속에서 공부되어야 한다. 토지의 수요는 파생적 수요로서, 그 수요와 공급에는 요소시장의 작동 원리가 적용된다. 감정평가 3방식은 현실이든 가상이든 시장의 존재를 전제로 하며, 시장이 온전히 작동할 때 3면 등가가 성립한다.

최유효이용을 가져오는 투자는 한계수익과 한계비용이 일치하는 지점에서 결정된다. 한계수익이 체감하며 한계비용이 체증함을 설명하고 나면, 결론은 $MR = MC$가 된다.

정부 규제와 간여는 시장의 실패를 보완하기 위한 것이며, 그 효과는 사회적 후생의 감소와 초과부담의 발생으로 나타난다. 보유세나 양도소득세 증세의 효과는 조세의 전가와 귀착으로 설명된다.

쓸 데 있는 상상들

공부를 계속하면 지루하고 짜증이 난다. 이럴 때 책을 덮고 가만히 생각하는 시간을 가져보자. 심각하게 접근하기보다는 재미로, 놀이 삼아 그동안 공부한 것을 현실에서 경험한 것에 빗대어 보는 연습을 해 보자는 것이다.

다소 억지스럽고 논리가 맞지 않더라도 일상에서 접할 수 있는 상황을 통해 이해도를 높이는 것도 공부방법의 하나이다. 저자가 옛날에 생각했던 것 몇 개를 나열해 본다.

2차 법규와 이론 2과목을 공부하는데, 각 과목의 공부시간은 어떻게 정해야 할까? 자신 있는 과목을 많이 해야 하나, 어려운 과목을 많이 해야 하나? 이때는 각 과목은 40점 이상이어야 한다는 것을 조건으로, 법규와 이론의 시간당 한계점수가 서로 일치할 때까지 공부해야 한다. 하루 1시간을 더 공부할 때 법규는 3점이 상승하고 이론은 5점이 상승한다면, 그 1시간은 이론 공부에 사용하여야 한다.

일반 교양서보다 수험서가 비싼 이유는? 수험서의 수요는 교양서보다 비탄력적이기 때문이다. 수험생은 가격이 비싸더라도 그 책을 구매할 수밖에 없으므로, 즉 수요가 비탄력적이므로, 가격을 상승시킬 때 공급자의 총수익($TR = P \cdot Q$)이 증가한다.

법학을 전공한 친구는 이른바 리걸 마인드가 있어 법규 과목에 강점이 있을 것이다. 그런데 이 친구는 기본적인 공부 능력이 뛰어나다 보니 법규보다 오히려 실무 과목을 더 잘한다(레온티에프의 역설).

'어느 날, 여러 가지 많은 반찬이 나오는 어떤 백반집에서 점심을 먹었다. 가격은 9,000원이었는데, 가격에 대비해 음식 수준이 만족스럽지는 못하였다. 나는 만족스럽지 못한데 왜 가격이 9,000원으로 형성되어 있을까?'

백반값 9,000원은 시장에서 수요와 공급의 상호작용으로 형성된 균형가격일 것이다(수요공급의 원칙). 어떤 사람은 그 식사에서 만족스러운 효용을 얻지 못하지만, 누군가는 더 큰 효용을 얻을 수 있으니 큰 효용을 전제로 책정되지 않았을까(최유효이용의 원칙). 반찬의 가짓수는 많지만 고기 반찬은 거의 없고 대부분 채소로 만든 것이어서 불만족스러웠다(균형의 원칙). 그 식당의 인테리어 수준은 고급 레스토랑 급이어서 다소 의아했다(적합의 원칙).

아마 밥과 각 반찬이 기여하는 정도의 합이 가격이 될 것이며 (기여의 원칙), 반찬 질을 높이면 비용이 증가하겠지만 고객도 함께 늘어 수익이 더 많이 증가한다면 질을 높이는 것이 타당하다 (수익 체증·체감의 원칙).

그래도 옆집 다른 식당의 값과 비교해 보면 대체로 합리적인 가격인 듯하다(대체의 원칙). 원재료의 값이나 인건비 등의 변화로 9,000원이라는 가격도 변동될 것이다(변동의 원칙). 많은 사람이 값이 저렴하다고 느끼면 경쟁이 발생할 것이며, 그때는 음식값이 인상될 것이다(경쟁의 원칙). 옆 테이블에서 갑자기 큰 소리로 이야기하니 식사의 효용이 떨어지고 음식값이 비싸게 느껴졌다(외부성의 원칙).

나의 공부시간은 하루에 몇 시간일까? 수면이나 식사 등 생리적으로 필요한 최소한의 시간을 제외하면 PGI가 나올 것이다. 그러나 그 시간 모두를 활용하여 공부할 수는 없다. 계획에 없는 일은 항상 생길 수도 있기에 여유 시간을 계산하여야 하며, 그러한 상황이 반영된 유효시간이 EGI다. 그다음, 공부 준비를 위하여 소요하는 시간 예를 들면 이동시간이나 대기시간을 제외하여야 한다. 공부를 위해 필요한 시간은 OE이며, EGI에서 OE를 빼면 NOI가 된다. 일반적으로 말하는 순 공부시간이다.

그런데 타인의 힘을 빌려 공부의 효과를 높일 수도 있다. 학원이나 그룹스터디를 통해 공부하는 것은 타인의 힘을 빌려 공부 효과를 높이는 것이므로 DS가 되며, 순전히 나 혼자 공부한 시간이 NOI에서 DS를 뺀 CF다. 타인의 힘을 빌려 공부 효과를 높이는 것을 레버리지라고 한다.

사족蛇足

여기까지 쓰다 보니 낯간지러움과 함께 비난과 비웃음에 대한 두려움이 생겨났다. 궁여지책으로 한번 치렀던 감정평가사 2차 시험의 득점을 공개한다. 의미야 없겠지만, 장고長考 끝에 용기를 내어 본다.

100명이 합격하고 합격선이 대략 50.5 내외이었던 제10회 시험에서 저자의 득점은 실무 63점 법규 57점 이론 61점 평균 60.3점이었다.